Das große FALKEN Vitaminkochbuch für Genießer

Prof. Dr. troph. Michael Hamm / Armin Roßmeier

Das große FALKEN Vitaminkochbuch für Genießer

So decken Sie Ihren Bedarf an Vitaminen und Mineralstoffen

FALKEN

Inhalt

Energie und Nährstoffe zum Leben — 6

Anekdoten der Entdeckung — 10
    Die Geschichte der Vitamine — 10
    Den Mineralstoffen auf der Spur — 11

Das ABC der Vitamine — 13

Von Körperbausteinen und Spurenelementen: Mineralstoffe — 14

Empfehlungen für die Vitamin- und Mineralstoffzufuhr — 16

Nährstoffdichte – ein neues Maß für Vitamine und Mineralstoffe — 18

Fragen rund ums Thema — 20

Wechselwirkungen zwischen Medikamenten und Ernährung — 26

Vitamine, Mineralstoffe und Genußmittel — 28

Vitamine und Mineralstoffe unter der Lupe — 29
    Vitamin B_1 — 29
    Vitamin B_2 — 29
    Vitamin B_6 — 30
    Vitamin B_{12} — 30
    Niacin — 30
    Folsäure — 31
    Biotin — 31
    Pantothensäure — 31
    Vitamin C — 32
    Vitamin A — 32
    Vitamin D — 33
    Vitamin E — 33
    Vitamin K — 33
    Calcium — 34
    Phosphor — 34
    Magnesium — 35
    Natrium — 35
    Kalium — 35
    Eisen — 36
    Jod — 36
    Zink und Selen — 36

Vitamine und Mineralstoffe in Lebensmitteln — 38

Rund um die Küche — 41

Hinweise zu den Rezepten — 42

Tagespläne — 43

Frühstück — 44

Zwischenmahlzeiten und Desserts — 66

Hauptmahlzeiten — 94

Kleine Mahlzeiten — 144

Literaturverzeichnis — 200

Register — 201

Rezeptverzeichnis — 202

Ausreichend versorgt mit Vitaminen und Mineralstoffen? (Tests) — 205

Energie und Nährstoffe zum Leben

Nährstoffe sind lebensnotwendig. Wir benötigen davon ca. 45 – angefangen von den Eiweißbausteinen, den Aminosäuren bis hin zum Spurenelement Zink. Nährstoffe sind Bestandteile von Lebensmitteln, die auf dem Weg durch den Verdauungskanal freigesetzt und anschließend durch die Darmwand in den Blutkreislauf aufgenommen werden. Entsprechend ihren unterschiedlichen Eigenschaften setzt der Organismus sie als Energielieferanten, als Bau- oder Regler- sowie als Schutzstoffe ein.

Kein einzelnes Lebensmittel, mit Ausnahme der Muttermilch, die in den ersten Lebensmonaten den Säugling optimal versorgt, kann alle benötigten Nährstoffe bereitstellen. Nur ein vielseitiger Speiseplan bringt uns also die ganze Vielfalt der Nährstoffe.

Energie für Muskeln und Gehirn

Als zunächst wichtigste Aufgabe der Ernährung gilt die Versorgung mit Nahrungsenergie. Kohlenhydrate – ein Hauptnährstoff, zu dem Stärke und Zucker zählen – sind die Energielieferanten Nummer 1 für Muskeln, Nerven, Gehirn und viele andere Organe. Von ihnen profitiert deshalb sowohl der Tennisspieler als auch der „Gehirnjogger". Fette sind eine weitere Energiequelle, die besonders bei Ausdauerleistungen in Anspruch genommen wird, und bilden in Form der Fettdepots Energiereserven.

Fette stellen die Nährstoffgruppe mit der höchsten Energiedichte dar. Zu viele Kalorien in Form von Fett sind neben Alkohol die Hauptursache für das weitverbreitete Übergewicht.

Der Energiegehalt der Nährstoffe und des Alkohols

1 Gramm Kohlen-hydrate (KH)	liefert	4 kcal bzw. 17 kJ
1 Gramm Fett (F)	liefert	9 kcal bzw. 38 kJ
1 Gramm Eiweiß (E)	liefert	4 kcal bzw. 17 kJ
und zum Vergleich 1 Gramm Alkohol	liefert	7 kcal bzw. 30 kJ

Eiweiß – Lebensbaustein

Eiweiß, oft auch Protein genannt, liefert in erster Linie die zum Körperaufbau benötigten Bausteine, die Aminosäuren. Im Wachstum, nach „zehrenden" Erkrankungen sowie nach Operationen, während der Schwangerschaft und der Stillzeit sowie beim Krafttraining ist der Eiweißbedarf erhöht. Aber auch dann, wenn keiner der genannten Faktoren zutrifft, benötigt man zum Erhalt der Körpersubstanz und zur Zellerneuerung stets Baustoffe. Aminosäuren können ebenfalls als „Brennmaterial" herangezogen werden, und zwar dann, wenn wir zuwenig Kohlenhydrate essen oder längere Zeit fasten.

Vitamine – Stoffwechselsteuerung und Gesundheitsschutz

Vitamine, sogenannte Mikronährstoffe, liefern keine Energie, greifen aber als Coenzyme (= wirksamer Bestandteil von Enzymen, Enzyme sind Verbindungen, die den Stoffwechsel des Organismus steuern) in den Stoffwechsel der Hauptnährstoffe Kohlenhydrate, Fette und Eiweiße ein. Diese Aufgaben erfüllen vor allem die Vitamine der B-Gruppe. Die Vitamine A, E und C haben dagegen mehr Gesundheitsschutzfunktion, während das Vitamin D für den Calciumhaushalt von großer Bedeutung ist.

Mineralstoffe – Mengen- und Spurenelemente

Diese anorganischen Nahrungsbestandteile haben vielfältige Aufgaben im Körper: Calcium und Phosphat bauen Knochen und Zähne auf, Kalium und Magnesium sind wichtig für die Nerven- und Muskelfunktion, Natrium und Chlorid sind neben Kalium an der Regulation des Wasserhaushaltes beteiligt. Den Spurenelementen Eisen, Jod, Zink und Selen kommt bei der Blutbildung, der Schilddrüsenfunktion und für das Immunsystem unseres Körpers eine große Bedeutung zu.

Wasser ist Leben

Mengenmäßig gesehen ist Wasser der wichtigste lebensnotwendige Nährstoff. Das gilt sowohl für sein Vorkommen im Körper als auch für den täglichen Bedarf, der bei zirka 2,5 Liter liegt. Wasser dient in Form der Blutflüssigkeit als Transportmittel und trägt wirksam zur Temperaturregulation bei, wenn wir zum Beispiel bei hohen Umgebungstemperaturen und anstrengenden Tätigkeiten schwitzen. Der verdunstende Schweiß kühlt nämlich den Körper.

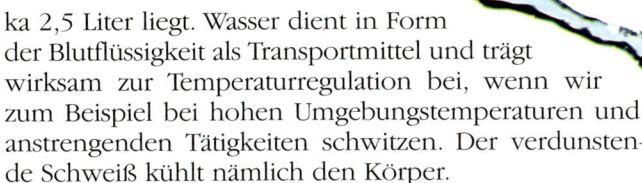

Ballaststoffe – keineswegs überflüssiger Ballast

Früher hielt man diese wichtigen Bestandteile pflanzlicher Lebensmittel für überflüssig, weil sie keine Energie liefern, und entfernte sie deshalb aus den Lebensmitteln. Weißes Mehl und weißer Reis sind Beispiele dafür. Heute wissen wir jedoch um die große Bedeutung der „unverdaulichen Faserstoffe" für unsere Gesundheit. Die Deutsche Gesellschaft für Ernährung empfiehlt eine Mindestzufuhr von 30 Gramm Ballaststoffen pro Tag, am besten aus Vollkornprodukten, Hülsenfrüchten, Gemüse und Obst. Ballaststoffe haben viele positive Eigenschaften. Sie gelten auch als „externe Regulatoren" des Stoffwechsels, weil sie im Magen-Darm-Trakt wirken und dort die Darmtätigkeit in Schwung halten, zur besseren Sättigung beitragen und den Zucker- und Fettstoffwechsel günstig beeinflussen. Ihre vorbeugende Wirkung in bezug auf Fettstoffwechselstörungen (wie erhöhte Blutcholesterinwerte) und bestimmte Krebserkrankungen spricht außerdem für sie. Damit die Ballaststoffe auch richtig zur Wirkung kommen können, müssen sie quellen. Fazit: Immer reichlich trinken. Etwa 2 Liter pro Tag sollten Sie zu sich nehmen.

Genuß fördert die Gesundheit

Lebensmittel enthalten Duft-, Würz- und Farbstoffe, die den Appetit anregen und an verschiedenen Stellen fördernd in die Verdauungsvorgänge eingreifen. Ein Essen, das uns schmeckt, wird also optimal verdaut und verwertet. Natürlich tragen dazu auch die Atmosphäre beim Essen und die Zeit, die man sich zum Genießen nimmt, bei.

Gesunde Vielfalt an Nährstoffen

Da kein einzelnes Lebensmittel alle Nährstoffe bedarfsgerecht liefert, kann nur eine gesunde, vielfältige Produktpalette die Lösung sein. Doch welche Nährstoffe sind in welchen Lebensmitteln enthalten? Bei der Beantwortung dieser Frage hilft der Lebensmittelkreis, denn ein vollwertiger Speiseplan soll möglichst Lebensmittel aus allen Gruppen enthalten. Nur die Vielfalt der Lebensmittel macht die Nährstoffversorgung komplett.

Der Lebensmittelkreis

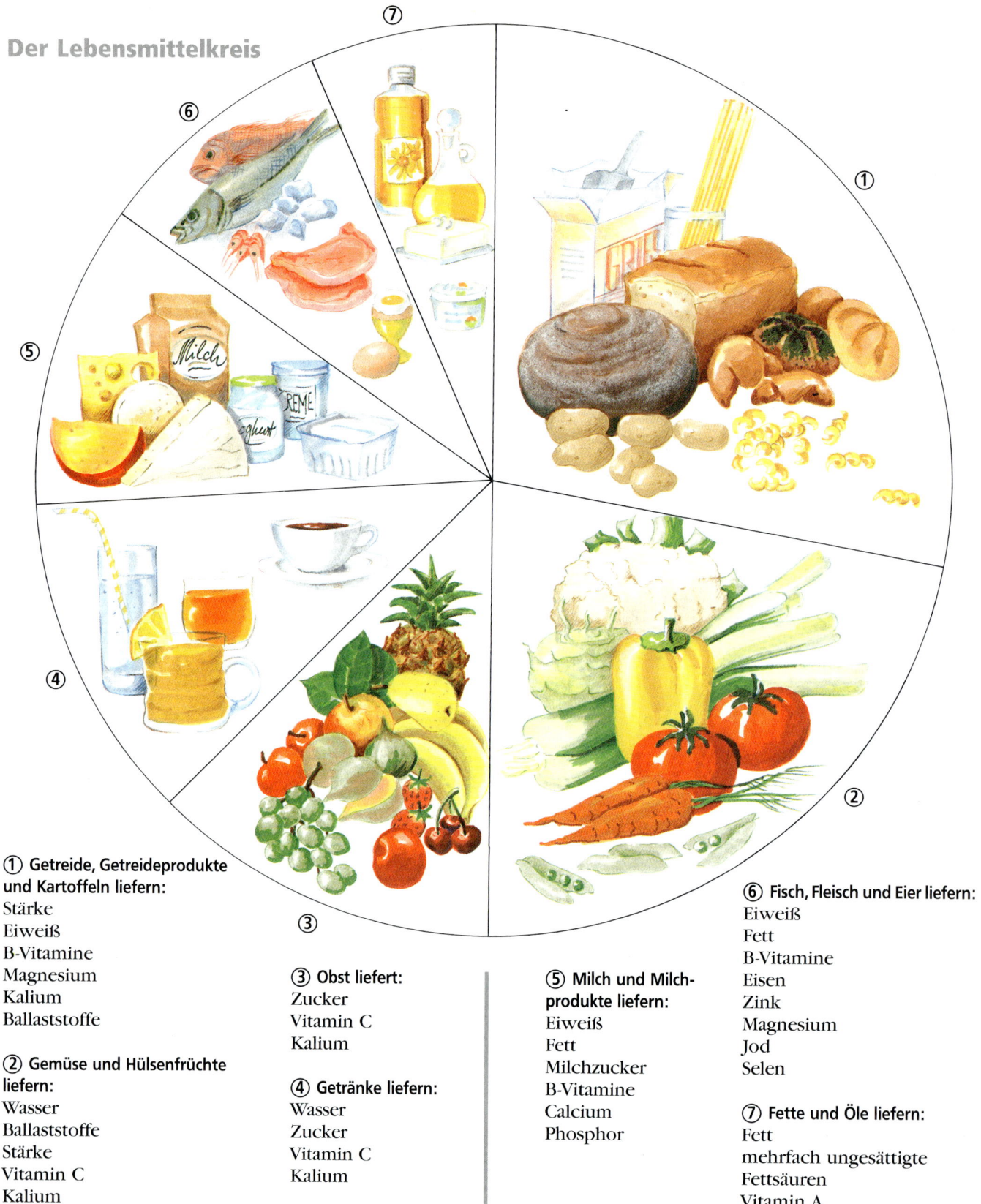

① **Getreide, Getreideprodukte und Kartoffeln liefern:**
Stärke
Eiweiß
B-Vitamine
Magnesium
Kalium
Ballaststoffe

② **Gemüse und Hülsenfrüchte liefern:**
Wasser
Ballaststoffe
Stärke
Vitamin C
Kalium
Magnesium
Eisen

③ **Obst liefert:**
Zucker
Vitamin C
Kalium

④ **Getränke liefern:**
Wasser
Zucker
Vitamin C
Kalium

⑤ **Milch und Milchprodukte liefern:**
Eiweiß
Fett
Milchzucker
B-Vitamine
Calcium
Phosphor

⑥ **Fisch, Fleisch und Eier liefern:**
Eiweiß
Fett
B-Vitamine
Eisen
Zink
Magnesium
Jod
Selen

⑦ **Fette und Öle liefern:**
Fett
mehrfach ungesättigte Fettsäuren
Vitamin A
Vitamin D
Vitamin E

Noch kurz ein Wort zur Energie.
Das alte Problem, das die Menschheit seit jeher bedroht, besteht in der nicht ausreichenden Deckung des Energiebedarfs. Dieses Problem hat das moderne Schlaraffenland in den Zivilisationsländern beseitigt. Längst kommt den Kalorien eine andere Bedeutung zu. Nicht mehr zuwenig, sondern zuviel davon heißt der Alptraum des Wohlstandsessers. Die Ernährung allerdings nur noch durch die „Kalorienbrille" zu betrachten, ist keine gute Lösung. Vielmehr muß es heißen: Qualität statt Quantität. Die konzentrierten Kalorienträger wie Fett, Alkohol und Zucker sollten sparsam verwendet werden. Bei Gemüse, Obst, Vollkornbrot und Kartoffeln dürfen wir dagegen reichlich zugreifen. Diese Lebensmittel sind auf natürliche Weise „leicht", das heißt, sie enthalten viele Vitamine, Mengen- und Spurenelemente sowie Ballaststoffe bei gleichzeitig geringer Kalorienzahl. Ernährungswissenschaftler sprechen von einer hohen Nährstoffdichte (siehe Seite 18). Achten Sie also künftig lieber auf Vitamine und Mineralstoffe, als nur auf die Kalorien.

Wie sieht es der Verbraucher?

Wie bereits gesagt, 45 Nährstoffe benötigen wir, und auf eine ausgewogene Lebensmittelmischung kommt es an. Fragt man jedoch den Verbraucher, zeigt sich, daß den Vitaminen eine besondere Bedeutung beigemessen wird. Vitaminreich zu essen, ist wohl immer noch das Kennzeichen von gesunder Ernährung schlechthin. Denn auf alle Fragen, wodurch eine gesunde, bewußte Ernährung charakterisiert sei, wurde der Begriff „vitaminreich" am häufigsten zur Antwort gegeben (Iglo-Forum Studie 1991). Fragt man nach Beispielen für Lebensmittel, mit denen man sich bewußt vitaminreich ernähren kann, so zählt Obst – und hier vor allem Südfrüchte – zu den Spitzenreitern. Die Behauptung Obst = Vitamine ist prinzipiell auch nicht falsch, doch deckt man durch diese Lebensmittelgruppe vor allem den Vitamin-C-Bedarf. Ernährungsphysiologisch günstiger sind Gemüse und Salat, da sie ein breiteres Vitamin- und Mineralstoffspektrum aufweisen. Es ist deshalb auf jeden Fall erfreulich, daß Gemüse nach Obst an zweithäufigster Stelle genannt wurde. Allerdings: Lebensmittel, die vor allem den Bedarf an Vitaminen des B-Komplexes abdecken, beispielsweise Vollkornprodukte, Fleisch und Milch, tauchten in den Antworten nicht auf. Und daß Kartoffeln und Vollkornbrot ausgesprochen vitaminreiche Produkte sind, ist so gut wie nicht bekannt.

So sieht es die Ernährungswissenschaft:

Gesund, weil vitaminreich:
- Salat
- Gemüse
- Obst
- Vollkornprodukte
- Kartoffeln
- Trinkmilch
- Fleisch und Innereien

Gesund, weil mineralstoffreich:
- Gemüse
- Salat
- Milch und fettarme Milchprodukte
- Obst
- Vollkornprodukte
- Kartoffeln
- Fisch
- Fleisch und Innereien

Anekdoten der Entdeckung

DIE GESCHICHTE DER VITAMINE

Zitronensaft gegen Seemannsleiden

Schon 1747 empfahl der schottische Schiffsarzt James Lind in seinem „Traktat über Skorbut", das gefürchtete Seefahrerleiden mit Saft von Zitronen und Orangen zu behandeln. Jahrhundertelang hatte diese Vitamin-C-Mangelkrankheit die englischen Seeleute so heftig geplagt, daß in Kriegszeiten mehr an Skorbut starben, als im Kampf fielen. Die Erkrankung beginnt im allgemeinen mit typischen Ermüdungserscheinungen und Zahnfleischblutungen. Dann lockern sich die Zähne und fallen aus. Gleichzeitig treten Blutergüsse im Gewebe auf, und die Widerstandsfähigkeit gegen Infektionskrankheiten vermindert sich. Nicht selten tritt letztlich dann der Tod ein. Frisches Gemüse führe dem Körper „ein gewisses Etwas" zu, das vor diesen Symptomen schütze, stellten nach Lind auch andere Marineärzte fest. Die aus Zitronensaft isolierte Ascorbinsäure wurde aber erst 1932 erkannt.

Vollkornreis gegen Beriberi

Das Vtamin B_1 ist ein weiteres Beispiel für die Existenz von „Naturstoffen", die für den menschlichen Organismus genauso wichtig sind wie die Hauptnährstoffe Kohlenhydrate, Fette und Eiweiß. 1897 stellte der holländische Arzt Eijkmann fest, daß die in den sogenannten Reisländern weitverbreitete Beriberi-Krankheit auf die dort allgemein übliche Kost zurückzuführen sei, die noch heute auf poliertem Reis basiert. Als Folge der Beriberi, einer Vitamin B_1-Mangelkrankheit, und in Verbindung mit anderen Nährstoffmängeln, die durch eine vorwiegend einseitige Ernährung mit weißem Reis bedingt sind, treten Störungen der Nerven- und Muskelfunktionen mit charakteristischen Lähmungserscheinungen auf. Die Randschichten einschließlich des Keimlings von Getreidekörnern sind übrigens reich an dem lebenswichtigen Vitamin B_1. Diese Schichten werden jedoch bei weißem Reis entfernt, dem somit dann auch das Vitamin B_1 fehlt.

Die Sonne macht's

Rachitis stellt ein weiteres Beispiel für einen Vitaminmangel dar. Gefährdet waren lange Zeit vor allem Kinder lichtarmer Großstadtviertel, und der bei Kindern wegen des Fischölgeschmacks unbeliebte Lebertran galt als einziges Heilmittel gegen die unzureichende Knochenverhärtung aufgrund eines Vitamin-D-Mangels. Dann erkannte man die Wirkung der ultravioletten Bestrahlung, die „Hinterhofkindern" mit der für Rachitis typischen Trichterbrust und Deformierung vor allem der schnell wachsenden Knochen half, diese zu festigen. Es zeigte sich also, daß Vitamin D im Körper aus Vorstufen unter UV-Licht-Einwirkung in der Haut gebildet werden kann. Vitamin D ist für die Aufnahme des Nahrungscalciums und die Knochenmineralisation unverzichtbar. Eine ausreichende Versorgung mit Vitamin D schützt auch vor einer frühzeitigen Demineralisierung des Knochens im Alter und vor Osteoporose, das heißt einer Abnahme der Knochensubstanz und der Knochendichte.

Wenn die Haut verrückt spielt

Bei einer anderen Vitaminmangelkrankheit, der Pellagra, nahm man um 1907 in den USA an, daß es sich dabei aller Wahrscheinlichkeit nach um eine spezifische Infektionskrankheit handelt, die auf bis dahin unerklärliche Weise von einem Menschen auf den anderen übertragen wird. Die typischen Symptome dieser Krankheit, deren Name sich aus den italienischen Wörtern „pelle" (Haut) und „agra" (rauh) zusammensetzt, sind rötliche Hautrisse, rote Zunge und wunder Mund, Appetitlosigkeit, Verdauungsstörungen, Erbrechen sowie Schwäche und Nervosität. Pellagra war aber auch in den Regionen der Alten und der Neuen Welt bekannt, in denen sich die Bevölkerung weitgehend von Mais ernährte. Der Vitaminforscher Goldberg bewies dann 1915 den Zusammenhang zwischen einseitiger Maisbreikost, die zudem nur wenig eiweißreiche tierische Nahrungsmittel, wie Fleisch und Milchprodukte enthielt, und der Pellagraerkrankung. Doch erst nach Goldbergs Tod wurde 1937 der sogenannte Pellagra-Präventiv-Faktor als ein zum Vitamin-B-Komplex gehörender Stoff identifiziert. Es handelt sich um das Niacin. Niacin ist der Sammelname für Nicotinsäureamid und Nicotinsäure. In Getreidearten, insbesondere in Mais, aber auch in Hirse, liegt übrigens ein großer Teil der Nicotinsäure in einer Form vor, die durch die Enzyme des Magen-Darm-Traktes nicht aufgeschlossen werden kann.

Vita und Amine

Soweit einige Einblicke in dieses spannende Kapitel der Vitaminforschung. Bis 1948 hatte man dann alle 13 Vitamine, die für die Ernährung des Menschen lebensnotwendig sind, isoliert. Übrigens ist selbst die Entstehung der Sammelbegriffe „Vitamine" für diese gar nicht einmal einheitliche Stoffgruppe mittlerweile Geschichte. So prägte der polnische Arzt Kasimir Funk das Kunstwort „Vitamin" aus „vita", lateinisch Leben, und „Amin", der Bezeichnung einer chemischen Stickstoffverbindung, nicht wissend, daß diese Benennung keineswegs in allen Fällen dem stofflichen Charakter der Vitamine gerecht wird. In der Folgezeit erkannte man, daß auch „aminfreie" Verbindungen lebenswichtige Funktionen erfüllen. Der Begriff „Vitamin" blieb jedoch bestehen und hat sich sowohl in Fachkreisen als auch in der Bevölkerung durchgesetzt.

Als ein Vitamin bezeichnet man einen Stoff, dessen Fehlen eine Mangelkrankheit verursacht, von dem man nur kleinste Mengen benötigt und der mit der Nahrung aufgenommen werden muß. Neben den 13 „anerkannten" Vitaminen (siehe Seite 13) gibt es weitere Stoffe, die man gelegentlich diversen Gruppen zugeordnet hat, ohne daß ihr Vitamincharakter jedoch bis heute erwiesen ist. Dazu zählen die Orotsäure (Vitamin B_{13}), Inosit, Liponsäure, Rutin (Vitamin P), Carnitin (Vitamin T), Pangaminsäure (Vitamin B_{15}) und Ubichinon (Coenzym Q_{10}). Die genannten Stoffe können durchaus therapeutische bzw. pharmakologische Wirkungen haben, sind aber definitionsgemäß keine Vitamine. Früher hat man auch die essentielle Fettsäure „Linolsäure" als Vitamin, nämlich als Vitamin F, bezeichnet. Linolsäure stellt zwar einen lebensnotwendigen Nährstoff dar, wird aber heute nicht mehr zu den Vitaminen gezählt, denn die Zufuhrempfehlung dafür beträgt immerhin 10 Gramm pro Tag. Die Zufuhrempfehlungen für Vitamine liegen jedoch weitaus niedriger.

DEN MINERALSTOFFEN AUF DER SPUR

Vitamine sind heute das Symbol für gesunde Ernährung schlechthin. Demgegenüber rücken die nicht minder wichtigen Mineralstoffe (Mengen- und Spurenelemente) erst langsam ins Blickfeld. Sie haben vielfältigste Wirkungen. Ihre Erforschung hat sich etwas weniger spektakulär vollzogen, sie ist längst noch nicht abgeschlossen. Die wichtigsten Mineralstoffe haben wir in diesem Buch berücksichtigt. Nun ein wenig Historie zu fünf Mengen- und Spurenelementen.

Gradierwerk in Bad Nauheim

Kochsalz – die Geschichte des weißen Minerals

Gemundet haben die kleinen Körner dem Menschen schon in der Steinzeit. Viele Leckerbissen schmeckten in „Gesellschaft" des weißen Minerals nicht nur besser, sondern konnten darüber hinaus damit auch über Monate haltbar gemacht werden. Zudem entdeckte man, daß Salz die Regeneration der Kräfte nach schweißtreibenden Arbeiten förderte. Der berühmte griechische Philosoph Platon sprach dem Mineral sogar göttliche Eigenschaften zu, und kein geringerer als Jesus von Nazareth bezeichnete seine Jünger als das „Salz der Erde". Zusammen mit Brot gilt Salz heute noch als Symbol der Gastfreundschaft und des Friedens. Ein umgestoßenes Salzfaß bedeutet dagegen drohendes Unheil. Salz war jahrhundertelang ein teures Gut. Der Begriff „weißes Gold" verdeutlicht, daß es ähnlich wie ein seltenes Gewürz als etwas sehr kostbares galt. Auf Salz haben viele Städte ihren Reichtum gegründet. Es gab „Salzstraßen", und sogar Kriege wurden um dieses Mineral geführt. Heute haben wir Salz im Überfluß, und viele versalzen sich damit ihre Speisen. Dabei schmecken die Gerichte auch köstlich, wenn mit den kleinen Kristallen sparsam umgegangen und die richtige Garmethode gewählt wird, wie zum Beispiel Dünsten und Garen in der Folie oder im Tontopf. Beim Salz gilt:

weniger ist mehr, wobei Ernährungswissenschaftler heute zu jodiertem Speisesalz raten, das neben dem reichlichen Verzehr von Seefisch eine effektive Maßnahme zur Verhütung des Jodmangelkropfes ist. Daß er schon früher weit verbreitet war, zeigt die Madonna mit Kropf von Francesco da Rimini aus dem 15. Jahrhundert. Doch erst im 20. Jahrhundert führte man die Vergrößerung der Schilddrüse auf einen Mangel an diesem lebenswichtigen Spurenelement in der Kost zurück. Deutschland zählt heute insgesamt zu den Jodmangelgebieten. Der Jodgehalt von Lebensmitteln pflanzlicher und tierischer Herkunft hängt vor allem vom Jodgehalt des Bodens in den betreffenden Anbaugebieten ab. Sichere Jodquellen sind Seefische und andere Meeresprodukte sowie Jodsalz.

Rostige Nägel gegen Bleichsucht

Ein anderes Spurenelement, das Eisen, ist in unserer Ernährung ebenfalls häufig knapp. Wußten Sie schon, daß das Nahrungseisendefizit zu den am weitesten verbreiteten Nährstoffmangelerscheinungen zählt? Nach Schätzungen der Weltgesundheitsorganisation muß gegenwärtig mit einem Eisenmangel bei zirka 500 Millionen Menschen weltweit gerechnet werden.

Während man heute zu einer gemischten Ernährung mit Fleisch rät, das nicht nur eisenreich ist, sondern auch die Ausnutzung von Eisen aus pflanzlichen Lebensmitteln verbessert, rückte früher die Volksheilkunde Bleichsüchtigen und Blutarmen, das typische Zeichen eines Eisenmangels, mit den verschiedensten Hausmitteln zu Leibe, angefangen vom Rotwein mit rohem Ei bis hin zu einem über Nacht mit rostigen Nägeln gespickten Apfel. Im alten Ägypten mußten bleichsüchtige Mädchen bereits vor 5000 Jahren Wasser trinken, das zum Kühlen von Schmiedeeisen verwendet worden war.

Noch weitgehend unbekannt: Zink, Selen und Chrom

Heute stehen weitere Spurenelemente im Blickpunkt der Ernährungsforschung, beispielsweise Zink und Selen, die eine wichtige Rolle im aktiven Gesundheitsschutz spielen, und Chrom, das die Zuckerverwertung in der Zelle fördert, indem es die Wirkung des Insulins unterstützt. Der Laie assoziiert beim Begriff „Chrom" sicherlich auch heute noch Autozubehörteile, Eßbesteck, Türklinken und Wasserhähne. In Fachkreisen stieß dieses essentielle Nahrungsspurenelement in den letzten 20 Jahren jedoch auf immer stärkeres Interesse, und es gilt heute als „Schlüsselmineral" der Zuckerverwertung. Die Fachbezeichnung dafür lautet „Glukosetoleranzfaktor", der erstmals aus chromhaltiger Bierhefe isoliert wurde.

Die Entdeckungsgeschichte des Selens zeigt, warum dieses Mineral mit den Worten „lebensnotwendiges Gift" beschrieben werden kann. Ohne die Ursache zu kennen, beschrieb Marco Polo bereits vor 700 Jahren Selenvergiftungen bei Tieren, denen durch selenreiches Futter – bestimmte Teile Chinas haben besonders selenreiche Böden – Haare und Hufe ausfielen. Selenvergiftungen traten in den USA in den sechziger Jahren bei Menschen in selenverarbeitenden Betrieben auf und äußerten sich durch knoblauchartigen Atem, Übelkeit und belegte Zunge. Etwa zur gleichen Zeit erkannte K. Schwarz die selenhaltige Aminosäure Selen-Cystein als Schutzfaktor gegen Lebernekrosen. Später entdeckten Biochemiker Selen als Bestandteil des antioxidativen Entgiftungsenzyms Glutathionperoxidase, das zellschädigende Peroxide und Radikale abbaut (siehe Seite 20).

Diese Einblicke in die Spurenelementforschung mögen genügen, um zu zeigen, daß die Geschichte und die Bedeutung dieser anorganischen Mikronährstoffe genauso faszinierend sind wie das Thema Vitamine. Übrigens: Unter unseren heutigen Ernährungsbedingungen ist eine ausreichende Versorgung mit Mineralstoffen insbesondere mit Calcium, Eisen, Jod, Zink, Selen und teilweise auch mit Chrom und Magnesium problematischer als mit Vitaminen.

Das ABC der Vitamine

Vitamine sind organische, nicht energieliefernde, essentielle Nährstoffe, die dem Körper als solche oder in Form von Vorstufen, als sogenannte Provitamine, zugeführt werden müssen, da sie nicht oder in nicht ausreichenden Mengen im eigenen Stoffwechsel gebildet werden können. Ihnen kommen die unterschiedlichsten Aufgaben zu. Die Vitamine des B-Komplexes beteiligen sich auf vielfältige Weise an der Steuerung von Prozessen im Energie- und Baustoffwechsel. Eine Schlüsselfunktion im Kohlenhydrat- und Energiestoffwechsel besitzt beispielsweise das Vitamin B_1, während Vitamin B_6 besonders wichtig für den Eiweißstoffwechsel ist.

Der Folsäure und dem Vitamin B_{12} kommt beim Zellaufbau, bei der Zellteilung und bei der Blutbildung eine wichtige Aufgabe zu. Vitamin A ist als Bestandteil des Sehpurpurs am Sehvorgang (Hell-Dunkel-Adaption) beteiligt und zur Erhaltung von Struktur und Funktion der Haut und Schleimhaut erforderlich. Die Vitamine beta-Carotin (Provitamin A), E und C üben vielfältige Gesundheitsschutzfunktionen auch im Zusammenhang mit schädlichen Umwelteinflüssen aus. Vitamin C verbessert zudem die Ausnutzung des Eisens aus der Nahrung und blockiert die Nitrosaminbildung (krebserregende Substanz) im Magen.

Eine gewisse Sonderstellung nimmt das für den Calciumstoffwechsel wichtige Vitamin D ein, das unter Einwirkung des Sonnenlichtes in der Haut aus Vorstufen gebildet werden kann. Dennoch muß es zusätzlich mit der Nahrung zugeführt werden. Vitamine werden nach ihren physiologisch-chemischen Eigenschaften in wasserlösliche und fettlösliche Verbindungen eingeteilt. Der Körper besitzt gewisse Speichermöglichkeiten für Vitamine. Für die fettlöslichen Verbindungen und Vitamin B_{12} sind sie größer, für alle anderen, wasserlöslichen, Vitamine geringer. „Täglich Vitamine!" heißt es in der Praxis, und zumindest sollte die Wochenbilanz stimmen.

Vitamine reagieren übrigens bei der Lagerung und bei der Nahrungsmittelzubereitung empfindlich auf Luft, Licht und Wärme. Die wasserlöslichen Vitamine können darüber hinaus ebenso wie Mineralstoffe durch Wasser ausgeschwemmt werden.

Einteilung der Vitamine

fettlösliche Vitamine	
Retinol (Vorstufe Carotin)	= Vitamin A
Calciferol	= Vitamin D
Tocopherol	= Vitamin E
Phyllochinon	= Vitamin K
wasserlösliche Vitamine	
Thiamin	= Vitamin B_1
Riboflavin	= Vitamin B_2
Niacin	
Pyridoxin	= Vitamin B_6
Pantothensäure	
Biotin	
Folsäure	
Cobalamin	= Vitamin B_{12}
Ascorbinsäure	= Vitamin C

sogenannter Vitamin-B-Komplex

Von Körperbausteinen und Spurenelementen: Mineralstoffe

Mineralstoffe als anorganische Nahrungsbestandteile werden sowohl aufgrund ihrer Konzentration im Körper als auch hinsichtlich der täglichen Bedarfsmenge in Mengen- und Spurenelemente unterteilt. Sie sind für den Aufbau und die Funktionen des Körpers unentbehrliche Nährstoffe.

Zu den Mengenelementen zählen: Calcium (Ca), Phosphor (P), Natrium (Na), Chlorid (Cl), Kalium (K) und Magnesium (Mg).

Die Spurenelemente teilt man in drei Gruppen ein: in essentielle Spurenelemente, daß heißt lebensnotwendige mit bekannter physiologischer Funktion, in solche mit noch unbekannter Funktion und schließlich in toxische Spurenelemente. Lebensnotwendige, mit der Nahrung aufzunehmende Spurenelemente sind: Eisen (Fe), Jod (J), Zink (Zn), Fluorid (F), Selen (Se), Kupfer (Cu), Mangan (Mn), Chrom (Cr), Molybdän (Mo), Kobalt (Co). Über die Funktion von Spurenelementen wie die des Caesiums (Cs), Aluminiums (Al) und Lithiums (Li) im Sinne eines Nährstoffes ist noch nichts Genaues bekannt. Während Blei (Pb), Quecksilber (Hg), Cadmium (Cd) und Arsen (As) deutlich Giftwirkungen zeigen.

Im Blickpunkt des ernährungswissenschaftlichen Interesses steht die Versorgung mit Eisen (Bestandteil des Blutfarbstoffes, wichtig für den Sauerstofftransport und die -verwertung) sowie mit Jod (Bestandteil der Schilddrüsenhormone). Nahrungsquellen für Jod sind Seefische sowie jodiertes Speisesalz und für Eisen Fleisch, Leber (die jedoch nur gelegentlich verzehrt werden sollte), Gemüse und Hülsenfrüchte. Vitamin C (in Frischkost und Säften) verbessert die Eisenaufnahme aus pflanzlichen Lebensmitteln. Bei Frauen, insbesondere bei jenen, die Leistungssport treiben, wird häufig ein Eisenmangel beobachtet. Es ist dann sinnvoll, in Abstimmung mit dem Arzt ein Eisenpräparat einzunehmen. Übrigens: Eisen aus Fleisch kann der Körper am besten verwerten; Gerbstoffe, zum Beispiel aus schwarzem Tee, hemmen dagegen die Eisenaufnahme. Ebenso wie die Spurenelemente haben die bereits aufgeführten Mengenelemente vielfältige Aufgaben im Stoffwechsel. Mengenelemente spielen bei der Muskelkontraktion und bei der Erregungsweiterleitung im Nervensystem eine zentrale Rolle. Sie aktivieren die Steuerstoffe des Stoffwechsels und sind an der Regulation des Flüssigkeitshaushaltes beteiligt. Ein Mangel, bedingt durch eine mineralstoffarme Ernährung oder einen hohen Schweißverlust, führt zu Leistungsabfall und Störanfälligkeit der Muskeln. Welchem Sportler ist das Auftreten von Muskelkrämpfen nach langer Belastungsdauer, besonders bei warmen Umgebungstemperaturen, nicht schmerzhaft bekannt. Dies läßt sich auf die Tatsache zurückführen, daß Wasser- und Mineralstoffhaushalt des Körpers eng aneinander gekoppelt sind. Mengenelemente wie Calcium und Phosphat dienen ferner als Bausubstanzen für Knochen und Zähne. Eine mineralstoffreiche Mischkost, bestehend aus Obst, Gemüse, Vollkornprodukten, fettarmen Milchprodukten sowie Fleisch und Fisch, schafft eine gute Mineralsalzversorgung und beugt damit entsprechenden Mangelerscheinungen vor.

Heutzutage nehmen viele Menschen reichlich Natrium und Phosphat sowie teilweise nicht immer ausreichende Mengen an Calcium, Magnesium und Kalium auf. Dies ist besonders ungünstig, da manche Mineralstoffe im Stoffwechsel als Gegenspieler agieren, wie Kalium und Natrium bei der Regulation des Wasserhaushaltes, oder weil ein ausgewogenes Verhältnis bestimmter Mineralstoffe zueinander wichtig ist, wie bei Calcium und Phosphat. Das optimale Calcium-Phosphat-Verhältnis in der Ernährung sollte 1 : 1,5 betragen.

Mineralstoffe und der Säure-Basen-Haushalt

Sauer macht lustig. Dieser Satz bezieht sich auf den Genuß von sauren Früchten bzw. deren Säften. Die in diesen Lebensmitteln vorhandenen Säuren liegen als an Mineralstoffe gebundene Salze vor. Die Fruchtsäuren werden im Stoffwechsel verbrannt, die Mineralsalze bleiben zurück und erzeugen dann einen kräftigen Basenüberschuß. Dieser kann wiederum andere Säuren, besonders solche, die im Nahrungsstoffwechsel aus dem Nährstoffabbau stammen, abpuffern und so neutralisieren.

Was bedeutet eigentlich „sauer", „basisch" und „neutral" für den Organismus? Die Reaktionen der Körperflüssigkeiten, also von Blut, Magensaft, Speichel, Harn etc., die durch ihren Gehalt an Wasserstoffionen (H^+) bedingt werden, haben eine große Bedeutung für den normalen Ablauf des Stoffwechselgeschehens. Eine Flüssigkeit ist neutral, wenn sie gleichviel Wasserstoffionen (H^+) und Hydroxidionen (OH^-) enthält. So reagiert Wasser (H_2O) neutral, denn es sind in ihm gleichviel H^+- und OH^--Ionen vorhanden. Der Chemiker bezeichnet das Verhältnis dieser beiden Ionen zueinander mit dem sogenannten pH-Wert. Der pH-Wert von reinem Wasser wird mit 7 angegeben. Säuren liegen stets unter diesem Wert, also unter 7, Basen dagegen darüber (pH von 7-14).

Das Blut beispielsweise hat einen pH-Wert von 7,4, der Magensaft von 0,9 bis 1,8, der Harn von 5,0 bis 7,0 und der Speichel von 6,3. Diese pH-Bereiche dürfen nicht unter- oder überschritten werden, denn alle biochemischen Reaktionen im Stoffwechselgeschehen hängen von diesen ganz spezifischen pH-Verhältnissen ab.

Durch eine ausgewogene, vollwertige Kost und aufgrund der körpereigenen Puffersysteme bzw. Regulationsmechanismen kann es beim gesunden Menschen zu keinen Änderungen im Reaktionsmilieu kommen. Anders aber bei Stoffwechselstörungen und extremen Stoffwechselsituationen wie Diabetes mellitus (Zuckerkrankheit), Hungerkuren, Fieber, schweren körperlichen Belastungen, Durchfällen, Nierenerkrankungen und starker Entwässerung mit Kaliumverlusten. Bei all diesen Fällen tendiert der Organismus zur chronischen Übersäuerung. Eine Übersäuerung des Organismus wird auch mit Gicht, Rheuma und Steinablagerungen in Verbindung gebracht. Möglicherweise kann auch eine sehr einseitige Ernährung zur Übersäuerung führen, was den Ernährungsforscher Ragnar Berg dazu veranlaßt hat, die Lebensmittel in sogenannte säure- und basenüberschüssige Nahrungsmittel einzuteilen. Als säureüberschüssig gelten Fleisch, Fisch, Eier, Käse und Erdnüsse, aber in geringem Maße auch Milchprodukte und Vollkornerzeugnisse. Säureerzeuger sind außerdem Zucker, gehärtete Fette sowie Weißmehlerzeugnisse. Zu den basenüberschüssigen zählen Gemüse, Salate, Kartoffeln, Kräuter, Obst und Rohmilch (Vorzugsmilch). Für die praktische Ernährungsgestaltung heißt dies, zu eiweißreichen Lebensmitteln, wie Fleisch oder Fisch, immer ausreichend mineralstoffreiche Kartoffeln sowie Gemüse oder Salate verzehren.

Empfehlungen für die Vitamin- und Mineralstoffzufuhr

Vitamin/Mineralstoff	Zufuhrempfehlung/Tag*
Vitamin A	0,9 mg
Vitamin D	5 µg
Vitamin E	12 mg
Vitamin K	65 µg
Vitamin B_1	1,3 mg
Vitamin B_2	1,6 mg
Niacin	17 mg
Vitamin B_6	1,7 mg
Folsäure (Gesamtfolat)	300 µg
Pantothensäure	6 mg
Biotin	30–100 µg
Vitamin B_{12}	3,0 µg
Vitamin C	75 mg
Calcium	950 mg
Magnesium	350 mg
Eisen	Männer: 10 mg, Frauen: 15 mg
Jod	200 µg
Zink	13 mg
Selen	20–100 µg

*Mittelwerte der Zufuhrempfehlungen für Männer und Frauen

Den aktuellen, exakten und individuellen Bedarf festzulegen ist außerordentlich schwierig, da dieser Wert von vielen Faktoren, wie Alter, Geschlecht, Stoffwechsellage und Ernährungsgewohnheiten, abhängt. Deshalb handelt es sich bei den aufgelisteten Werten um Empfehlungen, die Erwachsenen vor ernährungsbedingten Gesundheitsschäden schützen und eine optimale Voraussetzung für die volle Leistungsfähigkeit bieten. Die Daten stützen sich auf die Empfehlungen für die Nährstoffzufuhr der Deutschen Gesellschaft für Ernährung, Frankfurt am Main, 1991.

Aufgrund der gegenwärtigen Ernährungsgewohnheiten, die bei vielen durch eine einseitige Lebensmittelauswahl, durch Bevorzugung kalorienreicher Lebensmittel mit einer niedrigen Nährstoffdichte oder durch hohen Alkoholkonsum gekennzeichnet ist, und aufgrund des hohen Verarbeitungsgrades vieler Lebensmittel sowie der teilweisen Verarmung der Böden an wichtigen Mineralstoffen ist die Versorgung mit allen benötigten Nährstoffen keineswegs immer sichergestellt. Bei vielen Menschen erhält noch ein weiterer Gesichtspunkt eine nicht zu unterschätzende Bedeutung: Führt man nämlich wenig Nahrung zu, fällt eine lückenlose und den Empfehlungen entsprechende Nährstoffzufuhr zunehmend schwer. Bei einer Energiezufuhr, die auf Dauer unter 1500 kcal liegt, ist eine ausreichende Vitamin- und Mineralstoffversorgung nicht mehr gewährleistet.

Als Bevölkerungsgruppen, deren Nährstoffversorgung eher kritisch ist, gelten daher in Fachkreisen junge Frauen aufgrund des ausgeprägten Diätverhaltens und ältere Männer, deren Ernährungsgewohnheiten durch eine einseitige Lebensmittelauswahl und durch hohen Alkoholkonsum charakterisiert werden.

Wer braucht mehr Vitamine und Mineralstoffe?

Die Zufuhrempfehlungen für Vitamine und Mineralstoffe sind auf die Bedürfnisse des gesunden Menschen abgestimmt. Sie berücksichtigen nicht den erhöhten Bedarf aufgrund von Krankheiten, Arzneimitteleinnahme, Genußmittelkonsum (Zigaretten, alkoholische Getränke),

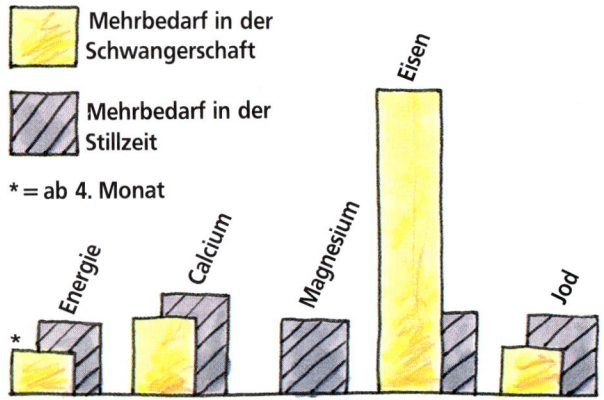

Mehrbedarf an Energie und Nährstoffen während Schwangerschaft und Stillzeit gegenüber den Nährstoffempfehlungen für Frauen (DGE 1991)

- Mehrbedarf in der Schwangerschaft
- Mehrbedarf in der Stillzeit

* = ab 4. Monat

individuellen Belastungen auch im Beruf und durch Freizeitaktivitäten sowie aufgrund von Schadstoffen aus der Umwelt. Interessant ist daher eigentlich der individuelle Vitamin- und Mineralstoffbedarf, der insbesondere bei den Schutznährstoffen Vitamin C, E, beta-Carotin und Selen über den allgemeinen Empfehlungen liegen kann. Auch Zigarettenrauchen und regelmäßiger Alkoholkonsum erhöhen den Vitamin- und Mineralstoffbedarf (beispielsweise bei Vitamin C, B-Vitaminen, Magnesium). Vermehrte körperliche Aktivität bedingt ebenfalls einen Mehrbedarf an Energie und Nährstoffen. Doch Sportler haben es einfacher, ihren Vitamin- und Mineralstoffbedarf zu decken. Sie setzen mehr Energie um, nehmen auch mit der Nahrung mehr auf, essen also ganz einfach mehr und kommen daher verhältnismäßig leicht an ihre zusätzlich benötigte Ration an Vitaminen und Mineralstoffen. Vitaminmangelkandidaten sind also eher Menschen, die insgesamt wenig essen.

Essen für zwei während Schwangerschaft und Stillzeit

In dieser Zeit muß die Qualität der Ernährung stark verbessert werden, obwohl die Quantität (Kalorien) kaum steigt. Die nachfolgende Tabelle macht deutlich, daß ein verhältnismäßig geringer Mehrbedarf an Nahrungsenergie, etwa 300 kcal, einen deutlichen Mehrbedarf insbesondere an Calcium, Eisen, Vitamin D und Folsäure decken muß. Wir empfehlen daher die Auswahl von Rezepten, die eine besonders hohe Tagesbedarfsdeckung dieser lebenswichtigen Nährstoffe aufweisen. In Absprache mit dem Arzt kann auch eine Nahrungsergänzung, das heißt ein Vitamin- und Mineralstoffpräparat, das auf die veränderten Ernährungsbedürfnisse individuell abgestimmt sein muß, sinnvoll sein.

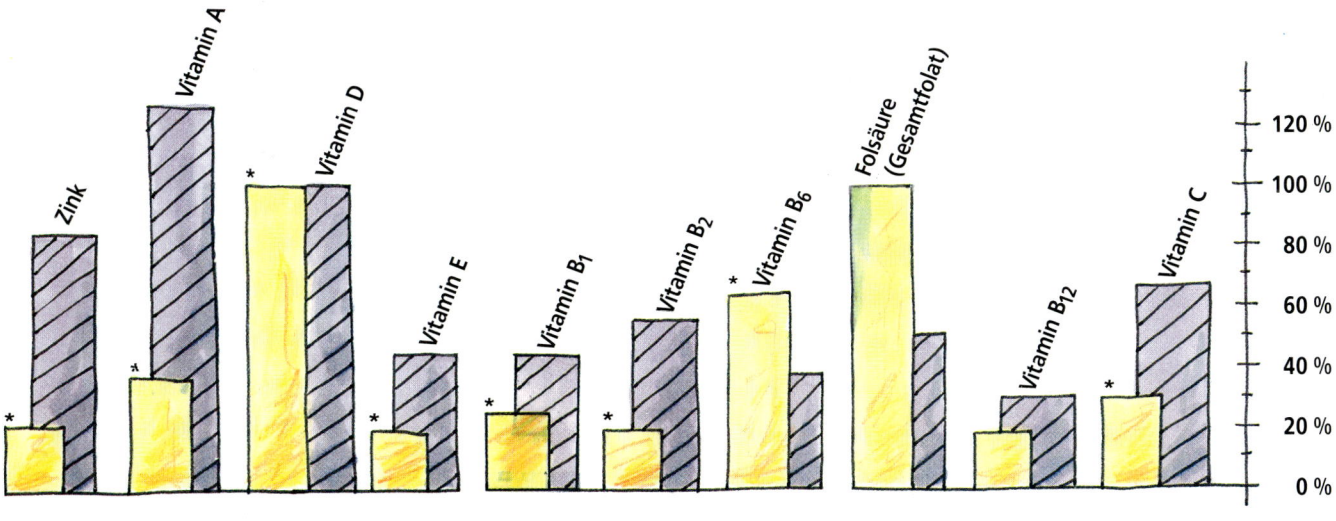

Nährstoffdichte – ein neues Maß für Vitamine und Mineralstoffe

Der frustrierende und obendrein noch krankmachende Schlankheitsdiätenwahn der letzten Jahre hat dazu geführt, daß viele die Nahrung nur noch durch die „Kalorienbrille" betrachten. Der Blick auf die Qualität, daß heißt den Gehalt an Vitaminen und Mineralstoffen, geht jedoch dabei leicht verloren. Auch so manche Light- oder Leichtprodukte bieten keine echte Lösung. Sie haben zwar meist weniger Kalorien als vergleichbare gezuckerte Getränke und Süßspeisen, erreichen aber nicht den natürlichen Vitamin- und Mineralstoffgehalt von frischem Obst, puren Fruchtsäften oder solchen, die mit Mineralwasser gemischt sind. Natürlich leicht sind neben Früchten auch alle Gemüsesorten. An diesen Lebensmitteln können wir uns satt essen. Sie enthalten verhältnismäßig wenig Kalorien, sind aber reich an Vitaminen und Mineralstoffen. Wir können auch sagen: Die Nährstoffdichte stimmt bei diesen Lebensmitteln.

Mit dem neuen Qualitätskriterium „Nährstoffdichte" haben wir einen Beurteilungsmaßstab für Lebensmittel zur Hand. Ihre Einstufung in die Kategorien „nährstoffreich" oder „leere Kalorienträger" erfolgt nicht mehr willkürlich, sondern basiert auf folgender Berechnung:

$$\text{Nährstoffdichte eines Lebensmittels} = \frac{\text{Gehalt an einem essentiellen Nährstoff}}{\text{Energiegehalt}}$$

Der Nährstoffgehalt des Lebensmittels wird nun auf den Brennwert (mg Nährstoff pro 1000 kcal oder mg Nährstoff pro 1000 kJ) bezogen, und das erlaubt eine bessere Beurteilung als die übliche Angabe, die den Nährstoffgehalt in Relation zum Gewicht setzt (mg Nährstoff pro 100 g Lebensmittel).

Die Nährstoffdichte ermöglicht in erster Linie, den Wert eines Lebensmittels als Vitamin- und Mineralstoffquelle einzuschätzen, vor allem vor dem Hintergrund der Tatsache, daß wir bei einem verringerten Energiebedarf (früher 3000 kcal, heute 2000 kcal) einen unveränderten, teilweise sogar erhöhten Bedarf an lebensnotwendigen Nährstoffen decken müssen. Je weniger Nahrungsenergie wir benötigen, desto höher muß also die Nährstoffdichte sein.

Individueller Nährstoffausgleich leicht gemacht

Der populäre Ausdruck „leere Kalorienträger" bedeutet, daß wir mit den so benannten Lebensmitteln wenige oder gar keine Vitamine und Mineralstoffe, dafür aber (reine) Energie aufnehmen. Haushaltszucker ist ein Beispiel für ein Nahrungsprodukt mit einer äußerst niedrigen Dichte (praktisch Null!) an lebensnotwendigen Nährstoffen. Das bedeutet jedoch nicht, daß wir auf Zucker und Süßes völlig verzichten müssen. Wir sollten nur insgesamt auf die richtige Nährstoffzufuhr achten. Lebensmittel mit einer hohen Nährstoffdichte können einen begrenzten Konsum von Lebensmitteln mit niedriger Nährstoffdichte kompensieren.

Die Nährstoffdichte in der Praxis

Die Nährstoffdichte ist also ein Orientierungsmaßstab für die qualitätsbewußte Lebensmittelauswahl. Zur Zeit wird zwar für jeden einzelnen Nährstoff dessen Dichte berechnet, bestimmte Lebensmittel sind aber in bezug auf viele verschiedene Nährstoffe recht gut ausgestattet. Deshalb arbeiten Ernährungswissenschaftler an einer „Summennährstoffdichte", die einen besseren Einblick in die Gesamtqualität eines Lebensmittels ermöglicht, schließlich hat Milch nicht nur eine hohe Calciumdichte, sondern ist auch für Vitamin B_2 (Riboflavin) eine sehr gute Quelle.

Spitzenreiter der Nährstoffdichte

Wäre eine Berechnung der Summennährstoffdichte möglich, würde man sehen, daß bestimmte Gemüsesorten und Beerenfrüchte am besten abschneiden. Grünkohl, Brokkoli, Spinat, grüne Bohnen und Feldsalat weisen beispielsweise bei allen Nährstoffen – vom Vitamin C über die B-Vitamine bis zu Calcium und Eisen – eine optimale Nährstoffdichte auf.

Welche Lebensmittel sind insgesamt empfehlenswert?

- eiweißreiche Lebensmittel mit einer hohen Nährstoffdichte an B-Vitaminen, Calcium, Eisen und Jod
- kohlenhydratreiche Lebensmittel mit einer hohen Nährstoffdichte an B-Vitaminen, Magnesium und Kalium
- Lebensmittel mit hoher Nährstoffdichte (Vitamin C, Provitamin A, Kalium, B-Vitamine)

Empfehlenswerte fettarme und eiweißreiche Lebensmittel mit hoher Nährstoffdichte

Magerquark
fettarme Trink- und Sauermilch
Buttermilch
körniger Frischkäse
Schichtkäse
fettarmer Käse (unter 30 % Fett i. Tr.)
Seefisch, frisch oder in Wasser eingelegt
Geflügelfleisch
fettarmes Fleisch vom Rind, Lamm, Wild oder Schwein
Hülsenfrüchte

Empfehlenswerte Vitamin- und Mineralstofflieferanten mit hoher Nährstoffdichte

frisches Salatgemüse
frische oder tiefgefrorene Salatkräuter
frisches Obst, zum Beispiel Orangen, Kiwi, Erdbeeren, Himbeeren
gegartes Gemüse, wie Blumenkohl, Schnittbohnen, Grünkohl, Spinat, Möhren
Möhrensaft
Paprikaschoten
Tomaten, roh
Sprossen- bzw. Keimlingsgemüse
Weizenkeime
Bierhefe, getrocknet
Keimöle (sie liefern mehrfach ungesättigte Fettsäuren und Vitamin E)

Empfehlenswerte kohlenhydratreiche Lebensmittel mit hoher Nährstoffdichte

Vollkornbrot
Vollkornbrötchen
Vollkornknäckebrot
Kartoffeln, mit wenig Wasser oder in der Schale gekocht
Vollkornreis
Parboiled-Reis
Vollkornteigwaren
Haferflocken
Weizenvollkornflocken
Müsli
Erbsen
Linsen
Mais
Obst, insbesondere Bananen und Beerenfrüchte

Fazit: Wer nur die Kalorien zählt, riskiert eine Unterversorgung mit Vitaminen und Mineralstoffen. Wer dagegen auf die Nährstoffdichte achtet, ißt leicht und vollwertig.

Fragen rund ums Thema

Was sind „kritische" Nährstoffe?

Es handelt sich um **lebensnotwendige Nährstoffe, bei denen die Versorgung bestimmter Bevölkerungsgruppen unter den Empfehlungen liegt**. Vesorgungslücken bei Calcium, Eisen, Vitamin B_2 und Vitamin B_6 sowie Folsäure bestehen zum Beispiel bei jungen Frauen. Dies ist vermutlich auf häufige Diäten zurückzuführen. Senioren, und hier Männer häufiger als Frauen, weisen oft eine leichte Unterversorgung im Hinblick auf die fettlöslichen Vitamine A und D, die wasserlöslichen Vitamine B_1, Folsäure und Vitamin C sowie die Mineralstoffe Calcium und zum Teil auch Eisen, Jod und Zink auf. Die Gründe liegen hier in einer einseitigen Ernährung und in einem hohen Alkoholkonsum, oder das Defizit ist durch eine Medikamenteneinnahme über einen langen Zeitraum hinweg (siehe Seite 26) bedingt. Bei Kindern und Jugendlichen, die zuwenig Milch und Milchprodukte verzehren, muß die Calciumversorgung als kritisch angesehen werden. Generell gilt: Je weniger Energie man aufnimmt und je einseitiger der Speiseplan ist, desto schwieriger ist es, den Organismus in ausreichendem Maße mit allen Nährstoffen zu versorgen. Wer auf die Kalorienzufuhr achten muß, sollte vor allem Lebensmittel mit einer hohen Nährstoffdichte bevorzugen.

Was sind Antioxidantien?

Am besten lassen sie sich mit dem Begriff „**Schutznährstoff**" charakterisieren. Die Antioxidantien sind zur Zeit in aller Munde, und ihre Bedeutung wird häufig diskutiert. Sie schützen den Körper vor den negativen Folgen besonders reaktionsfähiger Sauerstoffverbindungen (Sauerstoffradikale). Es handelt sich dabei jedoch um hochreaktive Moleküle, die die Körperzellen ernsthaft schädigen, indem sie Kettenreaktionen auslösen, bei denen verschiedene Zellkomponenten, zum Beispiel die hochungesättigten Fettsäuren der Zellmembran, oxidiert und dadurch zerstört werden; es sei denn, ein Antioxidans blockiert den Reaktionsablauf als „Radikalenfänger". Antioxidantien schützen möglicherweise auch die Haut vor den negativen Einflüssen der Umwelt sowie vor schädigenden UV-Strahlen und Sauerstoffverbindungen, bestimmten Schadstoffen aus Abgasen oder aus der Zerstörung der Ozonschicht, und beugen der Bildung freier Radikale vor. Diese können insgesamt die Funktion und das Erscheinungsbild von Haut und Haaren beeinträchtigen und zur Hautalterung führen. In diesem Zusammenhang ist auch die Theorie interessant, daß Alterungsvorgänge auf den zerstörerischen Einfluß der freien Radikale zurückzuführen sind. Da die Haut zunehmend als ein wichtiges Immunorgan des Menschen gilt, muß sie auch ganz besonders geschützt werden.

Antioxidantien können also aktivierte, radikale Sauerstoffverbindungen unschädlich machen. Für die Fettbestandteile sind die antioxidativen Nährstofe **Vitamin E** und **beta-Carotin** wichtig. Im wäßrigen Milieu der Zelle wirken **Vitamin C** sowie das Spurenelement **Selen** als Antioxidans. Die Antioxidantienfunktion von Vitaminen und Spurenelementen wie Selen und **Zink** wird zur Zeit sehr intensiv erforscht, so daß bereits konkrete Empfehlungen für eine ausreichende Zufuhr gegeben werden können. Beta-Carotin gilt nach heutigem Kenntnisstand im Gegensatz zum Vitamin A selbst in hoher Dosierung als gesundheitlich unbedenklich. Ihm werden auch Schutzwirkungen bei verschiedenen Krebsformen zugeschrieben.

	Empfehlung der DGE	Schutzzufuhr-empfehlung
Vitamin E	12 mg	36 – 60 mg
Vitamin C	75 mg	100 – 150 mg
beta-Carotin	6 mg	15 mg

Was die Ernährung betrifft, so ist der Verzehr von carotinreichem gelbrotem oder grünem Gemüse, das mit Vitamin-E-reichen Keimölen zubereitet wird, sowie von frischem Obst zu empfehlen. Vitamin C ist in Gemüse und Obst ebenfalls enthalten.

Sind Schlankheitsdiäten Mangeldiäten?

Wie bereits erwähnt, gelten gerade jüngere Frauen nach neueren Erkenntnissen als Risikogruppe bei der Beurteilung der ausreichenden Vitamin- und Mineralstoffversorgung, denn wer häufig oder ständig Diät hält, riskiert eine Unterversorgung mit lebenswichtigen Nährstoffen. **Werden weniger als 1500 kcal täglich gegessen, ist eine ausreichende Nährstoffversorgung kaum mehr möglich.** Bei den Nährstoffen, die aufgrund von Diäten zuwenig zugeführt werden, handelt es sich übrigens häufig um jene sogenannten Schutznährstoffe, die für die Haut wichtig sind, wie B-Vitamine, Calcium, Eisen und Zink. Eine gute Figur und ein gesundes Aussehen erlangt man also nicht durch rigorose Schlankheitsdiäten und Hungerkuren, sondern nur durch die sinnvolle Kombination von vollwertiger Ernährung, körperlicher Aktivität – und richtiger Körperpflege.

Was bedeutet Kosmetik von innen?

Nur wenn alle Stoffwechselprozesse optimal funktionieren, ist ein strahlend frisches Aussehen, das durch gesunde Haut, Haare und Nägel charakterisiert ist, möglich. Selbstverständlich spielt die Ernährung eine große Rolle. Folgende Nährstoffe haben besondere Aufgaben als Hautnähr- bzw. Schutznährstoffe:
- Vitamin A und beta-Carotin (Provitamin A),
- Vitamine E und C,
- Faktoren des B-Komplexes, wie Biotin, Riboflavin und Pantothensäure,
- Calcium, Eisen und Zink,
- essentielle Fett- und Aminosäuren,
- Ballaststoffe und Wasser.

Schützen Vitamine vor Erkältung und Umweltbelastungen?

Die große Aufgabe der Vitamine als Schutznährstoffe auch bei Umweltbelastungen haben wir bereits im Zusammenhang mit den Antioxidantien angesprochen. Auch „selbstgemachte" Umweltbelastungen wie das Rauchen führen zu einer Erhöhung des Vitamin-C-Bedarfs.

Immer wieder wird auch der Effekt von Vitamin C bezüglich der Verhütung oder Heilung von Erkältungskrankheiten diskutiert. Der Arbeitskreis Ernährungs- und Vitamin-Information e.V. Frankfurt gibt dazu folgende Stellungnahme ab: „**Ein Vitamin-C-Mangel beeinträchtigt die Infektionsabwehr.** Eine Verbesserung durch hohe Vitamin-C-Gaben ist nicht bewiesen. Eine schwere Erkältungskrankheit entleert jedoch die Vitamin-C-Reserven des Körpers. So ist wahrscheinlich das Ergebnis klinischer Studien zu erklären, daß durch Vitamin-C-Gaben Schweregrad und Dauer der Symptome gemildert werden können."

Vitamin- und Mineralstoffpräparate – pro und contra

Ein abwechslungsreicher Speiseplan sollte diese Präparate eigentlich überflüssig machen. Doch ist der Griff zur Tablette oder Kapsel häufig auch ein Alibi, damit man sich nicht um eine vollwertige Ernährung kümmern muß. Allerdings darf ein Vitamin- und Mineralstoffpräparat niemals zur bequemen Dauerlösung werden, sondern wenn überhaupt nur Ergänzung der Nahrung sein. Empfehlen kann man am ehesten Kombinationspräparate mit den Antioxidantien beta-Carotin, Vitamin E und C sowie Selen, und zwar zum normalen Speiseplan. Übrigens taucht ein Spurenelementmangel (Eisen, Jod, Selen und Zink) bei unseren gegenwärtigen Ernährungsgewohnheiten wahrscheinlich häufiger auf als ein Vitaminmangel. Bei Selen ist dies zum Beispiel vor allem auf den niedrigen Selengehalt der Böden zurückzuführen. Grundsätzlich gilt: Ein Multivitaminpräparat kann den täglichen Kostplan dann ergänzen, wenn man unregelmäßig ißt oder wenn man nicht weiß, ob Qualität, Zusammensetzung und Zubereitung der Nahrung eine ausreichende Vitamin- und Mineralstoffversorgung sichern. Dies ist beispielsweise bei häufiger Außer-Haus-Verpflegung der Fall. Doch sollten Sie ein Präparat wählen, das in der Menge der enthaltenen Nährstoffe bezogen auf die Tagesdosierung annähernd den täglichen Nährstoffzufuhrempfehlungen entspricht. Bei sachgemäßer Anwendung, das heißt, wenn man die

Einnahmeempfehlungen nicht überschreitet, sind dann auch keine Hypervitaminosen, also Überdosierungserscheinungen, zu befürchten. Ihr Apotheker oder Ihr Arzt informiert Sie über diesbezügliche Präparate, ebenso über solche, die einen höheren Bedarf an bestimmten Vitaminen und Mineralstoffen decken.

Aus ernährungswissenschaftlicher Sicht steht an erster Stelle aber eine vernünftige Ernährung. Deshalb sollten einseitige Eßgewohnheiten schrittweise geändert werden. Häufiges Kantinen- und Restaurantessen erfordert eine gezielte Ergänzung der häuslichen Mahlzeiten mit den Lebensmitteln, die bei der Verpflegung außer Haus oft zu kurz kommen, also frisches Obst, frisch gepreßte Fruchtsäfte, Milchprodukte (Trinkmilch, Joghurt und Quark), Vollkornbrot, Vollkornflocken und Weizenkeime. Diese Lebensmittel können zur besseren Versorgung mit kritischen Nährstoffen, zum Beispiel den Vitaminen des B-Komplexes, beitragen. Und sie haben darüber hinaus den Vorteil, weitere für die Gesundheit wichtige Begleitstoffe zu enthalten, wie Mineralstoffe und Spurenelemente, mehrfach ungesättigte Fettsäuren, Ballaststoffe und spezifische pflanzliche Inhaltsstoffe, die die Wirkung von Vitaminen unterstützen. Hierzu zählen zum Beispiel Bioflavonoide aus Zitrusfrüchten, die die Vitamin-C-Wirkung ergänzen. Betrachtet man jedoch die Wirkung der „reinen" Vitaminsubstanz in einer vergleichbaren Dosierung unter Berücksichtigung der verschiedenen biologischen Aktivitäten einzelner Vitaminverbindungen, spielt es für den Körper keine Rolle, ob er natürliche, zum Teil chemisch weiterverarbeitete oder synthetische Vitamine bekommt.

Schadet ein Zuviel an Vitaminen?

Neben den normalerweise empfohlenen Vitamindosierungen werden zum Teil zu therapeutischen Zwecken auch extrem hohe, sogenannte Megadosen eingesetzt. Bei Langzeiteinnahmen können bei **Vitamin A** Kopfschmerzen, Hautveränderungen, Haarausfall, Erbrechen, Lebervergrößerung und schmerzhafte Skelettveränderungen auftreten. Bei Erwachsenen sollten Tagesdosen von 5 mg (entspricht 15000 I. E.) nur aufgrund einer ärztlichen Verordnung über längere Zeit gegeben werden. Das Provitamin A (beta-Carotin) kann allerdings keine Hypervitaminose auslösen.

Auch beim fettlöslichen **Vitamin D** sind Überdosierungserscheinungen bekannt. Kalkablagerungen in den Organen und bleibende Nierenschäden können die Folge sein. Sie werden beim Erwachsenen bei regelmäßig über einen längeren Zeitraum hinweg verabfolgten Dosen von mehr als 500 µg täglich beobachtet.

Lange Zeit hatte man angenommen, daß Überdosierungserscheinungen nur bei den fettlöslichen Vitaminen auftreten können. Doch auch hohe Einzeldosen der wasserlöslichen Vitamine des B-Komplexes und des Vitamin C sind nicht unbedenklich, und man rechnet heute auch bei diesen Vitaminen, die bisher als harmlos gegolten haben, mit Nebenwirkungen und nicht nur mit einer vermehrten Ausscheidung der über den Bedarf hinaus zugeführten Menge über den Harn. In extremer Einzeldosierung löst Vitamin C kurzdauernde Durchfälle aus, bei Neigung zur Harnsteinbildung sollte eine hochdosierte Vitamin-C-Zufuhr vermieden werden. Megadosen bedeuten in diesem Zusammenhang mehrere Gramm (1 g = 1000 mg) Vitamin C statt 100 mg oder mehrere Hundert Milligramm einzelner B-Vitamine statt weniger. So können Megadosen an B-Vitaminen bei Langzeitverabreichung Juckreiz, Empfindungsstörungen der Haut und allergische Symptome bis hin zu Akneerscheinungen verursachen. Insbesondere sollten die Vitamine B_6 und Niacin auf Dauer nicht zu hoch dosiert werden.

Warum ist Magnesium so populär?

Magnesium gilt als ein **Hochleistungselement des Stoffwechsels**, denn es aktiviert zahlreiche Enzyme (= Stoffe, die den Stoffwechsel steuern), insbesondere des Energie- und des Eiweißstoffwechsels, und ist nahezu für alle Reaktionen des Intermediärstoffwechsels (alle Vorgänge, die den Ab- und Umbau von Stoffen nach ihrer Aufnahme betreffen) wichtig. Am bekanntesten ist die Beteiligung von Magnesium an der Muskelkontraktion und an der Erregungsweiterleitung im Nervensystem. Streß, hoher Alkoholkonsum und eine eiweißreiche Ernährung erhöhen den Bedarf an diesem Mineralstoff. Magnesium kommt überwiegend in pflanzlichen Lebensmitteln (Vollkornprodukten, frischem und tiefgefrorenem Gemüse sowie Hülsenfrüchten) und in entsprechenden Mineralwässern vor. Tip: Bei Alkoholgenuß zwischendurch und danach viel magnesiumreiches Mineralwasser (mehr als 100 mg/l) trinken.

Ist Zucker ein Vitamin- und Mineralstoffräuber?

Zuckerhaltige Lebensmittel fördern bekanntlich Karies, besonders wenn sie klebrig sind und an den Zähnen haften. Denn klebrige Süßigkeiten sind die Lieblingsspeisen der Kariesbakterien, diese wiederum rauben den Zähnen das wichtige Calcium. **Den Knochen aber wird durch einen maßvollen Zuckerkonsum kein Calcium entzogen.** Anderslautende Behauptungen stützen sich auf die Theorie des Säure-Basen-Haushaltes (siehe Seite 14), denn Zucker gilt als Säureerzeuger im Stoffwechsel. Eine einseitige, säureüberschüssige Ernährung belaste auf Dauer die Mineraldepots des Körpers, gehe also auch auf Kosten des Calciums in Knochen und Zähne, so behaupten die Verfechter dieser These.

Wie sieht es aber mit dem Zuckerverzehr und dem Einfluß auf den Vitamin B_1-Haushalt aus? Zunächst ist es wichtig zu wissen, daß Stärke und Zucker im Stoffwechsel nur dann verwertet werden können, wenn genügend B-Vitamine bereitstehen, denn sie sind Bestandteile von Enzymen (=Stoffwechselkatalysatoren), die die Energiegewinnung aus Zucker steuern. Dies gilt vor allem für Vitamin B_1, das in Vollkornprodukten, Hülsenfrüchten und Fleisch enthalten ist. Viele Menschen glauben nun, daß reiner Zucker dem Körper dieses B-Vitamin wegnimmt. Richtig ist aber: **Zucker braucht zwar Vitamin B_1, aber er verbraucht es nicht.** Außerdem kann ein vielseitiger Speiseplan genügend von diesem B-Vitamin zur Verfügung stellen. Nur eine einseitige Ernährung mit zuviel Zucker und Süßigkeiten enthält nicht genug lebensnotwendige Vitamine und Mineralstoffe und führt dadurch auf Dauer zu Engpässen und Versorgungsdefiziten.

Fazit: Wer abwechslungsreich ißt und Lebensmittel mit einer hohen Nährstoffdichte bevorzugt, verschafft sich genügend Spielraum für den Genuß von Süßem. Teilen Sie sich Ihre Menge an Süßem bewußt ein, und genießen Sie es dann ohne schlechtes Gewissen.

Schützt Calcium vor Osteoporose?

Eine sichere Calciumversorgung in jungen Jahren schützt am besten vor Osteoporose (Knochenschwund) im Alter. Eine schlechte Versorgung mit diesem Knochenbaustein in der Wachstumsphase, bedingt durch zuwenig Calcium in der Nahrung oder durch eine schlechte Verfügbarkeit von Calcium, kann im höheren Lebensalter Osteoporose zur Folge haben, da die Knochendichte von vornherein schlechter angelegt wird.

Ernährungsempfehlung: Milch, Sauermilch, Käse und grünes Gemüse, alle Lebensmittel, die ebenfalls eine hohe Calciumdichte haben, dürfen im täglichen Speiseplan nicht fehlen. Gut für die Calciumbilanz sind auch calciumhaltige Mineralwasser (50 mg und mehr Calcium/l).

Schützt Vitamin C vor Herzinfarkt, und beugt beta-Carotin dem Krebs vor?

Wer sich vor bestimmten Krebserkrankungen und vor Herz-Kreislauf-Erkrankungen schützen will, sollte häufiger und in größeren Mengen als bisher Obst und Gemüse verzehren. Die Vitamine C und E beispielsweise verbessern die Fließeigenschaften des Blutes und hemmen Oxidationsvorgänge, die zur Ablagerung von schädlichem Cholesterin in den Gefäßen führen. **Niedrige Vitamin-E- und -C-Werte im Blut scheinen tatsächlich im direkten Zusammenhang mit einer großen Zahl von Herzinfarkten zu stehen.**

Diese Kenntnis vom Schutzeffekt bestimmter Vitamine sollte aber nicht dazu führen, die anderen Risikofaktoren für Herz-Kreislauf-Erkrankungen zu vernachlässigen. Eine Herzschutzkost muß in jedem Fall fettarm und ballaststoffreich sein. Auch ausreichende Bewegung zählt zu den präventiven Maßnahmen.

Beta-Carotin wirkt ebenfalls wie ein Antioxidans (siehe Seite 20). **Verschiedene Studien weisen zudem darauf hin, daß Carotinoide das Risiko vermindern, an Lungen-, Speiseröhren- und Magenkrebs zu erkranken.** Dieser Schutzeffekt hängt mit der Wirksamkeit dieser Stoffe gegenüber agressiven Sauerstoffradikalen zusammen. Günstige Nahrungsquellen für Carotinoide sind dunkelgrüne Gemüsesorten, wie Grünkohl, Brokkoli, Feldsalat, grüne Bohnen, Mangold und Spinat sowie gelbrote Gemüsesorten wie Tomaten, Paprika und Möhren (am besten gedünstet). Diese Lebensmittel enthalten gleichzeitig Vitamin C und sollten mit etwas Vitamin-E-reichem Keimöl zubereitet werden. So wird eine frische vitaminreiche und schmackhafte Ernährung zur Gesundheitsschutzkost.

Wie äußert sich ein Vitaminmangel?

Trotz einer ausreichenden Kalorienaufnahme, wenn nicht gar einer zu reichlichen Ernährung, kann es zu bestimmten Versorgungsengpässen innerhalb der wichtigen Nährstoffgruppe der Vitamine kommen. Klassische Mangelsymptome, wie zum Beispiel Skorbut, die sogenannte Avitaminose bei Vitamin-C-Mangel, sind jedoch sehr selten. Bei der Avitaminose fehlt ein Vitamin, oder es kommt in der Ernährung nur in völlig unzureichender Menge vor. Wir haben heute dagegen weniger mit ausgeprägten Mangelsituationen zu tun, sondern viel häufiger ist der Bedarf an einzelnen Vitaminen nicht ausreichend gedeckt. Diese Engpässe in der Vitaminversorgung können durch eine einseitige Nahrungswahl sowie als Folge von Nährstoffverlusten durch die Be- und Verarbeitung von Lebensmitteln auftreten. Sie äußern sich in Form sogenannter **Hypovitaminosen** (hypo = unter, im Sinne von zuwenig). Es handelt sich zunächst um unspezifische Erscheinungsbilder, wie Befindensstörungen, zum Beispiel allgemeine Abgeschlagenheit, Müdigkeit oder Konzentrationsschwäche, also um ein Stadium zwischen Gesundheit und Vitaminmangelkrankheit. Man ist meist anfälliger gegenüber sogenannten Erkältungskrankheiten. Wenn Sie also häufig müde, gereizt, nervös und erkältet sind, sollte dies ein Anlaß zur Überprüfung Ihres wöchentlichen Speiseplanes sein. Übrigens: Wer zuwenig Vitamine aufnimmt, leidet häufig auch an einem Mineralstoffmangel, da diese essentiellen Nährstoffe meistens gemeinsam in Lebensmitteln (Gemüse, Obst, Vollkornprodukte, Milch, Fleisch) vorkommen.

Faktoren, die mit einem Versorgungsdefizit an Vitaminen und Mineralstoffen in Zusammenhang stehen:
- häufige Müdigkeit
- ständige Gereiztheit
- Nervosität
- häufige Erkältungen
- regelmäßiger Alkohol- und Zigarettenkonsum
- regelmäßige Medikamenteneinnahme
- trockene und schuppige Haut oder glanzlose und brüchige Haare und Nägel
- beruflicher Streß und erhöhte körperliche Beanspruchungen. Falls mehrere dieser Punkte auf Sie zutreffen, machen Sie doch einmal den Vitamin- und Mineralstoffcheck (siehe Seiten 205 bis 208), und stellen Sie fest, wie gut Sie versorgt sind und wie stark Ihr persönlicher Gesundheitsschutz ist.

Wie wirkt sich ein Vitamin- und Mineralstoffmangel auf Haut, Haare und Nägel aus?

Besteht ein entsprechendes Nährstoffdefizit, kommt es zu typischen Erscheinungen wie kleinen Rissen an den Mundwinkeln, sogenannten Rhagaden, bei Vitamin-B_2-Mangel oder seborrhoischen Erscheinungen bei Mangel an Biotin, Vitamin B_2 und B_6 (Seborrhö = krankhaft gesteigerter Talgfluß). Ein Vitamin-A-Mangel führt zur verstärkter Verhornung der Haut. Zinkmangel hat eine Verzögerung der Wundheilung oder Haarausfall zur Folge und ebenso – wie bei Eisenmangel – Veränderungen an den Fingernägeln. Ein Calciummangel kann sich ebenfalls negativ auf Haut, Haare und Nägel auswirken. Auch Aminosäuren und Fettsäuren sind für eine gesunde Haut wichtig. Leider stellt sich der Mangel an „Schönheitsnährstoffen" oft als Begleiterscheinung von Schlankheitsdiäten ein. Folgende Mangelsymptome können auf ein Defizit an Mineralstoffen oder Vitaminen hinweisen:
- zu starke Verhornung (Vitamin A, Niacin)
- ungenügende Verhornung (Vitamin A)
- übermäßig trockene Haut (Vitamin A, E, Biotin)
- sehr schuppige Haut (Vitamin A, E, B_2, B_{12}, Biotin)
- fehlende Talg- und Schweißdrüsenabsonderung (Vitamin A, Biotin)
- Akne vulgaris/Neigung zu Akne (Vitmin A, B_2, B_6)
- Ekzeme (Vitamin D, Calcium)
- Schuppenflechte (Vitamin D, Folsäure)
- fleckige Rötungen (Vitamin B, Niacin, Pantothensäure)
- Seborrhö (Vitamin B_2, B_{12}, Biotin)
- Hautentzündungen (Vitamin C, B_6, B_{12}, Pantothensäure, Eisen)
- erweiterte, rote Äderchen (Vitamin B_{12})
- grau-fahle Hautverfärbungen, blasse Haut (Biotin, Calcium, Eisen)
- Fischschuppenkrankheit (Biotin)
- Hautrisse, rauhe Haut (Niacin, Pantothensäure, Magnesium)
- mangelnde Hautelastizität (Eisen, Kupfer)
- Pigmentstörungen (Kupfer)
- Rhagaden (Vitamin B_2, Magnesium, Eisen)
- Entzündungen an Lippen/Lippenschleimhaut (Vitamin B_2)
- Schleimhautentzündungen (Vitamin C, B_6, B_{12}, Folsäure, Pantothensäure)
- Zahnfleischentzündungen (Niacin, Vitamin C)
- starke Längsrillen an den Fingernägeln (Vitamin A)
- brüchige Fingernägel (Biotin, Eisen, Zink)
- fettige Haare (Vitamin B_6)
- Haarausfall, -wachstumsstörungen (Calcium, Eisen, Kupfer, Zink, Mangan, Cobalt, Chrom)
- abnorme Schwielenbildung (Niacin)
- verzögerte Wundheilung (Vitamin C, Zink)

(verändert nach PTA Dialog 1989 (4), S. 9)

Wechselwirkungen zwischen Medikamenten und Ernährung

Viele Menschen nehmen freiwillig oder aufgrund einer ärztlichen Verordnung regelmäßig über einen längeren Zeitraum hinweg Medikamente ein. Die Wirkung von Medikamenten kann jedoch einerseits durch die Nahrungsaufnahme direkt beeinflußt werden, andererseits können Arzneimittel den Appetit und damit die Nahrungsaufnahme verändern. Das gilt beispielsweise für „Appetit-Anreger" oder „Appetit-Zügler". Hinzu kommt, daß bei regelmäßiger Medikamenteneinnahme manche Nährstoffe schlechter oder anders als normalerweise üblich vom Organismus verarbeitet werden. Medikamente können somit nicht nur die Nahrungsaufnahme, sondern auch die Nährstoffversorgung beeinflussen und damit den Nährstoffbedarf verändern.

Die Wechselbeziehungen können sich zunächst auf der Stufe der Verdauung und Resorption (= Stoffaufnahme in den Körper) im Magen-Darm-Kanal abspielen. So verändert sich möglicherweise die Löslichkeit von Arzneistoffen durch Art und Menge der Flüssigkeitszufuhr, Fruchtsäuren führen zu pH-Verschiebungen; Salze können mit den Inhaltsstoffen des Medikamentes unlösliche Komplexe bilden (zum Beispiel Calcium-Tetracyclin), Fette die Löslichkeit von fettlöslichen Arzneien erhöhen. Die Magen-Darm-Passagezeit wird durch Ballaststoffe und Alkohol beschleunigt. Leider liegen bisher nur wenige Untersuchungen vor, die eine praktische Konsequenz aus den angesprochenen Wirkungen erlaubt. So werden manche Arzneien besser ohne, andere wiederum besser zusammen mit der Nahrung aufgenommen. Deshalb sollten Sie die Hinweise auf den Packungsbeilagen beachten.

Arzneien beeinflussen auch die Bioverfügbarkeit von Nährstoffen und somit den Bedarf daran. Abführmittel beschleunigen die Darmpassage und führen so zu einer reduzierten Nährstoffresorption. Auch Soda gegen Sodbrennen vermindert die Eisenresorption. Antibiotika, die die mikrobielle Darmflora zerstören, beeinträchtigen damit noch ebenfalls die Bioverfügbarkeit von Vitamin B_{12} und K, die beide von den Darmbakterien gebildet werden. Arzneien können auch die Sekretion der Verdauungsenzyme beeinflussen. Durch andere, zum Beispiel durch Acetylsalicylsäure, wird die Oberfläche der Darmschleimhaut und somit die Resorptionsmechanismen verändert.

Arzneisubstanzen und Nährstoffe können miteinander ferner um das gleiche „Transportvehikel" vom Darm ins Blut konkurrieren.

Die Verstoffwechselung von Medikamenten geschieht in vielen Organen des Körpers: in Darmwand, Lunge, Niere, Haut und Leber. Diese besitzt hier eine zentrale Bedeutung. Die Ausscheidung, der letzte Stoffwechselschritt, läuft größtenteils über die Nieren ab. Auch sie kann durch Arzneien beeinflußt werden. Bei manchen Indikationen wie der Gicht erhöht man mittels Medikamenten die Harnsäureausscheidung. Bei Wassereinlagerungen im Gewebe und erhöhtem Blutdruck werden wasserausschwemmende Medikamente verordnet. Andere Substanzen wiederum können die Niere schädigen, wie das Schmerzmittel Phenacetin. Veränderungen der Nierenfunktion beeinflussen zwangsläufig die Ausssscheidung von Nährstoffen. So stören wasserausschwemmende Mittel den Mineralstoffhaushalt, und es kommt zu Kalium- und Magnesiumverlusten.

Einige Medikamente werden durch die von der Leber erzeugte Gallenflüssigkeit ausgeschieden. Über die Gallenwege gelangen sie in den Darm. Bestimmte Arzneien (und Nährstoffe) passieren sowohl die Placenta als auch die Zellwände der Brustdrüse. So müssen Schwangere und Stillende bei der Einnahme solcher Substanzen besonders vorsichtig sein.

Arzneien können auch im Fett- und Knochengewebe abgelagert werden. Bei Abmagerungskuren und „zehrenden" Krankheiten setzt der Körper die Stoffe wieder frei.

Mit welchen Ernährungsstörungen ist zu rechnen?

Ursachen einer kalorischen Unterernährung können ein verminderter Appetit infolge einer länger dauernden medikamentösen Behandlung oder eine mangelhafte Ausnutzung einer qualitativ und quantitativ ausreichenden Ernährung sein. Im zweiten Fall spielen Resorptionsstörungen oder eine Steigerung des Stoffwechsels durch Medikamente eine Rolle.

Eine große Zahl von Arzneien verursacht bei normaler Dosierung Unterernährungszustände durch mangelnden Appetit. So treten zum Beispiel nach fast allen Digitalispräparaten, Sulfonamiden, einigen Antibiotika und Tuberkulostatika und längeren Morphinanwendungen gelegentlich Appetitlosigkeit, Erbrechen, Übelkeit und Widerwillen gegen bestimmte Speisen auf. In diesen Fällen sollte auf eine appetitanregende, kohlenhydratreiche Ernährung geachtet werden.

Organische Veränderungen im Magen-Darm-Trakt haben eine unzureichende Nährstoffausnutzung und damit eine Unterernährung zur Folge. Hier treten neben den genannten Symptomen zusätzlich Völlegefühl, Sodbrennen, Oberbauchbeschwerden bei chronischer Gastritis (Magenschleimhauterkankung) und gesteigerte Darmbewegungen, Blähungen und Durchfälle auf. Auslöser dieser Symptome sind relativ oft Sulfonamide, Antibiotika, Digitalis, Salicylate, Antihistaminika, Tuberkulostatika und Zytostatika.

Eine Steigerung des Stoffwechsels kann durch eine Hormonbehandlung, zum Beispiel mit Schilddrüsenpräparaten oder während einer Dauertherapie mit Korticosteroiden, eintreten. Kortison entzieht dem Körper Kalium und Calcium, wodurch ein Mehrbedarf an diesen Nährstoffen entsteht.

Zusammenhänge zwischen verschiedenen Vitaminen und Mineralstoffen und bestimmten Medikamenten sind ebenfalls bekannt, Sie finden sie bei der Beschreibung der einzelnen Vitamine und Mineralstoffe (Seite 29 bis 36). Allgemein können nach Oltersdorf folgende Empfehlungen gegeben werden:

- Arzneimittel nur aufgrund einer ärztlichen Verordnung und in der empfohlenen Dosis einnehmen.
- Bei ernährungsabhängigen Krankheiten trägt die konsequente Beachtung der Diätprinzipien wesentlich zum Behandlungserfolg bei und ermöglicht einen sinnvollen Einsatz von Medikamenten, falls diese erforderlich sind, zum Beispiel bei Bluthochdruck, Diabetes mellitus und Fettstoffwechselstörungen. Fehlernährung macht dagegen die Arzneimittelwirkung unsicher. Die Dosis der Medikamente sollte individuell festgelegt und kontrolliert werden.
- Eine langdauernde Medikamenteneinnahme erhöht das Risiko fehlernährt zu werden: Deshalb den Ernährungszustand von Zeit zu Zeit überprüfen lassen. Kritische Nährstoffe in dieser Hinsicht sind: Vitamin B_1, Folsäure, Vitamin B_6, Vitamin B_{12}, Vitamin C und D sowie die Mineralstoffe Calcium, Kalium, Eisen und weitere Spurenelemente.
- Chronisch Kranke, die über einen sehr langen Zeitraum hinweg Medikamente nehmen, sind besonders gefährdet. Dazu zählen Diabetiker, Epileptiker, Rheumatiker, jene, die an Herz- und Kreislaufkrankheiten leiden, Hypertoniker, psychisch Kranke und solche, die ständig Arzneien wie Analgetika (Schmerzmittel), Antazida (Magensäurebindende Mittel), Laxantien (Abführmittel) und orale Kontrazeptiva („Pille") einnehmen.
- Notwendig sind ferner bessere Informationen über die Wechselbeziehungen zwischen Nährstoffen und Medikamenten. Der Patient muß konkret wissen, wie er das Präparat sinnvoll anwenden kann. Dies bezieht sich auf den Einnahmezeitpunkt zum Beispiel vor, während oder nach dem Essen. Das betrifft aber auch Fragen der Verträglichkeit eines arzneilichen Wirkstoffes und seiner Verfügbarkeit. Selbst bei vorschriftsmäßiger Einnahme können jedoch Wechselwirkungen mit energieliefernden und nicht energieliefernden essentiellen Nährstoffen auftreten.

Häufig sind die Wechselwirkungen noch komplexer, und zwar dann, wenn mehrere Medikamente eingenommen werden oder wenn man an die Wirkung von Schadstoffen aus der Umwelt, aus Lebensmitteln sowie durch das Rauchen oder durch den Genuß alkoholischer Getränke denkt.

Vitamine, Mineralstoffe und Genußmittel

Regelmäßiges Rauchen erhöht beispielsweise den Vitamin-C-Bedarf. Hoher und regelmäßiger Alkoholkonsum erfordert eine besondere Beachtung der Vitamin-B- und Magnesium-Versorgung. Deshalb soll auf die Wirkung von Genußmitteln kurz eingegangen werden.

Nikotin wirkt auf das Zentralnervensystem, indem es bei Aufregung beruhigt und bei Müdigkeit anregt. Allerdings besteht bei Rauchern die akute Gefahr, daß die Sauerstoffaufnahmefähigkeit des Blutes verringert ist. Dies kann zu einer schlechten Versorgung aller sauerstoffabhängigen Organe führen. Weitere Folgen eines Nikotinmißbrauchs sind Störungen der Atemorgane und des Herz-Kreislauf-Systems, ebenso besteht das Risiko, an Lungenkrebs zu erkranken.

Alkohol wirkt, in Maßen genossen, je nach Getränk entweder anregend (Sekt) oder beruhigend (Bier). Alkoholmißbrauch dagegen gefährdet die Leberfunktion, das Herz-Kreislauf-System, die Funktionstüchtigkeit der Nerven und birgt vor allem die Gefahr des Abhängigwerdens. Aus ernährungswissenschaftlicher Sicht muß man feststellen, daß alkoholische Getränke wesentlich zum täglichen Kalorienkonto beitragen, aber eine geringe Nährstoffdichte aufweisen. Wer einen großen Teil seines Kalorienbedarfs durch Alkoholkalorien deckt, gefährdet also seine Vitamin- und Mineralstoffversorgung. Besonders negativ werden Vitamin B_1, B_2, B_6, Folsäure, Biotin, Vitamin C, A und D beeinflußt. Deshalb Mineralwasser und Fruchtsaftschorlen bevorzugen.

Vitamine und Mineralstoffe unter der Lupe

Vitamine und Mineralstoffe sind notwendig, damit man gesund und leistungsfähig bleibt. Wir möchten Ihnen im folgenden einen Einblick in die Wirkungsweise, die besten Nahrungsquellen und mögliche Probleme bei der Versorgung geben.

VITAMIN B_1 (Thiamin)

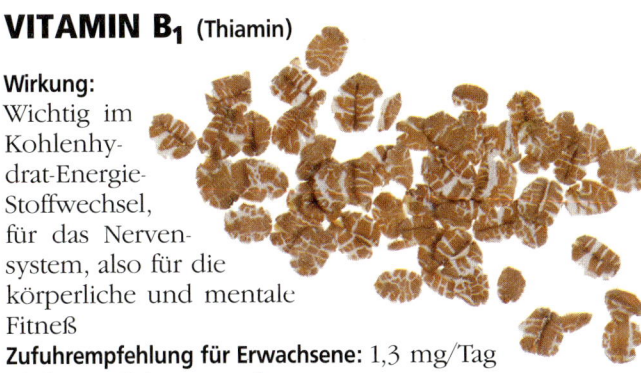

Wirkung:
Wichtig im Kohlenhydrat-Energie-Stoffwechsel, für das Nervensystem, also für die körperliche und mentale Fitneß
Zufuhrempfehlung für Erwachsene: 1,3 mg/Tag
Die besten Nahrungsquellen:
Vollkornprodukte, Schweinefleisch, Hülsenfrüchte, Kartoffeln, Leber, Bierhefe
Was passiert bei Mangel?
Neuritis (Nervenentzündung), Appetit- und Schlaflosigkeit, Konzentrationsschwäche, Reizbarkeit, Herzstörungen, Beriberi (siehe Seite 10)
Was beeinflußt die Versorgung/den Bedarf?
Chronischer Alkoholmißbrauch, Antazida (magensäurebindende Mittel), Diuretika (harntreibende Mittel) und bestimmte Schmerzmittel. Arzt oder Apotheker fragen sowie Packungsbeilage beachten
Schadet ein Zuviel?
Überdosierungserscheinungen sind nicht bekannt
Warum kommt es zu Verlusten in der Küche?
Vitamin B_1 ist wasserlöslich und hitzeempfindlich
Praxistip:
Täglich Vollkornprodukte

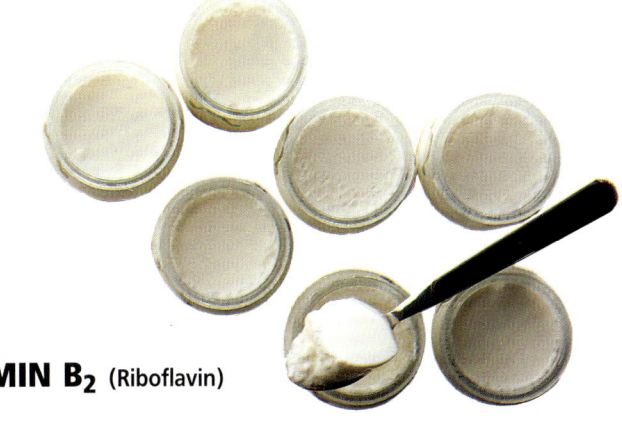

VITAMIN B_2 (Riboflavin)

Wirkung:
Beteiligt am Fett-, Kohlenhydrat- und Eiweißstoffwechsel, besonders wichtig für die Energiegewinnung, den Aufbau des roten Blutfarbstoffes, den Sehvorgang, für eine gesunde Haut und das Wachstum
Zufuhrempfehlung für Erwachsene: 1,6 mg/Tag
Die besten Nahrungsquellen:
Milch und Milchprodukte, Innereien, Schweinefleisch, Fisch, Gemüse, Kartoffeln, Vollkornerzeugnisse und Bierhefe
Was passiert bei Mangel?
Risse in den Mundwinkeln, Hautveränderungen, Schuppenbildung, Wachstumsstörungen, Sehstörungen und Lichtempfindlichkeit, glanzlose und brüchige Fingernägel, Anämie
Was beeinflußt die Versorgung/den Bedarf?
Chronischer Alkoholmißbrauch, Diuretika (harntreibende Mittel), trizyklische Antidepressiva, orale Kontrazeptiva („Pille"). Arzt oder Apotheker fragen sowie Packungsbeilage beachten. Vor allem Zigarettenraucher benötigen mehr Vitamin B_2. Der Bedarf steigt auch nach schweren Erkrankungen und Operationen
Schadet ein Zuviel?
Überdosierungserscheinungen sind nicht bekannt
Warum kommt es zu Verlusten in der Küche?
Vitamin B_2 ist lichtempfindlich. Daher Lebensmittel dunkel bzw. lichtgeschützt aufbewahren und empfindliche Lebensmittel nicht im offenen Topf garen
Praxistip:
Täglich Milch und Milchprodukte

VITAMIN B₆ (Pyridoxin)

Wirkung:
Wichtig für den Eiweißstoffwechsel und bei der Blutbildung

Zufuhrempfehlung für Erwachsene: 1,7 mg/Tag

Die besten Nahrungsquellen:
Vollkornerzeugnisse, Gemüse, Kartoffeln, Fleisch, Innereien, Fisch, Milch und Milchprodukte

Was passiert bei Mangel?
Appetitlosigkeit, Depression, Anämie, Wachstumsstörungen, Muskelschwund, Hautveränderungen, Krämpfe (bei Säuglingen)

Was beeinflußt die Versorgung/den Bedarf?
Chronischer Alkoholmißbrauch, orale Kontrazeptiva, verschiedene Antibiotika, Antiepileptika. Arzt oder Apotheker fragen sowie Packungsbeilage beachten

Schadet ein Zuviel?
Vitamin B₆ als Vitaminpräparat sollte auf Dauer nicht zu hoch dosiert werden

Warum kommt es zu Verlusten in der Küche?
Vitamin B₆ ist hitze- und lichtempfindlich

Praxistip:
Eine abwechslungsreiche Ernährung sichert die Vitamin-B₆-Versorgung, da dieses B-Vitamin in praktisch allen Lebensmitteln vorkommt

VITAMIN B₁₂ (Cobalamin)

Wirkung:
Vitamin B₁₂ ist wichtig für die Blutbildung, den Aufbau der Zellkernsubstanz und für alle Wachstumsvorgänge des Organismus

Zufuhrempfehlung für Erwachsene: 3,0 µg/Tag

Die besten Nahrungsqellen:
Fleisch, Innereien, Milch und Milchprodukte, Ei. Pflanzliche Lebensmittel enthalten kein Vitamin B₁₂, geringe Mengen in milchsauer vergorenem Gemüse (Sauerkraut). Vitamin B₁₂ wird in der Natur nur von Mikroorganismen gebildet

Was passiert bei Mangel?
Bei chronischer Unterernährung, Magen- und Darmkrankheiten sowie bei strenger vegetarischer Ernährung können folgende Mangelerscheinungen auftreten: Anämie, nervöse Störungen, Appetitlosigkeit, Veränderungen der Zungenschleimhaut

Was beeinflußt die Versorgung?
Cimetidin (magensäurehemmendes Mittel), Neomycin (Antibiotikum), orale Kontrazeptiva. Arzt oder Apotheker fragen sowie Packungsbeilage beachten

Schadet ein Zuviel?
Überdosierungserscheinungen sind nicht bekannt

Warum kommt es zu Verlusten in der Küche?
Es kommt zu keinen nennenswerten Zubereitungsverlusten

Praxistip:
Die Vitamin-B₁₂-Bedarfsdeckung ist bei gemischter Kost gut und erlaubt die Anlage reichlicher Reserven. Die Resorption des Vitamin B₁₂ aus der Nahrung erfolgt mit Hilfe eines in der Magenschleimhaut gebildeten Eiweißes, des sogenannten intrinsic factor. Bei chronischen Magenschleimhautentzündungen und Magenresektionen (Entfernung) kommt es zu einem Vitamin-B₁₂-Mangel, der sich aber aufgrund der großen Speicher in der Leber erst nach Jahren bemerkbar macht

NIACIN (Nicotinsäureamid und Nicotinsäure)

Wirkung:
Niacin ist Bestandteil wasserstoffübertragender Enzyme (Verbindung, die den Stoffwechsel steuert) im Stoffwechsel der Kohlenhydrate, Fette und Eiweiße. Wichtig für die normale Funktion des Nervensystems und der Haut

Zufuhrempfehlung für Erwachsene:
17 mg/Tag

Die besten Nahrungsquellen:
Fleisch, Fisch, Innereien, Vollkornerzeugnisse, Milch, Ei, Hülsenfrüchte, Gemüse, Bierhefe

Was passiert bei Mangel?
Appetit- und Gewichtsverlust, Müdigkeit. Pellagra (siehe Seite 10) als Mangelkrankheit mit Hautentzündungen, Durchfällen, Leber- und nervösen Störungen. Pellagrasymptome können auch in Verbindung mit chronischem Alkoholismus, Leberzirrhose und bei chronischem Durchfall auftreten

Was beeinflußt die Versorgung/den Bedarf?
Chronischer Alkoholmißbrauch

Schadet ein Zuviel?
In hohen Dosen (3 g und mehr) wird Nicotinsäure als Medikament zur Senkung erhöhter Serumcholesterin-Konzentrationen eingesetzt. Dabei können Nebenwirkungen wie Hitzegefühl und Magenschleimhautreizungen auftreten. Arzt oder Apotheker fragen sowie die Packungsbeilage beachten

Warum kommt es zu Verlusten in der Küche?
Es ist mit keinen nennenswerten Zubereitungsverlusten zu rechnen
Praxistip:
Bei abwechslungsreicher Ernährung sind Niacinmangelerscheinungen unwahrscheinlich

FOLSÄURE

Wirkung:
Wichtige Aufgabe bei der Blutbildung und der Zellneubildung
**Zufuhrempfehlung
für Erwachsene:** 300 µg/Tag (Gesamtfolat)
Die besten Nahrungsquellen:
Gemüse, Vollkornprodukte, Fleisch, Leber, Sojabohnen, Weizenkeime und Bierhefe
Was passiert bei Mangel?
Anämie (Blutarmut), Verdauungstörungen, entzündliche Veränderungen der Schleimhaut im Mund- und Magen-Darm-Trakt
Was beeinflußt die Vesorgung/den Bedarf?
Zytostatika (Krebsarzneimittel), Antiepileptika, Antimalariamittel, darmwirksame Sulfonamide und Antibiotika, Acetylsalicylsäure (Schmerzmittel), orale Kontrazeptiva (möglicherweise), chronischer Alkoholmißbrauch. Arzt oder Apotheker fragen sowie Packungsbeilage beachten
Schadet ein Zuviel?
Überdosierungserscheinungen sind nicht bekannt
Warum kommt es zu Verlusten in der Küche?
Folsäure ist empfindlich gegenüber Wasser, Licht und Hitze. Es muß im Durchschnitt mit 50 % Zubereitungsverlust gerechnet werden
Praxistip:
Gemüse als Rohkost essen oder mit wenig Wasser bei kurzer Garzeit dünsten

BIOTIN

Wirkung:
Früher wurde Biotin auch Vitamin H (= Hautvitamin) genannt. Es greift in den Stoffwechsel (Aufbau) von Kohlehydraten und Fetten ein
**Schätzwert für eine angemessene
Zufuhr bei Erwachsenen:**
30-100 µg/Tag
Die besten Nahrungsquellen:
Leber, Eigelb, Sojabohnen, Haferflocken, Nüsse, Möhren, Milch

Was passiert bei Mangel?
Mangelerscheinungen (Hautveränderungen) sind bei gemischter Ernährung nicht festzustellen. Sie treten nur nach längerdauerndem Verzehr größerer Mengen roher Eier auf, da diese einen Stoff, das sogenannte Avidin, enthalten, der Biotin bindet und somit unwirksam macht. Biotin wird auch von der Darmflora gebildet
Was beeinflußt die Versorgung/den Bedarf?
Chronischer Alkoholmißbrauch und übermäßiger Genuß von rohen Eiern
Schadet ein Zuviel?
Überdosierungserscheinungen sind nicht bekannt
Warum kommt es zu Verlusten in der Küche?
Es sind keine nennenswerten Zubereitungsverluste bekannt
Praxistip:
Abwechslungsreiche Mischkost, auf rohe Eier verzichten

PANTOTHENSÄURE

Wirkung:
Als sogenanntes Coenzym A kommt diesem Vitamin eine zentrale Bedeutung im Stoffwechsel aller Nährstoffe zu
**Schätzwert für eine angemessene Zufuhr bei
Erwachsenen:** 6 mg/Tag

Die besten Nahrungsquellen:
Pantothensäure ist in praktisch allen Lebensmitteln enthalten, besonders jedoch in Fleisch, Fisch, Ei, Innereien, Hülsenfrüchten, Milch und Käse sowie in Vollkornerzeugnissen
Was passiert bei Mangel?
Mangelerscheinungen wie Verhaltensstörungen oder Kribbeln in den Händen und Füßen sind beim Menschen sehr selten
Was beeinflußt die Versorgung/den Bedarf?
Eventuell Antibiotika. Arzt oder Apotheker fragen sowie die Packungsbeilage beachten
Schadet ein Zuviel?
Überdosierungserscheinungen sind nicht bekannt
Warum kommt es zu Verlusten in der Küche?
Pantothensäure ist wasserlöslich und hitzeempfindlich
Praxistip:
Abwechslungsreiche Mischkost

VITAMIN C (Ascorbinsäure)

Wirkung:
Gesundheitsschutz, wichtig im Bindegewebsstoffwechsel (Haut, Knochen, Zähne), bedeutend für das Immunsystem, bei Entgiftungsreaktionen und für die Verwertung von Eisen

Zufuhrempfehlung für Erwachsene: 75 mg/Tag

Die besten Nahrungsquellen:
Obst und Gemüse, insbesondere Zitrus- und Beerenfrüchte, Paprika und frische Küchenkräuter sowie Kartoffeln

Was passiert bei Mangel?
Müdigkeit, verminderte Widerstandskraft gegen Infektionen, verzögerte Wundheilung, Knochenschmerzen, Skorbut (Blutungen von Haut, Zahnfleisch und inneren Organen)

Was beeinflußt die Versorgung/den Bedarf?
Rauchen, orale Kontrazeptiva („Pille"), Acetylsalicylsäure (Schmerzmittel), Streß, chronischer Alkoholmißbrauch, Glukokortikoide (Entzündungshemmer), Fenfluramin (Appetitzügler). Den Arzt oder Apotheker fragen sowie Packungsbeilage beachten

Schadet ein Zuviel?
In extrem hoher Dosierung (5 g und mehr) verursacht Vitamin C kurzdauernde Durchfälle. Bei Neigung zu Harnsteinbildung sollte eine hochdosierte regelmäßige und längerdauernde Zufuhr vermieden werden

Warum kommt es zu Verlusten in der Küche?
Vitamin C ist wasserlöslich und sehr empfindlich gegenüber Luft, Licht, Hitze. Deshalb lange Warmhalte- und Lagerzeiten vermeiden

Praxistip:
Frisches Obst und Gemüse essen. Rohkost erst unmittelbar vor dem Verzehr zubereiten.
Frische und tiefgefrorene Küchenkräuter verwenden. Das Tiefgefrieren ist eine für die Vitamin-C-Erhaltung günstige Konservierungsmethode

VITAMIN A (Retinol)

Wirkung:
Wichtig für das Wachstum, die gesunde Haut- und Schleimhautfunktion und für den Sehvorgang (Vitamin A = „Augenvitamin")

Zufuhrempfehlung für Erwachsene: 0,9 mg/Tag

Die besten Nahrungsquellen:
Leber, Eigelb, Milch, Käse, Ei, Butter. Als Vorstufe (Carotin) in gelbrotem und grünem Gemüse, zum Beispiel in Karotten, Paprika, Tomaten, Grünkohl und Spinat

Was passiert bei Mangel?
Herabgesetzte Sehschärfe bei Dämmerlicht bzw. Nachtblindheit, Haut- und Schleimhautschäden, Haarausfall, erhöhte Infektanfälligkeit, Wachstumsstörungen im Kindesalter

Was beeinflußt die Versorgung/den Bedarf?
Chronischer Alkoholmißbrauch, Antazida (magensäurebindende Mittel), paraffinölhaltige Laxantien (Abführmittel), blutfettsenkende Arzneimittel, verschiedene Antibiotika. Arzt oder Apotheker fragen sowie die Packungsbeilage beachten

Schadet ein Zuviel?
In hohen Dosen (bei Erwachsenen Tagesdosen von mehr als 15 mg = 50.000 I.E.) kann das fettlösliche Vitamin A schwere Nebenwirkungen wie Kopfschmerzen, Übelkeit, Hautveränderungen, Lebervergrößerung und Skelettveränderung auslösen. Provitamin A (zum Beispiel beta-Carotin) hat keine Vitamin-A-Vergiftungen zur Folge

Warum kommt es zu Verlusten in der Küche?
Vitamin A ist empfindlich gegenüber Licht, Luft und Hitze. Lebensmittel daher dunkel lagern und zerkleinerte Lebensmittel zügig zubereiten

Praxistip:
Die Vitamin-A-Ausnutzung wird durch die gleichzeitige Aufnahme von Milch, Käse oder etwas Fett (Salatöl oder Sahne) verbessert

VITAMIN D (Calciferol)

Wirkung:
Vitamin D ist unerläßlich für die Knochenbildung. Es reguliert den Calcium- und den Phosphatstoffwechsel
Zufuhrempfehlung für Erwachsene: 5 µg/Tag
Die besten Nahrungsquellen:
Salzwasserfische, Eigelb, Lebertran, Käse, Butter und Margarine. Besonderheit: Vitamin D wird unter dem Einfluß von UV-Licht in der Haut gebildet
Was passiert bei Mangel?
Bei Kindern: Rachitis (unzureichende Knochenverhärtung) und bei Erwachsenen: Osteomalazie/Osteoporose (Entkalkung und Weichwerden der Knochen), Wachstumsstörungen, herabgesetzte Muskelkraft, Krämpfe
Was beeinflußt die Versorgung/den Bedarf?
Antikonvulsiva (krampflösende Mittel), blutfettsenkende Arzneimittel, Glukokortikoide (Entzündungshemmer), paraffinölhaltige Laxantien (Abführmittel). Arzt oder Apotheker fragen sowie Packungsbeilage beachten
Schadet ein Zuviel?
Bei chronischer Überdosierung (bei Erwachsenen mehr als 500 µg täglich) kommt es zu schweren Beeinträchtigungen des Allgemeinzustandes, zu Nierensteinen und bleibenden Nierenschäden, die sogar zum Tode führen können. Die Rachitisprophylaxe im Säuglingsalter bedarf einer ärztlichen Überwachung
Warum kommt es zu Verlusten in der Küche?
Der Vitamin-D-Gehalt von Lebensmitteln nimmt durch Lagerung und Zubereitung kaum ab
Praxistip:
Genügend Bewegung im Freien ist für alle Altersgruppen empfehlenswert, da Vitamin D auch in der Haut gebildet wird

VITAMIN E (Tocopherol)

Wirkung:
Antioxidans, Vitamin E schützt mehrfach ungesättigte Fettsäuren vor Zerstörung durch Sauerstoff (Oxidation) und damit Zellwände und andere Wirkstoffe im Körper, an deren Aufbau diese Fettsäuren beteiligt sind. Vitamin E schützt ebenfalls Vitamin A vor der Oxidation
Zufuhrempfehlung für Erwachsene: 12 mg/Tag
Die besten Nahrungsquellen:
Keimöle, Margarine, Weizenkeime, Haferflocken, Ei, Vollkornprodukte, ölhaltige Samen, grünes Gemüse

Was passiert bei Mangel?
Vitamin-E-Mangelerscheinungen werden beim Menschen sehr selten beobachtet, eventuell Störungen des Muskelstoffwechsels, verkürzte Lebensdauer der roten Blutkörperchen
Was beeinflußt die Versorgung/den Bedarf?
Orale Kontrazeptiva („Pille"), blutfettsenkende Arzneimittel, paraffinölhaltige Laxantien (Abführmittel). Arzt oder Apotheker fragen sowie die Packungsbeilage beachten

Schadet ein Zuviel?
Eine langfristige Hochdosierung (größer 200 mg pro Tag) sollte mit dem Arzt abgestimmt werden
Warum kommt es zu Verlusten in der Küche?
Die Verluste sind relativ gering. Vitamin E ist empfindlich gegen Licht und Sauerstoff. Durch ranziges Fett wird Vitamin E schnell zerstört
Paxistip:
Salat mit Keimöl zubereiten. Je mehr mehrfach ungesättigte Fettsäuren zugeführt werden, desto höher ist der Vitamin-E-Bedarf. Pro Gramm mehrfach ungesättigter Fettsäuren wird in etwa 1 mg Vitamin E (als alpha-Tocopherol) benötigt

VITAMIN K (Phyllochinon)

Wirkung:
Verantwortlich für die Blutgerinnung
Zufuhrempfehlung für Erwachsene: 65 µg/Tag
Die besten Nahrungsquellen:
Gemüse, insbesondere Kohl und Spinat, Leber, Fleisch, Milch. Wird auch von Darmbakterien gebildet
Was passiert bei Mangel?
Verlängerte Blutgerinnungszeit, Neigung zu Blutungen
Was beeinflußt die Versorgung/den Bedarf?
Antibiotika, Antikonvulsiva (krampflösende Mittel), paraf-

finölhaltige Laxantien (Abführmittel), blutfettsenkende Arzneimittel. Arzt oder Apotheker fragen sowie die Packungsbeilage beachten.
Besonderer Hinweis: Vitamin K wirkt auch gegen Arzneimittel, die die Blutgerinnung hemmen. Dennoch gilt auch in diesem Fall die Empfehlung, genügend und in abwechslungsreicher Auswahl Gemüse zu verzehren. Die Arzneimitteldosierung ist darauf abzustimmen

Schadet ein Zuviel?
Überdosierungserscheinungen sind nicht bekannt

Warum kommt es zu Verlusten in der Küche?
Vitamin K ist unempfindlich gegen Hitze und Sauerstoff. Lediglich durch die Tageslichteinwirkung kann es zerstört werden, deshalb Lebensmittel im Dunkeln lagern

Praxistip:
Abwechslungsreicher Verzehr grüner Gemüsesorten

CALCIUM

Wirkung:
Baustein von Knochen und Zähnen, wichtig für Nerven- und Muskelfunktionen, Aktivierung von Enzymen, Blutgerinnung

Zufuhrempfehlung für Erwachsene:
950 mg/Tag

Die besten Nahrungsquellen:
Milch und Milchprodukte, grünes Gemüse, Hülsenfrüchte, calciumhaltiges Mineralwasser

Was passiert bei Mangel?
Osteoporose, Muskelkrämpfe. Besonderer Hinweis: Der Körper kann nur dann ausreichend mit Calcium versorgt werden, wenn er genügend Vitamin D erhält

Was beeinflußt die Versorgung?
Milchzucker und Vitamine fördern die Aufnahme des Calciums aus der Nahrung, während Phytin, Oxalsäure und Ballaststoffe sie hemmen. Empfehlenswert ist auch ein Calcium-Phosphat-Verhältnis von 1:1,5

Schadet ein Zuviel?
Eine erhöhte Calciumzufuhr kann bei Neigung zu Harnsteinen und eine stark erhöhte Calciumzufuhr (mehr als 3 g pro Tag) bei Patienten mit Nierenschäden negative Auswirkungen haben. Im Zweifelsfall den Arzt fragen

Warum kommt es zu Verlusten in der Küche?
Bei der Zubereitung von Lebensmitteln kann Calcium im Kochwasser gelöst werden und dann verlorengehen

Praxistip:
Calcium aus Milch ist für den Körper besonders gut verfügbar, da Milch gleichzeitig Milchzucker enthält

PHOSPHOR (Phosphat)

Wirkung:
Baustein von Knochen und Zähnen, beteiligt am Aufbau der energiereichen Phosphate (ATP), einer Substanz, der im Stoffwechsel eine besondere Bedeutung zukommt, und der Phospholipide, zum Beispiel Lecithin

Die besten Nahrungsquellen:
Milch und Milchprodukte, Fleisch, Wurst, Fisch, Ei, Getreideprodukte, Gemüse und Kartoffeln

Was passiert bei Mangel?
Ein Mangel an Phosphat aufgrund unzureichender Zufuhr mit Nahrung ist nicht bekannt

Was beeinflußt die Versorgung/den Bedarf?
Aluminium, mit dem Phosphor eine unlösliche Verbindung eingeht

Schadet ein Zuviel?
Bei geringer Calcium- und zugleich stark erhöhter Phosphatzufuhr können Störungen des Calciumstoffwechsels auftreten

Warum kommt es zu Verlusten in der Küche?
Verluste aufgrund der Wasserlöslichkeit können vernachlässigt werden. Die Versorgung mit Phosphor/Phosphat bereitet aufgrund des hohen Angebotes in der Nahrung keine Probleme

Praxistip:
Die Phosphatzufuhr ist heute meistens höher als empfohlen. Da sowohl Calcium als auch Phosphat als Bausubstanz für den Knochen herangezogen wird, ist auf ein ausgewogenes Calcium-Phosphat-Verhältnis zu achten, wie es in der Trinkmilch vorkommt

MAGNESIUM

Wirkung:
Magnesium ist das Hochleistungselement des Stoffwechsels und an der Aktivierung nahezu aller Enzyme beteiligt. Es ist ebenso wichtig für die Muskelkontraktion und das Zusammenspiel von Nerv und Muskel. Neben Calcium und Phosphor dient es als Bausubstanz für Knochen und Zähne

Zufuhrempfehlung für Erwachsene: 350 mg/Tag

Die besten Nahrungsquellen:
Vollkornerzeugnisse, Gemüse, Hülsenfrüchte, Kartoffeln, Beerenobst, Fleisch, Milch und Milchprodukte, Fisch

Was passiert bei Mangel?
Ernährungsbedingte Magnesiummangelerscheinungen sind selten, zum Beispiel aufgrund einseitiger Ernährung mit wenig pflanzlichen Lebensmitteln. Eventuell Muskelkrämpfe, insbesondere bei Sportlern mit erhöhtem Bedarf und unzureichender Magnesiumversorgung

Was beeinflußt die Versorgung/den Bedarf?
Chronischer Alkoholmißbrauch, langanhaltender Durchfall, Mißbrauch von Abführmitteln. Phytin und Ballaststoffe beeinträchtigen die Magnesiumaufnahme

Schadet ein Zuviel?
Magnesiumpräparate können abhängig von der Höhe der Dosis und von der Einnahmedauer abführend wirken

Warum kommt es zu Verlusten in der Küche?
Aufgrund der Wasserlöslichkeit von Magnesium sind Auslaugverluste möglich

Praxistip:
Täglich Vollkorn, Gemüse und Rohkost

NATRIUM

Wirkung:
Beteiligt an der Regulation des Wasserhaushaltes. Natrium fördert die Wasseraufnahme und bindet Wasser in den Geweben.

Geschätzter Mindestbedarf bei Erwachsenen: 550 mg/Tag

Die besten Nahrungsquellen:
Kochsalz, natriumhaltige und mit Kochsalz hergestellte Lebensmittel

Was passiert bei Mangel?
Bei anhaltendem Erbrechen oder längerdauerndem Durchfall können Mangelzustände durch Verlust von Natrium (Hypovolämie = vermindertes Blutvolumen, Hypotonie = niedriger Blutdruck) auftreten

Was beeinflußt die Versorgung/den Bedarf?
Starkes Schwitzen geht mit Natriumverlusten einher. Bei regelmäßiger, größerer Anstrengung sinkt jedoch der Natriumgehalt im Schweiß

Schadet ein Zuviel?
Abhängig von einer genetischen Veranlagung gibt es Menschen, die auf eine hohe Kochsalzzufuhr mit Bluthochdruck reagieren. Von einer Zufuhr von über 10 g ist abzuraten. Eine gemäßigte Kochsalzzufuhr liegt bei zirka 5 bis 6 g pro Tag. Das bedeutet Verzicht auf Kochsalz in der Küche und bei Tisch, da der Bedarf bereits durch verarbeitete Lebensmittel wie Brot, Käse, Wurst u. a. gedeckt wird

Warum kommt es zu Verlusten in der Küche?
Keine Verluste. Kochsalz wird den Speisen ja zugesetzt

Praxistip:
Nicht nur salzen, sondern phantasievoll mit Kräutern und Gewürzen abschmecken

KALIUM

Wirkung:
Regulation des Wasserhaushaltes (Gegenspieler von Natrium), wichtig für die Muskelfunktion und zur Enzymaktivierung

Geschätzter Mindestbedarf bei Erwachsenen: 2000 mg/Tag

Die besten Nahrungsquellen:
Obst, Trockenfrüchte, Gemüse, Hülsenfrüchte, Kartoffeln, Vollkornerzeugnisse, Reis

Was passiert bei Mangel?
Muskelschwäche, Darmträgheit, Störungen der Herzfunktion. Kaliumverluste können insbesondere bei Durchfällen und Erbrechen auftreten

Was beeinflußt die Versorgung/den Bedarf?
Diuretika (harntreibende Mittel) und Abführmittel

Schadet ein Zuviel?
Bei einer Niereninsuffizienz mit Störung der Kaliumausscheidung, insbesondere bei zusätzlicher Gabe von sogenannten kaliumsparenden Diuretika können Störungen der Herzfunktion auftreten

Warum kommt es zu Verlusten in der Küche?
Kalium ist wasserlöslich und kann daher leicht ausgelaugt werden. Lebensmittel deshalb vor dem Zerkleinern waschen und nur mit wenig Wasser garen

Praxistip:
Reichlich frisches Obst genießen. Frische und tiefgefrorene Gemüse salzarm zubereiten

EISEN

Wirkung:
Bestandteil des roten Blutfarbstoffes (Hämoglobin), unerläßlich für den Sauerstofftransport im Blut

Zufuhrempfehlung für Erwachsene:
Männer – 10 mg/Tag;
Frauen – 15 mg/Tag

Die besten Nahrungsquellen:
Fleisch, Innereien, Wurst, Gemüse, Hülsenfrüchte, Vollkornerzeugnisse

Was passiert bei Mangel?
Abgeschlagenheit, Erschöpfung, Anfälligkeit gegenüber Infektionskrankheiten, Anämie (Blutarmut)

Was beeinflußt die Versorgung/den Bedarf?
Frauen haben aufgrund der Menstruation einen höheren Bedarf (15 mg/Tag). Eisen aus Fleisch wird besser aufgenommen als pflanzliches Eisen und verbessert ebenso wie Vitamin C die Aufnahme von Eisen aus pflanzlichen Lebensmitteln. Schwarzer Tee und Kaffee verschlechtern die Eisenausnutzung aus der Nahrung

Schadet ein Zuviel?
Vorsicht ist bei der sogenannten Eisenspeicherkrankheit geboten. Im Zweifelsfall den Arzt fragen

Praxistip:
Durch gleichzeitigen Verzehr von Fleisch und Gemüse wird die Eisenaufnahme verbessert. Die Ausnutzbarkeit von Eisen wird durch das Tiefgefrieren im allgemeinen erhöht

JOD

Wirkung:
Bestandteil der Schilddrüsenhormone und damit wichtig für die Stoffwechselsteuerung

Zufuhrempfehlung für Erwachsene: 200 µg/Tag

Die besten Nahrungsquellen:
Seefische, Fischerzeugnisse und weitere Meeresfrüchte, Innereien, Milch und Eier, jodiertes Speisesalz

Was passiert bei Mangel?
Jodmangelkropf, Schilddrüsenunterfunktion in Jodmangelgebieten

Was beeinflußt die Versorgung/den Bedarf?
In Meeresnähe ist die Versorgung wesentlich besser, denn der Jodgehalt der Lebensmittel pflanzlicher und tierischer Herkunft hängt weitgehend vom Jodgehalt des Bodens der Anbaugebiete ab. Jodsalz leistet einen sicheren Beitrag zur Jodversorgung

Schadet ein Zuviel?
Ein sogenannter Jod-Basedow (Schilddrüsenüberfunktion) oder eine Jod-Akne wird erst ausgelöst, wenn die physiologische Dosierung erheblich überschritten wird (100- bis 10 000fache Menge der empfohlenen Jodzufuhr)

Warum kommt es zu Verlusten in der Küche?
Beim Kochen kann ein Teil des Jods in das Kochwasser übergehen

Praxistip:
Zweimal frischen oder tiefgefrorenen Seefisch in der Woche

ZINK UND SELEN

Wirkung:
Bestandteil von Enzymen, wichtig für das Immunsystem, für den Eiweißabbau, für eine gesunde Hautfunktion; als wasserlösliches Antioxidans schützt es die Gesundheit

Zink-Zufuhrempfehlung für Erwachsene:
13 mg/Tag

Selen-Schätzwert für eine angemessene Zufuhr:
20-100 µg/Tag

Die besten Nahrungsquellen:
Fleisch, Innereien, Fisch, Muscheln, Getreide und Gemüse in Abhängigkeit vom Spurenelementgehalt des Bodens

Praxistip:
Aufgrund der Spurenelementversorgung sollte auf Fleisch und Fisch zusätzlich zur pflanzlichen Ernährungsgrundlage (Getreide, Kartoffeln, Gemüse und Obst) nicht verzichtet werden

Vitamine und Mineralstoffe in Lebensmitteln

Grundsätzlich gilt: Je weniger verarbeitet ein Lebensmittel ist, desto mehr Vitamine und Mineralstoffe hat es. Allerdings verbessern in einigen Fällen Verarbeitungsverfahren auch die Verfügbarkeit von Nährstoffen aus Lebensmitteln, z. B. das Tiefgefrieren (Eisen) oder Dünsten (beta-Carotin). Heute sind schätzungsweise etwa 80 % der verzehrten Lebensmittel in irgendeiner Weise industriell be- und verarbeitet. Oft gehen mit diesen Verarbeitungsprozessen allerdings Verluste einher, deren Ausmaß vom Verarbeitungsgrad bzw. der Anzahl der Verarbeitungsschritte abhängen. Diese Verluste lassen sich nicht verhindern. Doch sei in diesem Zusammenhang darauf hingewiesen, daß auch ein Fertiggericht mit etwas rohem Gemüse sowie mit frischen oder tiefgefrorenen Kräutern bezüglich des Vitamingehalts und des Geschmacks aufgewertet werden kann. Das Tiefgefrieren stellt übrigens das beste Konservierungsverfahren in bezug auf den Vitamingehalt des jeweiligen Lebensmittels dar.

Ein deutliches Beispiel für technologisch bedingte Nährwertveränderungen gibt der Vitamin-B_1-Gehalt von Weizen bzw. von Weizenmehlen, der vom Ausmahlungsgrad abhängt. Der Verlust an diesem lebenswichtigen Nährstoff beträgt ca. 88 % (!), wenn man den Vitamin-B_1-Gehalt des ganzen Getreidekorns mit dem von niedrig ausgemahlenem, hellem Weizenmehl der Type 405 vergleicht. Hier sind Vollkornmehle oder -schrote und Mehl mit hoher Typenzahl – beispielsweise 1700 bei Weizenmehlprodukten – und daraus hergestellte Backwaren zu

Obstangebot

	Jan.	Feb.	März	April	Mai	Juni	Juli	Aug.	Sep.	Okt.	Nov.	Dez.
Ananas								●	●	●	●	●
Äpfel	●	●	●						●	●	●	●
Apfelsinen	●	●	●	●	●	●					●	●
Aprikosen						●	●	●				
Birnen								●	●	●		
Brombeeren								●				
Clementinen/Mandarinen	●											●
Erdbeeren					●	●						
Gapefruits	●	●	●	●	●	●	●	●	●	●	●	●
Himbeeren								●				
Holunderbeeren										●		
Johannisbeeren						●	●					
Kirschen						●	●					
Pfirsiche						●	●	●				
Pflaumen/Zwetschgen								●	●			
Stachelbeeren						●						
Weintrauben								●	●	●		
Zitronen	●	●	●	●	●	●				●	●	●

● = Monate mit starkem Angebot

Gemüseangebot

	Jan.	Feb.	März	April	Mai	Juni	Juli	Aug.	Sep.	Okt.	Nov.	Dez.
Auberginen							●	●	●	●	●	●
Austernpilze		●		●	●				●		●	
Bohnen, dicke						●	●					
Bohnen, grüne						●	●	●				
Blumenkohl							●	●	●	●	●	
Brokkoli							●	●	●	●	●	
Chicorée	●								●	●	●	●
Champignons	●	●	●	●	●	●	●	●	●	●	●	●
Chinakohl									●	●	●	
Erbsen						●	●					
Fenchel	●									●	●	●
Frühkartoffeln						●	●					
Gemüsezwiebeln							●	●	●			
Grünkohl	●	●								●	●	●
Gurken								●	●	●	●	
Kohlrabi				●	●	●	●					
Kürbis									●	●	●	
Mais								●	●	●		
Möhren					●	●	●	●				
Paprikaschoten							●	●	●			
Porree (Lauch)	●	●					●	●	●	●	●	●
Rosenkohl	●	●								●	●	●
Rotkohl	●	●	●							●	●	●
Rote Bete	●	●							●	●	●	●
Schwarzwurzeln	●									●	●	●
Sellerie									●	●	●	●
Spargel					●	●						
Spinat				●	●	●	●	●				
Spitzkohl				●	●	●						
Staudensellerie							●	●	●	●		
Tomaten							●	●	●	●	●	
Waldpilze									●			
Weißkohl	●	●										●
Wirsing						●	●	●	●	●	●	●
Zucchini									●	●		
Zwiebeln							●	●	●	●	●	●

Saisonkalender 39

bevorzugen. Aber auch unverarbeitete, rohe Lebensmittel wie Gemüse und Obst weisen unterschiedliche Vitamin- und Mineralstoffgehalte auf. Geben Sie dem jahreszeitlichen Angebot den Vorzug. Keine Erdbeeren und kein Spargel im Winter, keine Apfelsinen im Sommer, denn häufig kommen diese Produkte dann aus dem Treibhaus oder aus Übersee. Lange Transportwege beeinflussen nicht nur den Vitamingehalt, sondern auch den Geschmack, sie verbrauchen Energie und kosten viel Geld. Wer jedoch saisongerecht einkauft, spart nicht nur, sondern hat frische, nährstoffreiche und geschmacklich gute Lebensmittel auf dem Tisch.

Wie vitaminreich ist Tiefkühlkost?

Den höchsten Gehalt an Vitaminen und Mineralstoffen haben gerade geerntete frische Lebensmittel. Doch wie läßt sich Frische erkennen?

„Frische ist für den Verbraucher", so der Psychologe Dr. Joachim Westenhöfer, „kein abstrakter Wertbegriff, sondern etwas, das durch sensorische Eindrücke erfahrbar ist. Solche sensorischen Kanäle können Sehen, Riechen und Tasten sein." Damit erklärt sich auch, warum selbst erntefrische Äpfel, die äußerlich vielleicht etwas stumpf aussehen mögen, vom Verbraucher als weniger frisch empfunden werden als glänzende, äußerlich makellose Äpfel, die aber durch eine halbe Weltreise ernährungswissenschaftlich gesehen schon richtige Oldtimer sind.

So wird auch die Frische von Möhren, die gerade aus der Erde gezogen wurden, groteskerweise geringer eingeschätzt, als diejenigen, die nach der Ernte gewaschen, aber erst Tage später auf einem Marktstand entsprechend präsentiert werden. Der Verbraucher läßt sich in puncto Frische oftmals auf den Holzweg führen. Für ihn hängt sie weniger von der Qualität des Lebensmittels als vielmehr von ganz persönlichen Sinneseindrücken ab.

Die Abbauprozesse und damit der Wertverlust während der Lagerung sind jedoch beträchtlich. Blumenkohl zum Beispiel hat nach 3 Tagen schon 50 % seines Vitamin-C-Gehaltes verloren. Wer sichergehen will, ein garantiert frisches Lebensmittel zu essen, sollte vermehrt zu Tiefkühlkost greifen. Ernährungsphysiologisch gesehen sind nämlich Tiefkühlprodukte unter praktischen Haushaltsbedingungen oft die frischesten, weil sie direkt nach der Ernte verarbeitet werden. Es treten so gut wie keine Verluste an Vitaminen und Mineralstoffen auf.

Lebensmittel aus der Tiefkühltruhe werden „frischer" eingefroren, als sie normalerweise auf dem örtlichen Markt zu finden sind. Schrumpfung und Austrocknung findet bei Tiefkühlprodukten nicht statt, damit ist Tiefkühlkost „Frische auf Vorrat" und jederzeit verfügbar.

Im Sinne einer vitamin- und mineralstoffreichen Ernährung sollte der Verbraucher seine Vorstellungen von „frischen Lebensmitteln" dringend objektivieren.

Noch weitere ernährungsphysiologische Gründe sprechen für den Griff in die Tiefkühltruhe: Schwerverdauliche Gemüsesorten, zum Beispiel Kohl oder Hülsenfrüchte, werden durch Auflockerung der Zellstruktur während des Blanchierens und Tiefgefrierens allgemein leichter verdaulich. Deshalb eignet sich tiefgefrorenes Gemüse in besonderer Weise für Kleinkinder, als Krankenkost oder für ältere Menschen. Tiefgefrorenen Rotkohl vertragen sogar Menschen mit ausgeprägter Gallenempfindlichkeit gut, und er ist deshalb auch für die Diätküche empfehlenswert.

Wichtige Inhaltsstoffe des Gemüses, wie Eiweiß, Vitamine des B-Komplexes, sowie Mineralstoffe, könnten nach Expertenmeinung durch wissenschaftlich nicht restlos geklärte biologische Vorgänge während des Tiefgefrierens in besser verwertbare Formen überführt werden. Dies trifft auch auf Eisen zu. Der menschliche Körper verwertet zum Beispiel bei frischem Spinat nur 24 % des Eisengehaltes. Bei tiefgefrorenem Spinat liegt die Auswertung bei über 60 %! Das kann besonders bei Frauen mit erhöhtem Eisenbedarf von Bedeutung sein. Ein weiterer Vorteil: geschmacklich unerwünschte Stoffe, wie die Oxalsäure, können durch den Verarbeitungsprozeß verringert werden.

Fazit: Neben den wirklich erntefrischen Produkten stehen tiefgekühlte Gemüse und Früchte ernährungsphysiologisch gesehen an erster Stelle. Ähnlich gut schneiden selbstgezogene Kräuter und Sprossen (Keimlinge) ab. Mit ihnen läßt sich übrigens auch ein Dosengericht bezüglich Geschmack und Nährstoffgehalt vorzüglich aufwerten. Noch ein Wort zu den „Dosen". Moderne Konserven werden so wertschonend wie möglich hergestellt, deshalb ist es wichtig, daß der Verbraucher sich an die Zubereitungshinweise hält und den Doseninhalt nicht mehr aufkochen läßt.

Sie sehen, die Weichen für eine vollwertige, nährstoffreiche Ernährung werden also keineswegs allein in der Küche gestellt, sondern bereits durch die richtige, bewußte Nahrungsauswahl beim Einkauf.

Rund um die Küche

Nicht nur der Lebensmitteleinkauf, sondern auch die Nahrungszubereitung entscheidet über die Qualität unserer Ernährung. Denn der Kontakt von Lebensmitteln mit Luft, Licht, Wärme und Wasser führt zu Nährstoffverlusten. Hinzu kommt der Faktor Zeit. Je länger die genannten Einflüsse auf ein Lebensmittel einwirken können, desto größer werden die Verluste. So nimmt der Vitamingehalt bei der Lagerung von Lebensmitteln und beim Warmhalten von Speisen ab, wasserlösliche Nährstoffe zum Beispiel – wie Kalium und Magnesium – werden ausgeschwemmt. Rohkost stellt nun doch nicht immer die Lösung des Problems dar. Zwar ist der Nährstoffgehalt in ihr am höchsten, doch müssen manche Lebensmittel, z. B. Kartoffeln und Hülsenfrüchte, gegart (gekocht) werden, damit sie verträglich sind und ihre Inhaltsstoffe besser ausgenutzt werden können. Einige Vitamine, zum Beispiel Vitamin B_1 und C, sind aber hitzeempfindlich. Um die Verlustraten – übrigens nicht nur an Vitaminen und Mineralstoffen, sondern auch an empfindlichen Geschmacksstoffen – so gering wie möglich zu halten, sollte man folgende Grundregeln beachten:

- Lebensmittel erst unmittelbar vor dem Verzehr zubereiten.
- Beim Putzen und Schälen nur das Nötigste entfernen.
- Kurz, aber gründlich vor dem Zerkleinern waschen, zum Beispiel bei Kartoffeln und Kohlrabi.
- Lebensmittel nicht stärker zerkleinern als notwendig, bis zum Verzehr bzw. bis zur Weiterverarbeitung abdecken.
- Nährstoffschonend garen (dünsten, in Folie oder im Tontopf garen oder dämpfen). Beim Kochen und Schmoren die Kochflüssigkeit und den Bratensaft mitverwenden. Dünsten und Dämpfen bekommt jedem Gemüse am besten. Übrigens, genauso sanft und schonend ist die Mikrowelle.
- Temperatur und Kochzeit dem Lebensmittel anpassen, es nicht übergaren.
- Langes Warmhalten von Speisen vermeiden, lieber abkühlen lassen, dann wieder aufwärmen.
- Nicht verzehrte Lebensmittel sofort so kühl wie möglich stellen (Kühlschrank).

Wer alle Empfehlungen beherzigt, bewahrt den Nährwert und den Geschmack der Speisen optimal. Dadurch läßt sich oft auch Kochsalz reduzieren, da der Eigengeschmack der Lebensmittel besser erhalten bleibt. Ausgelaugte und zu lange gekochte Lebensmittel schmecken fad und zwingen häufig zum Nachsalzen.

Vitaminverluste bei der Nahrungszubereitung im Haushalt

Vitamin A	20 %
Vitamin E	10 %
Vitamin B_1	30 %
Vitamin B_2	20 %
Vitamin B_6	20 %
Pantothensäure	30 %
Folsäure	35 %
Vitamin C	30 %

Hinweise zu den Rezepten

Die Rezepte sind für 2 Personen konzipiert, die Mengen können in der Regel vergrößert oder verkleinert werden. Außerdem erhalten Sie immer **Nährwertangaben**, jeweils auf eine Portion oder ein Stück bezogen. Dabei werden Sie sowohl über den Energiegehalt (in kcal und kJ) als auch über den Gehalt an den Hauptnährstoffen Eiweiß, Fett und Kohlenhydrate informiert sowie an Vitaminen und Mineralstoffen, die besonders reichlich in dem jeweiligen Gericht vorkommen. Die Nährwertangaben sind gerundet. Wir haben uns bei der Berechnung (nach dem Bundeslebensmittelschlüssel) auf besonders zu beachtende oder kritische Vitamine und Mineralstoffe (siehe Seite 20), also auf Vitamin A (einschließlich beta-Carotin), Vitamin D und E sowie Vitamin B_1, B_2, Folsäure und Vitamin C, Calcium, Magnesium, Eisen, Zink und Jod, beschränkt. Einige der genannten Nährstoffe können bereits mit einer einzigen Mahlzeit in hohen Dosen zugeführt werden, zum Beispiel beta-Carotin/Vitamin A. Bei anderen kann die erforderliche Tagesmenge nur durch mehrere Mahlzeiten gedeckt werden, wie Vitamin B_2 oder Zink. Damit diese Vitamine und Mineralstoffe ausreichend berücksichtigt werden können, haben wir bei einigen wenigen Rezepten auf die Angabe jener Vitamine und Mineralstoffe verzichtet, die bereits bei vielen Gerichten in hohem Maße ausgewiesen sind.

Darüber hinaus ist auf einen Blick ersichtlich, inwieweit die betreffende Speise den **Tagesbedarf** eines Erwachsenen an bestimmten Vitaminen und Mineralstoffen deckt. Bei der Beurteilung des Deckungsgrades wurde immer der Energiegehalt der Mahlzeit herangezogen – denn was nützt es, wenn eine Zwischenmahlzeit den Bedarf eines Vitamins zu 100 % deckt, aber auch die zugeführte Kalorienmenge für den ganzen Tag ausreicht? Verluste, die bei der Zubereitung entstehen, wurden ebenfalls bedacht.

Ein kleiner Infotext beschreibt kurz, welche Lebensmittel im jeweiligen Gericht welche Vitamine und Mineralstoffe in nennenswertem Umfang liefern.

Die **Mengen** in den Zutatenlisten gehen von ungeputzter Rohware aus. Angaben wie Eßlöffel oder Teelöffel sind gestrichene Maße. Sofern nicht anders angegeben, liegen folgende Werte zugrunde:

1 TL Butter/Margarine/Öl	= 5 g
1 EL Butter/Margarine/Öl	= 10 g
1 EL Honig/Marmelade/Dicksaft	= 20 g
1 EL gehackte Nüsse	= 10 g
1 EL gehackte Kräuter	= 5 g
1 Scheibe Vollkornbrot	= 50 g
1 mittelgroße Zwiebel	= ca. 40 g

Die **Zubereitungszeiten** umfassen die Zeit der Vorbereitung und des Garens. Nur bei einzelnen Rezepten gibt es zusätzliche Vorbereitungszeiten, wie die Zeit fürs Quellen oder die Gehzeit, die aber extra erwähnt werden. So sehen Sie auf einen Blick, daß Sie hier mehr Zeit einplanen müssen.

Betrachten Sie die Mengen und die Auswahl an **Kräutern** in den Rezepten mehr als Empfehlung. Sie können beliebig variieren, lediglich mit Salz sollten Sie sparsam umgehen. Bevor Sie die Kräuter verwenden, waschen Sie sie kurz im kalten Wasser ab und tupfen sie mit einem Küchentuch trocken.

In den Rezepten werden auch **Keimlinge** verwendet. Und so ziehen Sie sie selbst:

1. Füllen Sie 2 bis 3 Eßlöffel Samen in ein Einmachglas, und gießen Sie etwa die dreifache Menge an Wasser nach.
2. Lassen Sie die Samen 4 bis 16 Stunden – je nach Sorte – quellen, und gießen Sie das Einweichwasser dann ab.
3. Stellen Sie die noch tropfnassen Samen an einen warmen, hellen Platz.
4. Spülen Sie die eingeweichten Samen zweimal am Tag mit kaltem Wasser ab, und lassen Sie die Keimlinge anschließend in einem Sieb leicht abtropfen.
5. Wenn die Keimlinge die gewünschte Größe erreicht haben, dies dauert 2 bis 6 Tage, sollten sie verbraucht werden. Sie lassen sich 2 bis 3 Tage im Kühlschrank aufbewahren, müssen aber weiterhin regelmäßig abgespült werden.

Erklärung der Abkürzungen:	
ca.	= zirka
EL	= Eßlöffel
g	= Gramm (1 g = 1000 mg = 1 000 000 μg)
kg	= Kilogramm (1 kg = 1000 g)
kJ	= Kilojoule
E	= Eiweiß
F	= Fett
KH	= Kohlenhydrate
l	= Liter (1 l = 1000 ml)
mg	= Milligramm
μg	= Mikrogramm
Min.	= Minuten
ml	= Milliliter
Msp.	= Messerspitze
Std.	= Stunde
TK	= Tiefkühl
TL	= Teelöffel
kcal	= Kilokalorien (1 kcal = 4,184 Kilojoule)

Tagespläne

FRÜHSTÜCK
Süß belegtes Brötchen
mit Kiwisalat (Seite 46)
Kaffee/Tee

ZWISCHENMAHLZEIT
Gemüsemix (Seite 73)
1 Vollkornzwieback

MITTAGESSEN
Hähnchenbrustfilet
mit Gemüse (Seite 111)
Nudeln (Seite 142)
1 Grapefruit

ZWISCHENMAHLZEIT
1 Stück Vollkorn-
obstkuchen (Seite 89)

ABENDESSEN
Rauke mit Ziegenkäse
(Seite 154)
2 Scheiben Vollkorn-
baguette

2254 kcal • 9439 kJ • 116 g E •
87 g F • 217 g KH

**VITAMINE/MINERALSTOFFE
BEDARFSDECKUNG**

Vitamin A (3 mg) — 250 %
Vitamin D (4,1 µg) — 81 %
Vitamin E (18,8 mg) — 144 %
Vitamin B_1 (2,0 mg) — 113 %
Vitamin B_2 (2,8 mg) — 139 %
Niacin (53,3 mg) — 314 %
Vitamin B_6 (3,1 mg) — 144 %
Folsäure (566 µg) — 123 %
Panthotensäure (10,7 mg) — 178 %
Biotin (66,9 µg) — 103 %
Vitamin B_{12} (5,1 µg) — 150 %
Vitamin C (427 mg) — 399 %
Calcium (1512 mg) — 159 %
Magnesium (585 mg) — 167 %
Eisen (29,8 mg) — 229 %
Jod (159 µg) — 80 %
Zink (17,2 mg) — 132 %

FRÜHSTÜCK
Früchtemüsli (Seite 59)
Kaffee/Tee

ZWISCHENMAHLZEIT
1 Haferflocken-Apri-
kosen-Plätzchen (Seite 91)

MITTAGESSEN
Rotbarsch auf Wirsing
(Seite 125)
Mango mit Erdbeersauce
(Seite 86)

ZWISCHENMAHLZEIT
Kirschmilch (Seite 74)
2 Vollkornkekse

ABENDESSEN
Gedünsteter Fenchel
mit Tomaten und Speck
(Seite 178)
1 Vollkornbrötchen

2314 kcal • 7913 kJ • 98 g E •
71 g F • 280 g KH

**VITAMINE/MINERALSTOFFE
BEDARFSDECKUNG**

Vitamin A (3,1 mg) — 256 %
Vitamin D (5,3 µg) — 107 %
Vitamin E (36,9 mg) — 283 %
Vitamin B_1 (2,2 mg) — 121 %
Vitamin B_2 (2,2 mg) — 110 %
Niacin (28,8 mg) — 169 %
Vitamin B_6 (3,1 mg) — 144 %
Folsäure (707 µg) — 154 %
Panthotensäure (7,1 mg) — 118 %
Biotin (66,1 µg) — 101 %
Vitamin B_{12} (8,8 µg) — 259 %
Vitamin C (659 mg) — 616 %
Calcium (1218 mg) — 128 %
Magnesium (630 mg) — 180 %
Eisen (25,1 mg) — 193 %
Jod (248 µg) — 124 %
Zink (10,1 mg) — 77 %

Unsere Tagespläne zeigen, daß Sie mit einer bewußten Lebensmittelauswahl Vitamine und Mineralstoffe in ausreichender Menge zuführen können. Es ist jedoch nicht notwendig, daß der Bedarf jedes einzelnen Vitamins und Mineralstoffs an jedem Tag zu 100 Prozent gedeckt wird. Wichtig ist nur, daß der Wochendurchschnitt stimmt.

Am Frühstückstisch scheiden sich die Geister. Während die einen auf Kaffee, Brötchen und Marmelade schwören, ziehen die anderen herzhafte Versionen mit Wurst und Käse vor. Wieder andere sind ausgesprochene Müslianhänger. Wofür auch immer Sie sich entscheiden, im folgenden Kapitel finden Sie bestimmt das Richtige für Ihren Geschmack.

Frühstück

Süß belegtes Brötchen mit Kiwisalat

Zubereitungszeit: ca. 10 Minuten

Für 2 Personen

2 Vollkornbrötchen (siehe Seite 64)
2 TL Butter oder Margarine
2 EL Honig
4 Kiwis (200 g)
30 g frische Weizenkeimlinge
1 EL feingehackte Haselnüsse

1. Die Vollkornbrötchen halbieren, mit Butter oder Margarine bestreichen und den Honig gleichmäßig darauf verteilen.
2. Die Kiwis dünn schälen, in Würfel schneiden und mit den Weizenkeimlingen mischen.
3. Die Brötchen zusammen mit den Kiwis anrichten, beides mit Haselnüssen bestreuen.

317 kcal • 1330 kJ • 6 g E • 8 g F • 49 g KH

VITAMINE/MINERALSTOFFE

Dieses erfrischende Frühstück ist durch die Kiwis reich an Vitamin C. Es versorgt uns ebenfalls gut mit Magnesium, Eisen, Zink und Vitamin E aus Vollkorn, Weizenkeimen und Haselnüssen. Vitamin C verbessert die Ausnutzung des Eisens aus den pflanzlichen Lebensmitteln.

BEDARFSDECKUNG

Vitamin C (80 mg) **75 %**
Magnesium (86 mg) **25 %**
Eisen (2,3 mg) **18 %**
Zink (1,8 mg) **14 %**

Vollkorncroissant mit Erdbeerjoghurt

Zubereitungszeit:
ca. 10 Minuten

Für 2 Personen

2 Vollkorncroissants oder Quarkhörnchen (siehe Seite 60)
2 EL roh gerührte Fruchtmarmelade (siehe Seite 64)
2 EL grob gehackte Pinienkerne
300 g Naturjoghurt, 3,5 % Fett
einige Tropfen Zitronensaft
1 Prise Vanillepulver
1 EL Apfeldicksaft
100 g frische Erdbeeren

1. Die Vollkorncroissants halbieren, mit der Marmelade bestreichen und mit den Pinienkernen bestreuen.
2. Den Joghurt mit dem Zitronensaft, dem Vanillepulver und dem Apfeldicksaft verrühren und die geputzten, gewaschenen und feingeschnittenen Erdbeeren daruntermischen.
3. Die Croissants zusammen mit dem Joghurt anrichten.

380 kcal • 1590 kJ • 13 g E • 13 g F • 48 g KH

VITAMINE/MINERALSTOFFE
Eine mineralstoffreiche Kombination: Calcium aus Joghurt, Magnesium und Eisen aus Vollkorn und Vitamin C aus frischen Erdbeeren, das die Eisenverwertung fördert.

BEDARFSDECKUNG
Vitamin C (36 mg)
34 %
Magnesium (92 mg)
26 %
Eisen (3,3 mg)
26 %
Calcium (233 mg)
25 %

Belegte Brote 47

48 Frühstück

Käsebrot mit Orangen

Zubereitungszeit:
ca. 5 Minuten

Für 2 Personen

**2 Scheiben Vollkornbrot
2 TL Butter oder Margarine
30 g Butterkäse,
40 % Fett i. Tr.
2 Tomaten (ca. 130 g)
2 EL Kresse
2 Orangen (ca. 200 g)
1 EL Mandelblättchen**

1. Die Vollkornbrote mit der Butter oder der Margarine bestreichen und mit dem Käse belegen.
2. Die Tomaten waschen, den Strunk herausschneiden. Die Früchte in Scheiben schneiden und auf den Käse legen. Alles mit der gewaschenen Kresse bestreuen.
3. Die Orangen schälen, in Würfel oder Scheiben schneiden, mit den Mandeln bestreuen.
4. Käsebrote und Orangen einzeln anrichten.
(auf dem Foto: oben)

386 kcal • 1615 kJ • 13 g E • 12 g F • 49 g KH

VITAMINE/MINERALSTOFFE
Ein Vitamin-C-frisches Frühstück (Vitamin C aus Orangen und Kresse) mit herzhaft belegtem Vollkornbrot (Magnesium, Folsäure, Calcium, Vitamin E).

BEDARFSDECKUNG
Vitamin C (132 mg)
123 %
Vitamin E (4,8 mg)
37 %
Magnesium (122 mg)
35 %
Folsäure (146 µg)
32 %

Wurstbrot mit Apfel-Sellerie-Rohkost

Zubereitungszeit:
ca. 5 Minuten

Für 2 Personen

**2 Scheiben Vollkornbrot
2 TL Butter oder Margarine
60 g fettarme Wurst
250 g Salatgurke
2 EL feingehackter Dill
1 Apfel (ca. 125 g)
100 g Sellerie
einige Tropfen Zitronensaft
2 EL Kresse**

1. Die Vollkornbrote mit der Butter oder der Margarine bestreichen und mit der Wurst belegen.
2. Die Salatgurke waschen, in Scheiben schneiden, auf die Wurst legen und mit dem Dill bestreuen.
3. Den Apfel waschen, entkernen und grob raspeln. Den Sellerie schälen und ebenfalls grob raspeln. Apfel und Sellerie mischen, mit dem Zitronensaft beträufeln und mit der gewaschenen Kresse bestreuen.
4. Die Brote mit der Rohkost anrichten.
(auf dem Foto: unten)

255 kcal • 1068 kJ • 12 g E • 7 g F • 31 g KH

VITAMINE/MINERALSTOFFE
Fettarme Wurst liefert Eisen und Zink (stammt auch aus dem Vollkornbrot). Die Rohkost ist Vitamin-C-reich.

BEDARFSDECKUNG
Vitamin C (30 mg)
28 %
Eisen (3,5 mg)
27 %
Zink (2,5 mg)
19 %

Schinkenbrezel mit Karotten-Gurken-Rohkost

Zubereitungszeit: ca. 10 Minuten

Für 2 Personen

2 Laugenbrezeln (à 100 g)
2 EL Butter
60 g gekochter Schinken
200 g Karotten
200 g Salatgurke
½ TL Zitronensaft
½ TL Weizenkeimöl
1 Prise Meer- oder Jodsalz
weißer Pfeffer aus der Mühle
4 EL frisch geschnittener Schnittlauch

1. Die Laugenbrezeln quer halbieren, mit der Butter bestreichen, mit dem Schinken belegen und wieder zusammensetzen.
2. Die Karotten und die Salatgurke gründlich waschen. Beides raspeln. Alles mit einer Vinaigrette aus Zitronensaft, Weizenkeimöl, Salz und Pfeffer mischen.
3. Die Rohkost mit dem Schnittlauch bestreuen und zusammen mit der Schinkenbrezel anrichten.
(auf dem Foto: oben)

324 kcal • 1359 kJ • 12 g E • 16 g F • 29 g KH

VITAMINE/MINERALSTOFFE
Die Rohkost liefert reichlich beta-Carotin und Vitamin C. Der Schinken trägt zum guten Vitamin-B_1- und Eisengehalt des Frühstücks bei.

BEDARFSDECKUNG
Vitamin A (2 mg)
165 %
Vitamin C (21 mg)
19 %
Vitamin B_1 (0,3 mg)
17 %
Eisen (2,4 mg)
19 %

Leberwurstbrot mit Tomaten-Paprika-Salat

Zubereitungszeit:
ca. 10 Minuten

Für 2 Personen

**2 Scheiben Vollkornbrot
40 g feine Leberwurst
2 Essiggurken (ca. 100 g)
200 g rote Paprikaschote
200 g Tomaten
1 kleine Zwiebel
1 Prise Meer- oder Jodsalz
weißer Pfeffer aus der Mühle
2 EL Balsamessig
2 EL kaltgepreßtes Olivenöl
4 EL feingehacktes Basilikum**

1. Die Brote dünn mit der Leberwurst bestreichen und mit den gehackten Essiggurken bestreuen.
2. Die Paprikaschote waschen, halbieren, entkernen und in Streifen schneiden.
3. Die Tomaten waschen, den Strunk herausschneiden und die Früchte grob würfeln. Die Zwiebel schälen und in feine Würfel schneiden.
4. Tomaten, Zwiebeln und Paprikastreifen vorsichtig mischen. Alles mit Salz, Pfeffer, Essig und Öl anmachen. Den Salat mit dem Basilikum bestreuen.
5. Brote und Salat anrichten. (auf dem Foto: unten)

446 kcal • 1866 kJ • 17 g E • 20 g F • 42 g KH

VITAMINE/MINERALSTOFFE

Dieses Frühstück ist sehr reich an Vitaminen und Mineralstoffen: Vitamin C aus Paprika und Tomate, Vitamin A aus Leberwurst, Tomate und Paprika, Vitamin B_2 aus Leberwurst und Vollkornbrot. Darüber hinaus bekommen Sie eine gute Portion Eisen und Magnesium sowie Vitamin E aus hochwertigem Salatöl.

BEDARFSDECKUNG

Vitamin C (235 mg)
219 %

Vitamin A (1,5 mg)
124 %

Vitamin E (8,7 mg)
67 %

Vitamin B_2 (0,7 mg)
33 %

Rohkostbrot

Zubereitungszeit:
ca. 10 Minuten

Für 2 Personen

FÜR DIE ROHKOST:
150 g Karotten
150 g Sellerie
1 großer Apfel (ca. 150 g)
Saft von 1 Zitrone
4–5 Kirschtomaten (ca. 25 g)
50 g Alfalfagrün
50 g Kopfsalat
1 EL grobgehackte Haselnüsse
1 EL grobgehackte Walnüsse
je einige Tropfen Weizenkeimöl und Balsamessig
1 Prise Meer- oder Jodsalz
Pfeffer aus der Mühle
4 EL frisch geschnittener Schnittlauch

AUSSERDEM:
2 Scheiben Vollkornbrot
2 TL Butter oder Margarine

1. Die Karotten, den Sellerie und den Apfel schälen. Den Apfel entkernen. Alles grob raspeln, mischen und mit dem Zitronensaft beträufeln.
2. Die Kirschtomaten waschen und halbieren.
3. Das Alfalfagrün und den Kopfsalat waschen, den Salat in kleine Stücke reißen.
4. Alle Salatzutaten mischen, mit dem Weizenkeimöl und dem Balsamessig beträufeln, mit Salz und Pfeffer würzen.
5. Den Salat mit dem Schnittlauch bestreuen. Die Brote mit Butter oder Margarine bestreichen und mit dem Salat anrichten.
(auf dem Foto: unten)

260 kcal • 1088 kJ • 8 g E • 11 g F • 29 g KH

VITAMINE/MINERALSTOFFE
In diesem herzhaften Frühstück stecken die drei Antioxidantien-Schutzvitamine (siehe Seite 20) A, E und C. Sie kommen aus dem Gemüse, den Sprossen, den Nüssen und dem Weizenkeimöl.

BEDARFSDECKUNG
Vitamin A (1,5 mg)
127 %
Vitamin E (6,8 mg)
52 %
Vitamin C (37 mg)
35 %

Spiegelei mit Gemüse

Zubereitungszeit:
ca. 10 Minuten

Für 2 Personen

50 g gekochter Schinken
50 g Frühlingszwiebeln
100 g rote Paprikaschote
1 EL Butter oder Margarine
100 g Sojabohnenkeimlinge
1 EL Tomatenketchup
1 Prise Meer- oder Jodsalz
Pfeffer aus der Mühle
1 Prise Cayennepfeffer
1 Prise Paprikapulver edelsüß
30 g gehackte gemischte Kräuter (z.B. Schnittlauch, Estragon, Petersilie)
2 Eier
2 Scheiben Vollkornknäckebrot (ca. 20 g)

1. Den Schinken in Streifen schneiden. Die Frühlingszwiebeln und die Paprikaschote waschen, putzen und ebenfalls in Streifen schneiden.
2. Die Butter oder die Margarine in einer Pfanne erhitzen und den Schinken darin anschwitzen.
3. Die Frühlingszwiebeln und die Paprikastreifen zum Schinken geben und kurz andünsten.
4. Die gewaschenen und gut abgetropften Sojabohnenkeimlinge dazugeben und erhitzen. Das Tomatenketchup unter das Gemüse rühren und alles mit Salz, Pfeffer, Cayennepfeffer und Paprikapulver kräftig würzen. Die gehackten Kräuter darunterrühren.
5. Eine beschichtete Pfanne erhitzen und darin 2 Spiegeleier braten.
6. Das Gemüse mit den Spiegeleiern belegen und mit dem Knäckebrot anrichten.
(auf dem Foto: oben)

359 kcal • 1503 kJ • 25 g E • 18 g F • 18 g KH

VITAMINE/MINERALSTOFFE
Dieses Frühstück liefert die drei fettlöslichen Vitamine A, D und E (aus Gemüse, Keimlingen und Eiern). Keimlinge, Eier und Vollkornknäckebrot steuern gleichzeitig Eisen bei, das in der Kombination mit dem Vitamin-C-reichen Gemüse vom Körper gut ausgenutzt werden kann.

BEDARFSDECKUNG
Vitamin A (0,6 mg)
53 %
Vitamin D (2,1 µg)
42 %
Vitamin E (3,9 mg)
30 %
Eisen (5,6 mg)
44 %

Italienische Gemüseeier

Zubereitungszeit: ca. 10 Minuten

Für 2 Personen

30 g Schinkenspeck
1 kleine Zwiebel
200 g rote Paprikaschote
200 g Zucchino
1 EL Butter oder Margarine
1 Prise Meer- oder Jodsalz
weißer Pfeffer aus der Mühle
1 Prise Muskatpulver
4 EL feingehackte gemischte Kräuter (z. B. Basilikum, Oregano, Petersilie)
einige Tropfen Zitronensaft
2 Eier
2 Scheiben Vollkornbrot

1. Den Speck fein würfeln. Die Zwiebel schälen und auch in feine Würfel schneiden. Die Paprikaschote und den Zucchino waschen, putzen und in kleine Stücke schneiden.

2. Die Butter oder die Margarine in einer Pfanne erhitzen und den Speck darin kurz anbraten. Die Zwiebel, die Paprikaschote und die Zucchinostücke dazugeben und glasig schwitzen.

3. Alles mit Salz, Pfeffer und Muskat würzen. Die Kräuter und den Zitronensaft dazugeben.

4. Die Eier mit etwas Wasser oder Mineralwasser verquirlen, zum Gemüse geben und die Eiermasse unter ständigem Rühren stocken lassen.

5. Die Gemüseeier nochmals abschmecken und zusammen mit den Vollkornbroten anrichten.

363 kcal • 1519 kJ • 21 g E • 18 g F • 22 g KH

VITAMINE/MINERALSTOFFE

Das Gemüse liefert viel Vitamin C und Vitamin A. Vitamin B$_2$ und Eisen stammen aus Vollkornbrot und Ei.

BEDARFSDECKUNG

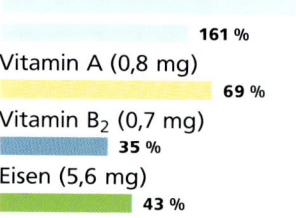

Vitamin C (172 mg) 161 %
Vitamin A (0,8 mg) 69 %
Vitamin B$_2$ (0,7 mg) 35 %
Eisen (5,6 mg) 43 %

Champignoneier

Zubereitungszeit:
ca. 10 Minuten

Für 2 Personen

**50 g gekochter Schinken
100 g frische Champignons
Saft von ½ Zitrone
4 EL Kresse
1 Prise Meer- oder Jodsalz
weißer Pfeffer aus der Mühle
1 Prise Muskatpulver
1 TL Butter oder Margarine zum Ausfetten
2 Eier
2 Scheiben Vollkornbrot
1 EL Butter oder Margarine**

1. Den Schinken in feine Würfel schneiden und in eine Schüssel geben.
2. Die Champignons waschen, putzen, in Scheiben schneiden, mit Zitronensaft beträufeln und zum Schinken geben.
3. Die Kresse dazugeben und alles mit Meer- oder Jodsalz, Pfeffer und Muskat abschmecken.
4. Zwei kleine feuerfeste Förmchen ausfetten und die Champignonmasse hineinfüllen.
5. Die Eier verquirlen und vorsichtig auf das Gemüse gleiten lassen. Die Förmchen mit Alufolie abdecken, in einen Topf stellen, heißes Wasser in den Topf gießen und die Eier in 8 bis 10 Minuten bei mittlerer Hitzezufuhr stocken lassen.
6. Die Brote mit Butter oder Margarine bestreichen und zusammen mit den Champignoneiern anrichten.

389 kcal • 1630 kJ • 24 g E • 20 g F • 22 g KH

VITAMINE/MINERALSTOFFE
Die Kombination aus Eiern und Pilzen ist eine gute Quelle für Vitamin D und B_2, das ebenso wie Eisen aus dem Vollkornbrot stammt. Kresse ist ebenfalls eisenreich.

BEDARFSDECKUNG
Vitamin D (3,1 µg) 62 %
Vitamin B_2 (0,7 mg) 35 %
Eisen (4,7 mg) 36 %

Getreidebrei mit exotischem Fruchtsalat

Zubereitungszeit: ca. 15 Minuten

Für 2 Personen

6 EL grobes Getreideschrot (Gerste, Hafer, Weizen, Dinkel, ca. 60 g)
375 ml Vollmilch
100 g Ananas
2 Kiwis (ca. 100 g)
1 Mangofrucht (ca. 300 g)
1 TL gehackte Haselnüsse
5 g gehackte Cashewkerne
1 TL Leinsamen
1 TL Apfeldicksaft
1 EL Honig
einige Tropfen Zitronensaft

1. Das Getreideschrot zusammen mit der Milch in einen Topf geben und bei mäßiger Hitzezufuhr 8 bis 10 Minuten köcheln lassen.
2. In der Zwischenzeit die Ananas und die Kiwis schälen und würfeln.
3. Die Mango schälen, das Fruchtfleisch vom Kerngehäuse schneiden und ebenfalls würfeln.
4. Die Früchte mit den gehackten Nüssen und dem Leinsamen mischen. Den Brei mit Apfeldicksaft, mit Honig und Zitronensaft abschmecken.
5. Den Brei und den Fruchtsalat anrichten, aber nicht mischen, denn Kiwis und Ananas zersetzen das Milcheiweiß und machen den Brei bitter.

413 kcal • 1734 kJ • 10 g E • 11 g F • 62 g KH

VITAMINE/MINERALSTOFFE

Tropische Früchte sind äußerst reich an Vitamin C und Provitamin A. Milch und Vollkorngetreide machen dieses Frühstück zusätzlich calcium- und magnesiumreich.

BEDARFSDECKUNG

Vitamin A (0,9 mg)
72 %

Vitamin C (120 mg)
112 %

Magnesium (112 mg)
32 %

Calcium (287 mg)
30 %

Sprossenmüsli mit Kräutern

Zubereitungszeit:
ca. 10 Minuten

Für 2 Personen

**50 g Getreidekeimlinge
(Hafer, Gerste, Roggen)
1 große Orange (ca. 250 g)
1 großer Apfel (ca. 150 g)
Saft von 1 Zitrone
1 Zwiebel
4 EL feingehackte, gemischte
Kräuter (z. B. Estragon,
Kerbel, Dill, Petersilie)
200 g körniger Frischkäse
2–3 EL Mineralwasser
1 Prise Meer- oder Jodsalz
weißer Pfeffer aus der
Mühle
1 Prise Cayennepfeffer
1 TL Apfeldicksaft
1 EL geröstete Sonnen-
blumenkerne**

1. Die Keimlinge kurz abspülen und in eine Schüssel geben.
2. Die Orange und den Apfel schälen. Den Apfel entkernen, beide Früchte in Würfel schneiden und mit dem Zitronensaft beträufeln.
3. Die Zwiebel schälen, fein hacken und zusammen mit den Kräutern dem Apfel und der Orange zu den Keimlingen geben.
4. Den Frischkäse mit dem Mineralwasser verrühren, diese Masse mit Meer- oder Jodsalz, Pfeffer, Cayennepfeffer und Apfeldicksaft kräftig abschmecken und zum Müsli geben.
5. Das Müsli mit den gerösteten Sonnenblumenkernen bestreuen.
(auf dem Foto: oben)

285 kcal • 1191 kJ • 19 g E •
8 g F • 30 g KH

VITAMINE/MINERALSTOFFE
Gekeimtes Getreide ist eine gute Quelle für Magnesium, B-Vitamine und Calcium, das außerdem auch aus dem Frischkäse stammt. Frisches Obst liefert zusätzlich viel Vitamin C.

BEDARFSDECKUNG
Vitamin C (79 mg)
74 %
Calcium (225 mg)
24 %
Magnesium (82 mg)
24 %

58 Frühstück

Früchtemüsli

Zubereitungszeit:
ca. 10 Minuten
Quellzeit: ca. 12 Stunden

Für 2 Personen

**6 EL Hafervollkornschrot
(ca. 60 g)
Saft von 2 Orangen
150 g Sahnejoghurt
1 TL Apfeldicksaft
200 g Beeren (z.B. Erdbeeren, Himbeeren, Johannisbeeren, Brombeeren)
1 Msp. Vanillepulver
Saft von 1/2 Zitrone
1 1/2 EL Honig
1 EL Sesam**

1. Das Hafervollkornschrot in eine Schüssel geben. Den Orangensaft darübergießen und das Schrot über Nacht im Kühlschrank ausquellen lassen.
2. Am nächsten Morgen das Müsli, den Sahnejoghurt und den Apfeldicksaft verrühren.
3. Die Beeren waschen und unter das Müsli heben.
4. Das Müsli mit Vanillepulver, Zitronensaft und Honig abschmecken und mit dem Sesam bestreuen.
(auf dem Foto: unten)

467 kcal • 1953 kJ • 9 g E • 10 g F • 78 g KH

VITAMINE/MINERALSTOFFE
Dieses fruchtig-kernige Müsli ist reich an Vitamin C aus dem frischen Obst und eine gute Quelle für Magnesium und Eisen, die aus dem Hafervollkornschrot kommen. Eine optimale Kombination, denn das Vitamin C verbessert die Ausnutzung des Eisens aus Getreide.

BEDARFSDECKUNG
Vitamin C (48 mg) 45 %
Magnesium (97 mg) 28 %
Eisen (3,8 mg) 30 %

Müsli 59

Quarkhörnchen

Zubereitungszeit:
ca. 50 Minuten
Zeit zum Ruhen:
ca. 1 Stunde

Für ca. 15 Hörnchen
1 Portion: 2 Hörnchen

**125 g feines
Weizenvollkornmehl
125 g Magerquark
125 g Butter oder Margarine
1 Prise Meer- oder Jodsalz
1 TL abgeriebene Schale
einer unbehandelten Zitrone
1 Msp. Vanillepulver
1 EL Mehl
75 g Honig
75 g gemahlene Mandeln
1 Ei
ca. 2 EL Milch**

1. Das Weizenvollkornmehl auf eine Arbeitsfläche sieben. Den Quark und die Butter oder Margarine in Flocken darauf setzen, alles mit Meer- oder Jodsalz, Zitronenschale und Vanillepulver bestreuen.
2. Nun die Teigzutaten von außen nach innen mit bemehlten Händen zu einem glatten Teig verarbeiten und diesen zugedeckt im Kühlschrank mindestens 1 Stunde ruhen lassen.
3. Den Backofen auf 190° C vorheizen. Anschließend den Teig auf einer bemehlten Arbeitsfläche dünn ausrollen und ihn in Dreiecke schneiden.
4. Den Honig mit den Mandeln verrühren und jeweils ein wenig von dieser Masse in die Mitte der Teigdreiecke setzen.
5. Die Dreiecke von der breiten Seite zur Spitze hin aufrollen und zu Hörnchen biegen.
6. Diese auf ein mit Backtrennpapier ausgelegtes Backblech setzen. Das Ei mit der Milch verrühren und die Hörnchen damit bestreichen.
7. Die Hörnchen im Backofen in etwa 20 Minuten leicht braun backen. Herausnehmen und abkühlen lassen.

318 kcal • 1330 kJ • 8 g E • 21 g F • 21 g KH

VITAMINE/MINERALSTOFFE
Vollkornmehl, Mandeln und Ei liefern Vitamin E und Magnesium. Das Vitamin B_2 stammt aus dem Magerquark.

BEDARFSDECKUNG
Vitamin E (3,1 mg)
24 %
Vitamin B_2 (0,2 mg)
10 %
Magnesium (48 mg)
14 %

Dickmilchbrot

Zubereitungszeit:
ca. 1 ¼ Stunde
Zeit zum Gehen:
ca. 45 Minuten

Für 1 Brotform
(ca. 25 Scheiben)
1 Portion: 2 Scheiben

**¼ l Buttermilch
1 Würfel Frischhefe (ca. 40 g)
1 EL Akazienhonig
1 EL Meer- oder Jodsalz
¼ l Dickmilch
600 g feines Weizenvollkornmehl
1 TL gemahlener Koriander
1 TL gemahlener Anis
1 TL gemahlener Kümmel
50 g feingehackte Kräuter
1 TL Butter oder Margarine zum Ausfetten
1 EL Mehl zum Ausstäuben
1 Eigelb
je 1 EL Mohn, Sesam und Leinsamen zum Bestreuen**

1. Die Buttermilch lauwarm erhitzen. Die Hefe hineinbröckeln und den Honig dazugeben. Den Hefeansatz an einem warmen Ort 10 bis 12 Minuten gehen lassen.
2. Anschließend zusammen mit dem Meer- oder Jodsalz, der Dickmilch und dem Weizenvollkornmehl in eine Schüssel geben.
3. Den Koriander, den Anis, den Kümmel und die Kräuter dazugeben und alles zu einem sehr glatten Teig verkneten.
4. Den Teig mit dem Kochlöffel so lange schlagen, bis er Blasen wirft, ihn zudecken und an einem warmen Ort auf die doppelte Größe aufgehen lassen.
5. Den Backofen auf etwa 180°C vorheizen. Eine Brotform mit der Butter oder der Margarine ausfetten und mit dem Mehl ausstäuben.
6. Den Teig auf einer bemehlten Arbeitsfläche nochmals kräftig durchkneten und dann in die Brotform geben. Den Teig kurz gehen lassen und anschließend 60 bis 70 Minuten backen.
7. Etwa 20 Minuten vor Ende der Backzeit das Eigelb mit etwas Wasser verquirlen und das Brot damit bestreichen.
8. Es mit Mohn, Sesam und mit Leinsamen bestreuen und fertigbacken.
9. Nach Ende der Backzeit das Brot aus der Form nehmen und auskühlen lassen.

312 kcal • 888 kJ • 9 g E • 3 g F • 33 g KH

VITAMINE/MINERALSTOFFE
Dieses Weizenvollkornbrot mit Buttermilch und Dickmilch ist ein guter Lieferant von Vitamin B_1, Magnesium und Eisen.

BEDARFSDECKUNG
Vitamin B_1 (0,3 mg)
17 %
Magnesium (86 mg)
24 %
Eisen (2,7 mg)
21 %

Hausgemachtes Vollkornbrot

Zubereitungszeit:
ca. 1 ¼ Stunden
Zeit zum Gehen:
ca. 45 Minuten

Für 1 große Kastenform
(ca. 40 Scheiben)
1 Portion: 2 Scheiben

250 g Dinkel
250 g Roggen
500 g Weizen
750 ml Gemüsebrühe
1 ½ Würfel Frischhefe
(ca. 60 g)
1 ½ EL Honig
200 g feines
Weizenvollkornmehl
2 EL Meer- oder Jodsalz
1 EL gemahlener Kümmel
1 EL Leinsamen
2 EL geschälte
Sonnenblumenkerne
1 TL gemahlener Koriander
1 TL gemahlener Anis
1 TL Butter oder Margarine zum Ausfetten
1 EL Mehl zum Ausstäuben

1. Den Dinkel, den Roggen und den Weizen mittelfein mahlen und in eine Schüssel geben.
2. Die Gemüsebrühe lauwarm erhitzen. Die Hefe hineinbröckeln und den Honig mit verrühren.
3. Diesen Hefeansatz an einem warmen Ort 10 bis 12 Minuten gehen lassen. Ihn anschließend zum gemahlenen Getreide geben.
4. Das feine Weizenvollkornmehl, das Salz, den Kümmel, den Leinsamen, die Sonnenblumenkerne, das Korianderpulver und das Anispulver dazugeben.
5. Das Ganze zu einem glatten Teig verrühren und ihn mit dem Kochlöffel so lange schlagen, bis er Blasen wirft.
6. Den Teig anschließend zugedeckt an einem warmen Ort zur doppelten Größe aufgehen lassen.
7. Den Backofen auf 180°C vorheizen. Eine Brotform mit der Butter oder der Margarine ausfetten und mit dem Mehl ausstäuben.
8. Den Teig auf einer bemehlten Arbeitsfläche nochmals kräftig durchkneten und in die Brotform geben.
9. Ihn dann nochmals kurz gehen lassen. Anschließend das Brot je nach Größe der Form 60 bis 80 Minuten backen.
10. Das Brot nach dem Backen herausnehmen und auf einem Küchengitter auskühlen lassen.

188 kcal • 742 kJ • 6 g E • 2 g F • 31 g KH

VITAMINE/MINERALSTOFFE
Dieses herzhafte Vollkornbrot aus Dinkel, Roggen und Weizen mit Sonnenblumenkernen und Leinsamen ist eine gute Quelle für Vitamin B_1, Magnesium, Eisen und Zink.

BEDARFSDECKUNG
Vitamin B_1 (0,3 mg)
17 %

Magnesium (74 mg)
21 %

Eisen (2,1 mg)
17 %

Zink (1,6 mg)
13 %

Feine Hefebrötchen

Zubereitungszeit:
ca. 30 Minuten
Zeit zum Gehen:
ca. 45 Minuten

Für ca. 20 Brötchen
1 Portion: 1 Brötchen

**¼ l lauwarme Magermilch
1 Würfel Frischhefe (ca. 40 g)
½ EL Honig
1 TL Meer- oder Jodsalz
500 g feines
Weizenvollkornmehl
1 Ei
2 EL Milch
je 1 EL Kümmel, Sesam,
Mohn und Sonnenblumen-
kerne zum Bestreuen**

1. Die lauwarme Milch in eine Schüssel geben und die Hefe hineinbröckeln. Den Honig dazugeben und diesen Grundansatz an einem warmen Ort 10 bis 12 Minuten gehen lassen.
2. Die Hefemilch mit dem Meer- oder Jodsalz und dem Vollkornmehl sowie dem Ei in eine Schüssel geben und alles zu einem glatten Teig verrühren.
3. Den Teig mit dem Kochlöffel so lange schlagen, bis er Blasen wirft. Ihn anschließend zugedeckt an einem warmen Ort auf die doppelte Größe gehen lassen.
4. Den Teig auf einer bemehlten Arbeitsfläche nochmals kräftig durchkneten und dann 3 bis 4 cm dick ausrollen.
5. Mit einer runden Ausstechform (5 cm Durchmesser) kleine Brötchen ausstechen und diese auf ein mit Backtrennpapier ausgelegtes Backblech legen. Den Backofen auf etwa 180°C vorheizen.
6. Die Teigstücke nochmals kurz gehen lassen und mit der Milch bestreichen.
7. Die Brötchen mit Kümmel, Sesam, Mohn oder Sonnenblumenkernen bestreuen und nochmals kurz gehen lassen.
8. Die Brötchen 10 bis 15 Minuten backen. Herausnehmen und abkühlen lassen.

VARIATIONEN
Sie können anstelle des Weizenvollkornmehls auch eine Mischung aus Roggen-, Weizen- und Dinkelmehl nehmen oder 30 g feingehackte Kräuter unter den Teig rühren.

---

111 kcal • 467 kJ • 5 g E • 2 g F • 17 g KH

VITAMINE/MINERALSTOFFE
Vollkornbrötchen sind eine gute Quelle für Vitamin B_1, Magnesium und Eisen.

BEDARFSDECKUNG
Vitamin B_1 (0,2 mg)
■ 11 %
Magnesium (43 mg)
■ 12 %
Eisen (1,3 mg)
■ 10 %

Fruchtmarmelade

Zubereitungszeit:
ca. 30 Minuten

Für ca. 20 Portionen

**500 g frische Früchte nach
Wahl (Erdbeeren, Himbeeren,
Äpfel, Birnen u. a.)
75 ml Likör oder Saft
1 EL abgeriebene Schale
einer unbehandelten Zitrone
1 TL Vanillepulver
125 g Kleehonig
1 Prise Meer- oder Jodsalz**

1. Die Früchte verlesen, waschen und gut abtropfen lassen. Sie je nach Fruchtsorte kleinschneiden und in eine Schüssel geben.
2. Den Likör darübergießen und die Früchte 10 bis 15 Minuten ziehen lassen.
3. Die Früchte mit der Zitronenschale und dem Vanillepulver im Mixer oder mit dem Pürierstab pürieren.
4. Den Klee- oder Rapshonig und das Meer- oder Jodsalz dazugeben. Das Ganze so lange rühren, bis sich der Honig und die Früchte verbunden haben.
5. Die Marmelade in gründlich gespülte Einmachgläser füllen, verschließen und im Kühlschrank aufbewahren.

TIP
Die Marmelade hält sich etwa 4 Wochen. Man sollte sie jedoch rasch verbrauchen, denn Vitamin C wird schnell abgebaut.

---

67 kcal • 280 kJ • 0,3 g E • 0,1 g F • 13 g KH

VITAMINE/MINERALSTOFFE
Roh gerührte Marmelade aus am besten frischgepflückten Früchten ist Vitamin-C-reich.

BEDARFSDECKUNG
Vitamin C (11 mg)
■ 11 %

Brote und Brötchen 65

Das folgende Kapitel bietet herzhafte und süße Kleinigkeiten für zwischendurch, die viele Vitamine und Mineralstoffe beinhalten.
Noch kurz ein Wort zu den Desserts, denn diese können die Hauptmahlzeit hinsichtlich der Nährstoffe optimal ergänzen. In einer vitaminreichen Ernährung stehen vor allem Früchte und Milchprodukte im Mittelpunkt.

Zwischenmahlzeiten und Desserts

Karotten und Zucchini mit Cocktaildip

Zubereitungszeit: ca. 10 Minuten

Für 2 Personen

75 g Magerjoghurt
75 g saure Sahne
2 EL Tomatenketchup
1 EL Johannisbeergelee
einige Tropfen Obstessig
einige Tropfen Zitronensaft
½ TL Currypulver
1 Prise Meer- oder Jodsalz
weißer Pfeffer aus der Mühle
200 g Karotten
200 g Zucchino

1. Den Joghurt mit der sauren Sahne, dem Tomatenketchup und dem Johannisbeergelee verrühren.
2. Das Ganze mit Obstessig, Zitronensaft, Curry, Salz und Pfeffer kräftig abschmecken.
3. Die Karotten waschen, schälen und in lange Stifte schneiden. Den Zucchino waschen und ebenfalls in Stifte schneiden.
4. Das Gemüse und die Sauce anrichten.
(auf dem Foto oben)

155 kcal • 649 kJ • 6 g E • 4 g F • 21 g KH

VITAMINE/MINERALSTOFFE
Die Milchprodukte liefern Vitamin B_2 und Calcium. Aus dem Gemüse stammen Magnesium und Vitamin C.

BEDARFSDECKUNG
Vitamin C (26 mg)
25 %
Vitamin B_2 (0,3 mg)
14 %
Calcium (164 mg)
17 %
Magnesium (50 mg)
14 %

Gurke und Staudensellerie mit Tomatendip

Zubereitungszeit: ca. 10 Minuten

Für 2 Personen

250 g Magerquark
1 EL süße Sahne
1 EL Tomatenmark
einige Tropfen Zitronensaft
einige Tropfen Obstessig
1 EL Honig
1 Prise Meer- oder Jodsalz
weißer Pfeffer aus der Mühle
2 EL feingehacktes Basilikum
2 EL feingehackter Oregano
200 g Salatgurke
200 g Staudensellerie

1. Den Magerquark, die Sahne und das Tomatenmark mit einem Schneebesen cremig rühren.
2. Das Ganze mit Zitronensaft, Obstessig, Honig, Pfeffer, Basilikum und Oregano kräftig abschmecken.
3. Die Gurke und den Staudensellerie putzen und in lange Stifte schneiden.
4. Das Gemüse und die Sauce anrichten.
(auf dem Foto unten)

167 kcal • 702 kJ • 19 g E • 1 g F • 18 g KH

VITAMINE/MINERALSTOFFE
Dieser pikante Dip enthält die beiden „Milchnährstoffe" Calcium und Vitamin B_2 sowie Vitamin C, das aus Gemüse und Kräutern kommt.

BEDARFSDECKUNG
Vitamin B_2 (0,5 mg)
24 %
Vitamin C (21 mg)
20 %
Calcium (237 mg)
25 %

Staudensellerie mit Edelpilzdip

Zubereitungszeit:
ca. 10 Minuten

Für 2 Personen

**125 g Magerquark
100 g Edelpilzkäse
etwas Mineralwasser
3 EL Walnüsse, 2 EL Kresse
1 Prise Meer- oder Jodsalz
weißer Pfeffer
1 Prise Cayennepfeffer
einige Tropfen Zitronensaft
einige Tropfen Apfeldicksaft
400 g Staudensellerie**

1. Den Magerquark zusammen mit dem zerbröckelten Edelpilzkäse und dem Mineralwasser in eine Schüssel geben und gut verrühren.
2. Die Walnüsse hacken. Die Kresse waschen und ebenfalls fein hacken. Beides unter den Käse rühren.
3. Das Ganze mit Salz, Pfeffer, Cayennepfeffer, Zitronensaft und Apfeldicksaft kräftig abschmecken.
4. Den Staudensellerie putzen und in lange Streifen schneiden.
5. Das Gemüse und die Sauce anrichten.
(auf dem Foto oben)

345 kcal • 1446 kJ • 24 g E • 20 g F • 11 g KH

VITAMINE/MINERALSTOFFE
Magerquark und Edelpilzkäse sind reich an Calcium und Vitamin B_2. Walnüsse und Edelpilzkäse enthalten Zink, Staudensellerie liefert Vitamin C.

BEDARFSDECKUNG
Vitamin B_2 (0,6 mg)
31 %
Vitamin C (19 mg)
18 %
Calcium (503 mg)
53 %
Zink (2,9 mg)
22 %

Obst mit Nußdip

Zubereitungszeit:
ca. 10 Minuten

Für 2 Personen

**100 g körniger Frischkäse
100 g saure Sahne
1 Orange (ca. 200 g)
1 EL feingehackte Pinienkerne
je 1 EL feingehackte Pistazienkerne und Haselnüsse
einige Tropfen Zitronensaft
1 EL Honig
1 Msp. Vanillepulver
1 großer Apfel (ca. 150 g)
1 große Birne (ca. 200 g)**

1. Den Frischkäse mit der sauren Sahne mischen.
2. Die Orange schälen, in feine Würfel schneiden und unter den Frischkäse heben.
3. Die Pinienkerne, die Pistazienkerne und die Haselnüsse unter die Masse rühren.
4. Das Ganze mit Zitronensaft, Honig und Vanillepulver abschmecken.
5. Den Apfel und die Birne schälen und würfeln.
6. Die Früchte und die Sauce anrichten.
(auf dem Foto unten)

386 kcal • 1618 kJ • 13 g E • 16 g F • 42 g KH

VITAMINE/MINERALSTOFFE
Pinienkerne, Pistazien und Haselnüsse liefern Vitamin B_1, Magnesium und Eisen. Frisches Obst ist Vitamin-C-reich. Dadurch wird die Verwertung des Eisens aus den pflanzlichen Lebensmitteln verbessert.

BEDARFSDECKUNG
Vitamin C (65 mg)
61 %
Vitamin B_1 (0,3 mg)
17 %
Magnesium (65 mg)
19 %
Eisen (2,2 mg)
17 %

Fruchtige Buttermilch

251 kcal • 1053 kJ • 8 g E • 2 g F • 46 g KH

Zubereitungszeit: ca. 5 Minuten

Für 2 Personen

**200 g Früchte nach Wahl (Erdbeeren, Himbeeren, Heidelbeeren)
375 ml Buttermilch
2 EL Sanddornsaft
einige Tropfen Zitronensaft**

1. Die Früchte waschen, kleinschneiden und zusammen mit der Buttermilch, dem Sanddornsirup sowie dem Zitronensaft im Mixer oder mit dem Pürierstab pürieren.
2. Die Buttermilch anrichten.
(auf dem Foto: links)

VARIATION
Nehmen Sie anstelle der Buttermilch Joghurt oder ein anderes Milchprodukt.

VITAMINE/MINERALSTOFFE
Buttermilch versorgt uns mit Calcium und dem „Milchvitamin" B_2. Frische Beerenfrüchte, insbesondere Sanddornbeeren, sind die besten einheimischen Vitamin-C-Quellen.

BEDARFSDECKUNG
Vitamin C (67 mg)
63 %

Vitamin B_2 (0,3 mg)
17 %

Calcium (250 mg)
26 %

Pumpernickelmilch

175 kcal • 727 kJ • 5 g E • 0,4 g F • 35 g KH

Zubereitungszeit: ca. 5 Minuten

Für 2 Personen

**200 g Dickmilch
¼ l frisch gepreßter Orangensaft
30 g Pumpernickel
1 Msp. Vanillepulver
2 EL Honig
2 EL feingehackte Zitronenmelisse**

1. Die Dickmilch zusammen mit dem Orangensaft und dem zerbröselten Pumpernickel im Mixer oder mit dem Pürierstab pürieren.
2. Das Ganze mit Vanillepulver, Honig und Zitronenmelisse abschmecken und anrichten.
(auf dem Foto: rechts)

VITAMINE/MINERALSTOFFE
Dickmilch ist reich an Calcium und Vitamin B_2. Pumpernickel und Orangensaft liefern Magnesium, der Saft hat auch viel Vitamin C.

BEDARFSDECKUNG
Vitamin B_2 (0,2 mg)
12 %

Vitamin C (32 mg)
30 %

Calcium (149 mg)
16 %

Magnesium (33 mg)
9 %

Gemüsemix

Zubereitungszeit:
ca. 10 Minuten

Für 2 Personen

¼ l frisch gepreßter Gemüsesaft (Karotten-, Rote-Bete-, Selleriesaft)
200 g Sahnejoghurt
einige Tropfen Zitronensaft
1 Prise Meer- oder Jodsalz
weißer Pfeffer aus der Mühle
einige Tropfen Apfeldicksaft
1 Prise Muskatpulver

1. Den Gemüsesaft zusammen mit dem Sahnejoghurt im Mixer oder mit dem Pürierstab kräftig mixen.
2. Das Ganze mit Zitronensaft, Meer- oder Jodsalz, Pfeffer, Apfeldicksaft und Muskat kräftig abschmecken und anrichten.
(auf dem Foto: links)

158 kcal • 660 kJ • 5 g E • 7 g F • 17 g KH

VITAMINE/MINERALSTOFFE
Die Kombination von frisch gepreßtem Gemüsesaft und Joghurt stellt einen Fitmacher dar, der reich an Provitamin A, Vitamin C und B_2 sowie an Calcium ist.

BEDARFSDECKUNG
Vitamin C (40 mg)
    37 %
Vitamin A (0,4 mg)
    32 %
Vitamin B_2 (0,2 mg)
    12 %
Calcium (140 mg)
    15 %

Gemüseshake

Zubereitungszeit:
ca. 10 Minuten

Für 2 Personen

¼ l Magermilch
¼ l frisch gepreßter Gemüsesaft (aus Karotten, Sellerie, roten Beten oder Salatgurke)
1 Knoblauchzehe
1 TL mittelscharfer Senf
2 EL Tomatenketchup
1 Prise Meer- oder Jodsalz
weißer Pfeffer aus der Mühle
1 Prise Cayennepfeffer
2 EL feingehackte Pfefferminze

1. Die Milch zusammen mit dem Gemüsesaft, der geschälten und gehackten Knoblauchzehe, dem Senf und dem Tomatenketchup im Mixer oder mit dem Pürierstab pürieren.
2. Das Ganze kräftig würzen und die Pfefferminze daruntermischen.
(auf dem Foto: oben)

111 kcal • 463 kJ • 7 g E • 2 g F • 14 g KH

VITAMINE/MINERALSTOFFE
Frisch gepreßter Gemüsesaft ist „flüssige" Rohkost und reich an Vitamin C und Provitamin A. Die Kombination mit der Milch macht das Rezept auch zu einer guten Calciumquelle.

BEDARFSDECKUNG
Vitamin C (45 mg)
    42 %
Vitamin A (0,4 mg)
    31 %
Calcium (189 mg)
    20 %

Studentendickmilch

Zubereitungszeit:
ca. 5 Minuten

Für 2 Personen

1 EL Haselnüsse
1 EL Mandeln
1 EL Cashewkerne
25 g ungeschwefelte Rosinen
300 g Dickmilch
Saft von 1 Zitrone
1 EL Honig
1 Msp. Vanillepulver

1. Die Haselnüsse, die Mandeln und die Cashewkerne grob hacken. Zusammen mit den Rosinen und der Dickmilch in eine Schüssel geben und alles vermischen.
2. Das Ganze mit Zitronensaft, Honig und Vanillepulver abschmecken.
(auf dem Foto: rechts)

219 kcal • 914 kJ • 8 g E • 8 g F • 25 g KH

VITAMINE/MINERALSTOFFE
Nüsse enthalten Vitamin E und Magnesium. Calcium und Vitamin B_2 stammen aus der Dickmilch.

BEDARFSDECKUNG
Vitamin E (2,7 mg)
    21 %
Vitamin B_2 (0,3 mg)
    17 %
Calcium (214 mg)
    23 %
Magnesium (55 mg)
    16 %

Kirschmilch

Zubereitungszeit:
ca. 10 Minuten

Für 2 Personen

200 g entsteinte frische Sauerkirschen
3 EL geschälte Mandeln
375 ml Magermilch
1 Msp. Vanillepulver
einige Tropfen Zitronensaft
1 TL Apfeldicksaft
1 Prise Zimtpulver
2 EL geschlagene süße Sahne (ca. 30 g)

1. Die Sauerkirschen zusammen mit den Mandeln und der Milch im Mixer oder mit dem Pürierstab pürieren.
2. Die Kirschmilch mit Vanillepulver, Zitronensaft, Apfeldicksaft und Zimtpulver abschmecken und in zwei Gläser verteilen. Auf jede Portion 1 Eßlöffel Sahne geben.
(auf dem Foto: rechts)

TIP
Wer mag, kann die Sahne weglassen und dafür Vollmilch nehmen.

275 kcal • 1148 kJ • 11 g E • 13 g F • 24 g KH

VITAMINE/MINERALSTOFFE
„Die Milch macht's." Zusammen mit pürierten Mandeln liefert sie Calcium, Vitamin B_2 und Magnesium. Die Mandeln leisten einen guten Beitrag zur Vitamin-E-Versorgung.

BEDARFSDECKUNG
Vitamin E (4 mg)
31 %
Vitamin B_2 (0,5 mg)
26 %
Calcium (295 mg)
31 %
Magnesium (66 mg)
19 %

Fitneß-Fruchtcocktail

214 kcal • 900 kJ • 4 g E • 7 g F • 30 g KH

Zubereitungszeit: ca. 10 Minuten

Für 2 Personen

1 mittelgroßer Apfel (ca. 125 g)
1 Kiwi (ca. 50 g)
100 g frische Erdbeeren
1 Nektarine (ca. 125 g)
1 EL Honig
Saft von 1 Zitrone
1 Msp. Vanillepulver
1 EL Pinienkerne
1 EL Pistazienkerne
2 EL Sesam

VITAMINE/MINERALSTOFFE
Sesam und Nußkerne sind gute Magnesium- und Eisenquellen. Die frischen Früchte machen den Cocktail zu einer Vitamin-C-reichen Zwischenmahlzeit.

BEDARFSDECKUNG
Vitamin C (70 mg)
65 %

Eisen (2,4 mg)
19 %

Magnesium (55 mg)
16 %

1. Den Apfel schälen, entkernen und in kleine Würfel schneiden.
2. Die Kiwi schälen und ebenfalls würfeln.
3. Die Erdbeeren waschen und je nach Bedarf halbieren oder vierteln.
4. Die Nektarine waschen, halbieren, entkernen und in Würfel schneiden.
5. Die Früchte vorsichtig miteinander mischen.
6. Den Honig mit dem Zitronensaft und dem Vanillepulver verrühren. Diese Sauce über die Früchte träufeln und das Ganze 5 bis 10 Minuten ziehen lassen.
7. Die Früchte mit den Pinien- und den Pistazienkernen sowie mit dem Sesam bestreuen und anrichten.
(auf dem Foto: links)

Obstsalat

Pikante Quarkspeise

Zubereitungszeit: ca. 10 Minuten

Für 2 Personen

**250 g Magerquark
1 EL Magermilch
2 Frühlingszwiebeln (ca. 30 g)
2 Essiggurken (ca. 100 g)
1 kleine säuerliche Birne (ca. 100 g)
1 EL Honig
einige Tropfen Obstessig
einige Tropfen Zitronensaft
1 Prise Meer- oder Jodsalz
weißer Pfeffer aus der Mühle
1 Prise Cayennepfeffer
2 EL feingehackte Kräuter (Petersilie, Dill, Schnittlauch, Kresse)
2 EL feingehackte Haselnüsse**

1. Den Quark mit der Milch verrühren.
2. Die Frühlingszwiebeln putzen und in feine Streifen schneiden. Die Essiggurken fein hacken. Die Birne schälen und würfeln.
3. Zwiebeln, Gurke und Birne zum Quark geben und alles vorsichtig mischen.
4. Den Quark mit Honig, Obstessig, Zitronensaft, Meer- oder Jodsalz, Pfeffer und Cayennepfeffer kräftig abschmecken.
5. Die gehackten Kräuter daruntermischen und die Quarkspeise mit den Haselnüssen bestreuen.
(auf dem Foto: unten)

TIP
Diese Quarkspeise bietet sich auch als Brotaufstrich zum Frühstück oder zum Abendessen an.

---

246 kcal • 1032 kJ • 19 g E • 7 g F • 22 g KH

VITAMINE/MINERALSTOFFE
Vitamin B_2 und Calcium stammen aus dem Magerquark, während Gemüse, Kräuter und Haselnüsse uns mit Eisen versorgen. Die Nüsse tragen zur Vitamin-E-Versorgung bei.

BEDARFSDECKUNG
Vitamin B_2 (0,5 mg)
  25 %
Vitamin E (2,1 mg)
  24 %
Calcium (217 mg)
  23 %
Eisen (2,3 mg)
  17 %

Fruchtkäse mit Hirse

Zubereitungszeit: ca. 15 Minuten

Für 2 Personen

**2 EL Hirse (ca. 30 g)
125 ml Orangensaft
200 g körniger Frischkäse
1 großer Apfel (ca. 150 g)
Saft von ½ Zitrone
1 Nektarine (ca. 125 g)
1 EL feingehackte Mandeln
1 EL feingehackte Haselnüsse
2 EL Sanddornsaft
1 Msp. Vanillepulver**

1. Die Hirse zusammen mit dem Orangensaft in einen Topf geben und unter ständigem Rühren 5 bis 10 Minuten köcheln. Vom Feuer nehmen und 10 Minuten quellen lassen.
2. Nun den Frischkäse darunterrühren.
3. Den Apfel schälen, entkernen, in Würfel schneiden und mit dem Zitronensaft beträufeln.
4. Die Nektarine waschen, halbieren, entkernen, ebenfalls würfeln und zusammen mit dem Apfel unter die Hirsemasse heben.
5. Mandeln und Haselnüsse sowie den Sanddornsaft und das Vanillepulver dazugeben und den Fruchtkäse anrichten.
(auf dem Foto: oben)

---

361 kcal • 1512 kJ • 18 g E • 11 g F • 41 g KH

VITAMINE/MINERALSTOFFE
Körniger Frischkäse ist eine gute Quelle für Calcium und Vitamin B_2, Hirse liefert viele Mineralstoffe, vor allem Magnesium und Eisen. Das Vitamin C aus dem frischen Obst verbessert die Eisenaufnahme.

BEDARFSDECKUNG
Vitamin C (37 mg)
  35 %
Vitamin B_2 (0,4 mg)
  20 %
Magnesium (73 mg)
  21 %
Eisen (2,6 mg)
  20 %

Quarkspeisen 77

Erdbeerquark

Zubereitungszeit:
ca. 5 Minuten

Für 2 Personen

250 g Magerquark
75 g Magermilch
1 Msp. Vanillepulver
1 EL Honig
einige Tropfen Zitronensaft
200 g frische Erdbeeren
1 EL Mandelblättchen
1 EL Pistazienkerne

1. Den Speisequark mit der Magermilch gut verrühren.
2. Das Ganze mit Vanillepulver, Honig und Zitronensaft kräftig abschmecken.
3. Die Erdbeeren waschen, je nach Bedarf halbieren oder vierteln.
4. Die Mandelblättchen und die Pistazienkerne unter die Erdbeeren heben. Die Erdbeeren auf den Quark legen.
(auf dem Foto oben)

239 kcal • 1005 kJ • 20 g E • 7 g F • 21 g KH

VITAMINE/MINERALSTOFFE
Vitamin B_2 und Calcium stammen aus dem Magerquark und der Magermilch. Frische Erdbeeren und Zitronensaft machen diese leichte Quarkspeise sehr Vitamin-C-reich.

BEDARFSDECKUNG
Vitamin C (62 mg)
58 %

Vitamin B_2 (0,5 mg)
27 %

Calcium (202 mg)
21 %

Orangencreme

Zubereitungszeit:
ca. 5 Minuten

Für 2 Personen

150 g Magerjoghurt
1 Ecke Doppelrahmfrischkäse (62,5 g)
2 Orangen (ca. 400 g)
1 EL Honig
1 EL feingehackte Mandeln
1 EL feingehackte Pinienkerne

1. Den Joghurt und den Frischkäse in eine Schüssel geben.
2. Die Orangen schälen, in Würfel schneiden, zum Frischkäse geben. Das Ganze mit dem Pürierstab oder im Mixer pürieren.
3. Die Creme mit dem Honig süßen und mit Mandeln und Pinienkernen bestreuen.
(auf dem Foto unten)

335 kcal • 1400 kJ • 11 g E • 16 g F • 33 g KH

VITAMINE/MINERALSTOFFE
Eine leichte, fruchtige Creme mit viel Vitamin C aus Orangen, die zudem noch Folsäure enthalten. Das für die Knochen wichtige Calcium stammt aus den Milchprodukten.

BEDARFSDECKUNG
Vitamin C (102 mg)
95 %

Folsäure (91 µg)
20 %

Calcium (228 mg)
24 %

Gemüsekäse

Zubereitungszeit:
ca. 10 Minuten

Für 2 Personen

200 g körniger Frischkäse
1 EL Magermilch
100 g Karotten
100 g Sellerie
Saft von ½ Zitrone
2 EL Walnußkerne
einige Tropfen Obstessig
1 Prise Meer- oder Jodsalz
weißer Pfeffer aus der Mühle
1 Prise Cayennepfeffer
1 TL Apfeldicksaft

1. Den Frischkäse und die Magermilch in eine Schüssel geben und verrühren.
2. Die Karotten und den Sellerie schälen, fein raspeln und sofort mit Zitronensaft beträufeln.
3. Das Gemüse zusammen mit den gehackten Walnußkernen unter den Frischkäse heben.
4. Alles mit Obstessig, Meer- oder Jodsalz, Pfeffer, Cayennepfeffer und Apfeldicksaft abschmecken.

213 kcal • 892 kJ • 18 g E • 10 g F • 11 g KH

VITAMINE/MINERALSTOFFE
Körniger Frischkäse ist reich an Calcium und Vitamin B_2, während das Gemüse Provitamin A liefert.

BEDARFSDECKUNG
Vitamin A (1 mg) **79 %**

Vitamin B_2 (0,3 mg) **17 %**

Calcium (172 mg) **18 %**

Quarkspeisen

Hausgemachtes Eis

Zubereitungszeit:
ca. 10 Minuten
Gefrierzeit: ca. 2 Stunden

Für 4 bis 6 Portionen

**4 Eier
75 g Honig
Mark von 2 Vanilleschoten
200 g süße Sahne
1 Msp. Johannisbrotkernmehl**

1. Die Eier zusammen mit dem Honig und dem Vanillemark in eine feuerfeste Schüssel geben.
2. Die Eier mit dem Schneebesen verschlagen, die Schüssel in ein Wasserbad stellen und die Eiermasse zu Schaum aufschlagen.
3. Den Schaum vom Feuer nehmen, die Schüssel in Eiswasser stellen und kaltschlagen.
4. Die Sahne zusammen mit dem Johannisbrotkernmehl steif schlagen und vorsichtig unter die Eiercreme haben.
5. Die Masse in eine kastenförmige Eisform füllen und das Eis im Gefrierschrank frosten.

212 kcal • 888 kJ • 6 g E • 14 g F • 12 g KH

VITAMINE/MINERALSTOFFE
Die Vitamine A, D und B_2 in diesem Rezept stammen hauptsächlich aus den Eiern.

BEDARFSDECKUNG
Vitamin D (1,2 µg)
23 %
Vitamin A (0,2 mg)
20 %
Vitamin B_2 (0,2 mg)
11 %

Erdbeersalat mit Mangosauce

Zubereitungszeit:
ca. 15 Minuten

Für 2 Personen

**250 g Erdbeeren
2 EL Puderzucker
schwarzer Pfeffer aus der Mühle
10 Pfefferminzblättchen
1 Mango (ca. 300 g)
2 EL Honig
Saft von 1 Limette**

1. Die Erdbeeren waschen, putzen und halbieren. Sie mit dem Puderzucker mischen, etwas schwarzen Pfeffer darübergeben und sie auf zwei Tellern anrichten. Die Pfefferminzblättchen auf den Erdbeeren verteilen.
2. Die Mango schälen. Das Fruchtfleisch vom Kern schneiden, zusammen mit dem Honig und dem Limettensaft pürieren und die Sauce neben die Erdbeeren gießen.

216 kcal • 905 kJ • 2 g E • 1 g F • 48 g KH

VITAMINE/MINERALSTOFFE
Dieser fruchtige Nachtisch deckt den täglichen Bedarf an Vitamin C zu mehr als 100 %. Die Kombination von Erdbeeren und Mango ist besonders reich an Provitamin A. Das pflanzliche Eisen, das die Früchte liefern, kann durch das Vitamin C besonders gut verwertet werden.

BEDARFSDECKUNG
Vitamin C (124 mg)
116 %
Vitamin A (0,6 mg)
47 %
Eisen (1,9 mg)
14 %

Fruchtgrütze

Zubereitungszeit:
ca. 30 Minuten
Kühlzeit: 2 bis 3 Stunden

Für 2 Personen

200 g Erdbeeren
200 g Himbeeren
4 Blatt rote Gelatine
1/8 l frisch gepreßter Orangensaft
1 EL Honig
100 g saure Sahne
2 EL Sanddornsaft
1 EL feingehackte Pinienkerne
1 EL feingehackte Pistazienkerne

1. Die Erdbeeren und die Himbeeren waschen und kleinschneiden. Die rote Blattgelatine in kaltem Wasser etwa 5 Minuten quellen lassen.
2. Die Früchte zusammen mit dem Orangensaft und dem Honig in einen Topf geben und alles einmal kurz aufkochen lassen.
3. Die Gelatine ausdrücken und in der warmen Fruchtmischung auflösen.
4. Die Grütze in zwei Gläser füllen und im Kühlschrank fest werden lassen.
5. Die saure Sahne mit dem Sanddornsaft verrühren. Diese Creme auf die Fruchtgrütze geben und alles mit den Kernen bestreuen.

284 kcal • 1191 kJ • 8 g E • 12 g F • 33 g KH

VITAMINE/MINERALSTOFFE
Beerenfrüchte haben eine hohe Nährstoffdichte, insbesondere bei Vitamin C, Magnesium und Eisen.

BEDARFSDECKUNG
Vitamin C (108 mg)

101 %

Eisen (3 mg)

23 %

Magnesium (73 mg)

21 %

Gefüllte Melone mit Erdbeeren und Frischkäsecreme

Zubereitungszeit: ca. 20 Minuten

Für 2 Personen

**1 kleine Melone (ca. 350 g)
80 g Erdbeeren
90 g Doppelrahm-Frischkäse
2 EL Puderzucker
Saft von 1 Limone
2 EL geschlagene süße Sahne
etwas Zitronenmelisse zur Garnitur**

1. Die Melone halbieren, mit einem Kugelausstecher Kugeln herausstechen. Die Erdbeeren waschen, putzen und vierteln.
2. Den Frischkäse mit dem Puderzucker und dem Limonensaft verrühren, die Sahne darunterheben. Die Masse in einen Spritzbeutel geben und sie in die Melonenhälften spritzen.
3. Die Melonenkugeln und die Erdbeeren auf der Käsecreme anrichten. Alles mit den gewaschenen Zitronenmelisseblättchen garnieren.

220 kcal • 923 kJ • 7 g E • 10 g F • 23 g KH

VITAMINE/MINERALSTOFFE
Melonen und Erdbeeren enthalten Vitamin C und Provitamin A. Vitamin B_2 stammt aus dem Frischkäse.

BEDARFSDECKUNG
Vitamin C (37 mg)
34 %
Vitamin A (0,2 mg)
16 %
Vitamin B_2 (0,2 mg)
11 %

Quarkcreme mit Orangensauce

Zubereitungszeit:
ca. 20 Minuten

Für 2 Personen

**150 g Magerquark
4 EL geschlagene süße
Sahne (80 g)
2 EL Orangensaft
1 EL Zitronensaft
1 EL Puderzucker
2 unbehandelte Orangen
60 g Zucker**

1. Den Quark mit der Sahne, den Säften und dem Puderzucker verrühren und kalt stellen.
2. Von einer Orange die Schale dünn abschneiden und dann in feine Streifen schneiden. Danach beide Orangen auspressen. Den Saft zusammen mit dem Zucker und den Schalenstreifen einkochen lassen. Der reduzierte Saft sollte dann wie Sirup sein.
3. Die Quarkcreme auf zwei Tellern anrichten und die Orangensauce darübergeben. (auf dem Foto: oben)

297 kcal • 1241 kJ • 11 g E •
9 g F • 39 g KH

VITAMINE/MINERALSTOFFE
Diese fruchtige Quarkspeise enthält die beiden „Milchnährstoffe" Calcium und Vitamin B_2.

BEDARFSDECKUNG
Vitamin B_2 (0,3 mg)
15 %
Vitamin C (26 mg)
24 %
Calcium (123 mg)
13 %

Orangen-Grapefruit-Salat mit Pistaziensahne

Zubereitungszeit: ca. 20 Minuten

Für 2 Personen

**2 Orangen
1 Grapefruit
2 EL Zucker
60 g geschlagene süße Sahne
30 g Pistazien**

1. Die Schale der Orangen und der Grapefruit so abschneiden, daß das Fruchtfleisch zu sehen ist. Die Filets aus den Trennhäuten herausschneiden, den dabei austretenden Saft in einer Schüssel auffangen.
2. Den Zucker mit dem Saft verrühren, die Filets hineinlegen und etwa 10 Minuten darin ziehen lassen.
3. Die Marinade abgießen und bei kleiner Hitze auf 1 Eßlöffel Flüssigkeit reduzieren. Dann kalt stellen. Die Pistazien fein hacken und zusammen mit dem Fruchtsirup unter die Sahne ziehen.
4. Die Fruchtfilets auf zwei Tellern anrichten und mit der Pistaziensahne hübsch garnieren.
(auf dem Foto: unten)

336 kcal • 1404 kJ • 6 g E • 18 g F • 32 g KH

VITAMINE/MINERALSTOFFE
Orangen und Grapefruits sind reich an Vitamin C und an Folsäure. Die Pistazien steuern Vitamin E und Vitamin B_1 bei.

BEDARFSDECKUNG
Vitamin C (151 mg)
141 %
Folsäure (99 µg)
22 %
Vitamin B_1 (0,4 mg)
20 %
Vitamin E (1,8 mg)
14 %

Früchte mit Joghurtsauce

Zubereitungszeit: ca. 15 Minuten

Für 2 Personen

300 g Mango
Saft von ½ Zitrone
2 cl Orangenlikör
150 g Naturjoghurt
2 EL geschlagene süße Sahne

1. Die Mango schälen und das Fruchtfleisch kleinschneiden. Das Fruchtfleisch mit Zitronensaft und Orangenlikör beträufeln und auf zwei Tellern anrichten.
2. Den Joghurt mit der Sahne verrühren und über die Früchte geben.
(auf dem Foto: unten)

204 kcal • 855 kJ • 5 g E • 4 g F • 28 g KH

VITAMINE/MINERALSTOFFE
Mangos sind reich an Provitamin A und Vitamin C. Die Joghurtsauce macht diesen Nachtisch auch zu einer guten Calcium- und Vitamin-B_2-Quelle.

BEDARFSDECKUNG
Vitamin A (0,7 mg)
58 %
Vitamin C (59 mg)
55 %
Vitamin B_2 (0,2 mg)
12 %
Calcium (136 mg)
14 %

Zitrusgelee mit Johannisbeerjoghurt

Zubereitungszeit: ca. 25 Minuten
Kühlzeit: ca. 1 Stunde

Für 2 Personen

4 Blatt Gelatine
⅛ l frisch gepreßter Orangensaft
2 cl Orangenlikör
75 g Zucker
80 ml frisch gepreßter Zitronensaft
150 g rote Johannisbeeren
40 g Puderzucker
2 EL Naturjoghurt
Pfefferminze zum Garnieren

1. Die Gelatine in kaltem Wasser einweichen. 80 ml Orangensaft zusammen mit dem Cointreau und dem Zucker erwärmen.
2. Den restlichen Orangensaft und den Zitronensaft dazugeben. Die Flüssigkeit in zwei mit kaltem Wasser ausgespülte Tassen gießen und für etwa 1 Stunde kalt stellen.
3. Die Johannisbeeren waschen und die Beeren von den Stielen zupfen. Den Puderzucker und die Johannisbeeren mischen. Den Joghurt darunterrühren.
4. Die Johannisbeersauce auf zwei Tellern verteilen. Das Gelee aus den Förmchen stürzen und auf die Johannisbeeren setzen. Mit Pfefferminze garnieren.
(auf dem Foto: Mitte rechts)

336 kcal • 1405 kJ • 4 g E • 0,4 g F • 72 g KH

VITAMINE/MINERALSTOFFE
Rote Johannisbeeren und Zitrussäfte sind reich an Vitamin C.

BEDARFSDECKUNG
Vitamin C (55 mg)
51 %

Mango mit Erdbeersauce

Zubereitungszeit: ca. 15 Minuten

Für 2 Personen

1 große reife Mango (ca. 300 g)
Saft von ½ Zitrone
200 g Erdbeeren
2 EL Puderzucker
1 cl Pfefferminzlikör
2 EL Kefir oder Sahnequark

1. Die Mango schälen, das Fruchtfleisch zuerst vom Kern lösen und dann in Scheiben schneiden.
2. Die Mangoscheiben fächerartig auf zwei Tellern anrichten und mit etwas Zitronensaft beträufeln.
3. Die Erdbeeren waschen, putzen und vierteln. Sie in einem Mixer zusammen mit dem restlichen Zitronensaft und dem Puderzucker pürieren und die Sauce durch ein Sieb streichen.
4. Die Sauce mit dem Pfefferminzlikör und dem Kefir oder dem Sahnequark verrühren. Sie über die Mangoscheiben gießen.
(auf dem Foto: Mitte links)

222 kcal • 932 kJ • 2 g E • 0,9 g F • 46 g KH

VITAMINE/MINERALSTOFFE
Die Mango mit der Sauce aus frischen Erbeeren ist reich an Provitamin A und Vitamin C, darüber hinaus liefert das Dessert Folsäure.

BEDARFSDECKUNG
Vitamin C (117 mg)
110 %
Vitamin A (0,7 mg)
55 %
Folsäure (71 µg)
16 %

Birnen-Joghurt-Creme

Zubereitungszeit: ca. 20 Minuten
Kühlzeit: ca. 1 Stunde

Für 2 Personen

2 saftige reife Birnen
Saft von ½ Zitrone
3 Blätter Gelatine
3 EL Puderzucker
100 g Naturjoghurt
3 EL geschlagene süße Sahne
25 g gehackte Walnußkerne

1. Die Birnen schälen, halbieren und entkernen. Eine fächerartig einschneiden, mit Zitronensaft beträufeln und kühl stellen.
2. Die Gelatine in kaltem Wasser einweichen. Die andere Birne zusammen mit dem Puderzucker und dem restlichen Zitronensaft pürieren, die Sauce durch ein Sieb streichen. Sie kurz erhitzen und die ausgedrückte Gelatine darunterrühren.
3. Joghurt, Sahne und Birnen verrühren, in Förmchen geben und kühl stellen.
4. Birnen, Walnüsse und Joghurtcreme anrichten.
(auf dem Foto: oben)

347 kcal • 1458 kJ • 8 g E • 13 g F • 47 g KH

VITAMINE/MINERALSTOFFE
Birnen und Zitronensaft enthalten Vitamin C und Magnesium. Calcium und Vitamin B_2 kommen aus dem Joghurt.

BEDARFSDECKUNG
Vitamin C (14 mg)
13 %
Vitamin B_2 (0,2 mg)
11 %
Magnesium (49 mg)
14 %
Calcium (126 mg)
13 %

Vollkornobstkuchen

Zubereitungszeit:
ca. 50 Minuten
Kühlzeit: ca. 60 Minuten

Für 16 Stück

FÜR DEN TEIG:
100 g gemahlene Mandeln
150 g feines
Weizenvollkornmehl
1 Ei
1 ½ EL Akazienhonig
1 TL abgeriebene Schale
einer unbehandelten Zitrone
1 Prise Zimtpulver
½ TL Vanillepulver
1 Prise Meer- oder Jodsalz
150 g Butter oder Margarine
1 EL Butter oder Margarine
zum Ausfetten
2 EL Vollkornsemmelbrösel
zum Ausstreuen

FÜR DEN BELAG:
500 g frische Früchte
(Erdbeeren, Himbeeren,
Aprikosen, Pfirsiche)
5 Blatt weiße Gelatine
¼ l Fruchtsaft
100 g geschlagene und mit
1 TL Honig gesüßte Sahne
50 g gehackte Nüsse zum
Bestreuen (Pistazien, Mandelblättchen, Haselnußsplitter)

1. Die Mandeln zusammen mit dem gesiebten Weizenvollkornmehl auf eine Arbeitsfläche geben und eine Mulde hineindrücken.
2. Das Ei und den Akazienhonig in diese Mulde geben. Die Zitronenschale und das Zimt- sowie das Vanillepulver und das Meer- oder Jodsalz darüberstreuen.
3. Die Butter oder die Margarine in Flöckchen auf das Mehl setzen. Das Ganze von außen nach innen mit bemehlten Händen zu einem glatten Teig verarbeiten.
4. Den Teig abgedeckt im Kühlschrank mindestens 1 Stunde ruhenlassen. Eine Springform (26 cm Ø) ausfetten und mit den Semmelbröseln ausstreuen.
5. Den Teig ausrollen und in die Springform legen. Den Backofen auf etwa 190 °C vorheizen. Ihn mehrmals mit einer Gabel einstechen und etwa 20 Minuten backen.
6. Den Boden nach dem Backen aus der Form nehmen und erkalten lassen. In der Zwischenzeit die Früchte waschen, putzen und kleinschneiden. Die Früchte auf den Teigboden legen.
7. Die Gelatine in kaltem Wasser etwa 5 Minuten weichen lassen. Den Fruchtsaft in einem Topf erwärmen. Die Gelatine ausdrücken und in der heißen, aber nicht kochenden Flüssigkeit auflösen.
8. Den Fruchtsaft über die Früchte verteilen und im Kühlschrank vollständig erkalten und fest werden lassen.
9. Den Kuchen mit der Sahne und den Nüssen verzieren.

262 kcal • 1097 kJ • 5 g E • 16 g F • 21 g KH

VITAMINE/MINERALSTOFFE
Vollkornmehl und Mandeln liefern Vitamin E, Magnesium und Eisen. Das Vitamin C aus den frischen Früchten verbessert die Verwertung des pflanzlichen Eisens.

BEDARFSDECKUNG
Vitamin E (2,3 mg)
18 %
Vitamin C (15 mg)
14 %
Magnesium (40 mg)
11 %
Eisen (1,4 mg)
11 %

Haferflocken-Aprikosen-Plätzchen

Zubereitungszeit: ca. 60 Minuten

Für ca. 30 Stück
1 Portion: 3 Stück

**100 g getrocknete Aprikosen
Saft von ½ Orange
150 g gemahlene Mandeln
60 g Sanddornsaft
2 Eier
1 Prise Meer- oder Jodsalz
50 g kernige Haferflocken
ca. 30 Vollkornbackoblaten
ca. 30 geschälte Mandeln**

1. Die Aprikosen fein würfeln, mit dem Orangensaft begießen und die Aprikosen etwa ½ Stunde quellen lassen.
2. Anschließend die Mandeln und den Sanddornsaft darunterrühren.
3. Die Eier zusammen mit dem Meer- oder Jodsalz in eine Schüssel geben und schaumig schlagen. Die Haferflocken mit den Aprikosen gut mischen.
4. Mit zwei Teelöffeln jeweils kleine Häufchen auf die Oblaten setzen.
5. Den Backofen auf etwa 190°C vorheizen. Je eine Mandel in den Teig drücken. Die Plätzchen auf ein mit Backtrennpapier ausgelegtes Backblech setzen und etwa 25 Minuten backen.
(auf dem Foto: unten)

207 kcal • 864 kJ • 7 g E • 12 g F • 11 g KH

VITAMINE/MINERALSTOFFE
Vitamin E ist in Haferflocken und Mandeln enthalten, der Sanddornsaft liefert viel Vitamin C.

BEDARFSDECKUNG
Vitamin E (5 mg)
39 %
Vitamin C (38 mg)
41 %

Hefenudeln mit Apfelfüllung

Zubereitungszeit: ca. 90 Minuten

Für ca. 16 Stück

**FÜR DEN TEIG:
¼ l Magermilch
1 Würfel Frischhefe (ca. 40 g)
150 g Honig
600 g Weizenvollkornmehl
2 kleine Eier
1 Prise Meer- oder Jodsalz
1 TL Vanillepulver**

**FÜR DIE FÜLLUNG:
2 große säuerliche Äpfel (ca. 300 g)
Saft von 1 Zitrone
3 EL Butter oder Margarine
1 TL Zimtpulver
50 g ungeschwefelte Rosinen
50 g gehackte Nüsse (Mandeln, Haselnüsse, Cashewkerne)
30 g Sanddornsaft
etwas Öl zum Ausfetten**

1. Die Milch in einem Topf handwarm erhitzen. Sie vom Feuer nehmen und die Hefe hineinbröckeln. Etwa 1 Eßlöffel Honig darunterrühren und den Hefeansatz an einem warmen Ort 10 bis 12 Minuten gehen lassen.
2. Das Weizenvollkornmehl in eine Schüssel sieben und eine Mulde hineindrücken.
3. Die Eier, den restlichen Honig, das Meer- oder Jodsalz und das Vanillepulver in die Mulde geben und die Hefemilch hineingießen.
4. Alle Zutaten zu einem glatten Teig verarbeiten und ihn mit dem Kochlöffel solange schlagen, bis er Blasen wirft.
5. Den Teig zugedeckt an einem warmen Ort zur doppelten Größe aufgehen lassen.
6. In der Zwischenzeit die Äpfel schälen, entkernen, in dünne Scheiben schneiden und mit dem Zitronensaft sofort beträufeln.
7. Die Butter oder die Margarine in einer Pfanne erhitzen und die Äpfel darin weich dünsten. Sie mit dem Zimtpulver bestreuen und die Rosinen und die Nüsse daruntermischen.
8. Die Füllung nach Geschmack mit Sanddornsaft süßen und erkalten lassen.
9. Den Hefeteig auf einer bemehlten Arbeitsfläche nochmals kräftig durchkneten und in 16 Stücke teilen. Jedes Teigstück zu einem Bällchen rollen, etwas flach drücken, einen Teil der Apfelmasse darauf geben und den Teig wieder zusammenrollen.
10. Den Backofen auf 190°C vorheizen. Eine große Fettpfanne ausfetten und die Bällchen hineinsetzen, aber nicht zu dicht nebeneinander setzen, denn sie gehen während des Backens auf.
11. Das Ganze etwa 30 Minuten backen.
(auf dem Foto: oben)

244 kcal • 1025 kJ • 7 g E • 6 g F • 37 g KH

VITAMINE/MINERALSTOFFE
Vitamin B_1 stammt aus Vollkornmehl, Nüssen und Eiern. Diese Zutaten liefern ebenfalls Magnesium und Folsäure, Äpfel und Sanddornsirup sorgen für Vitamin C.

BEDARFSDECKUNG
Vitamin B_1 (0,3 mg)
14 %
Vitamin C (15 mg)
14 %
Folsäure (64 µg)
14 %
Magnesium (63 mg)
18 %

Müsliriegel

Zubereitungszeit:
ca. 60 Minuten

Für ca. 20 Riegel

125 g getrocknete Aprikosen
30 g getrocknete Feigen
30 g getrocknete Datteln
30 g getrocknete Rosinen
30 g getrocknete Apfelscheiben
100 g gehackte Mandeln
100 g gehackte Haselnüsse
100 gehackte Cashewkerne
100 g Sesamsamen
50 g Leinsamen
125 g kernige Haferflocken
100 g Butter oder Margarine
200 g Akazienhonig
250 g süße Sahne
1 TL abgeriebene Schale einer unbehandelten Orange
1 TL abgeriebene Schale einer unbehandelten Zitrone
1 Prise Meer- oder Jodsalz
6 große eckige Vollkornoblaten

1. Aprikosen, Feigen, Datteln, Rosinen und Apfelscheiben fein würfeln und in eine Schüssel geben.
2. Mandeln, Haselnüsse, Cashewkerne, Sesamsamen, Leinsamen und Haferflocken dazugeben und alles gut mischen.
3. Die Butter oder die Margarine, den Akazienhonig und die Sahne in einen Topf geben und alles zum Kochen bringen.
4. Die Orangenschale, die Zitronenschale, das Meer- oder Jodsalz und die Fruchtmischung dazugeben. Das Ganze unter ständigem Rühren 4 bis 5 Minuten köcheln lassen.
5. Die Hälfte der Vollkornoblaten auf ein mit Backtrennpapier ausgelegtes Backblech legen, die Masse gleichmäßig daraufstreichen und die drei restlichen Oblaten darauf legen.
6. Die Oblaten mit einem Holzbrett beschweren und die Masse in 15 bis 20 Minuten vollständig erkalten lassen. In der Zwischenzeit den Backofen auf 190° C vorheizen.
7. Die Oblaten etwa 15 bis 20 Minuten backen. Herausnehmen und erkalten lassen. Anschließend die Oblaten in schmale Riegel schneiden.

290 kcal • 1215 kJ • 6 g E • 19 g F • 22 g KH

VITAMINE/MINERALSTOFFE

Haferflocken, Nüsse, Kerne und Sesamsaat sind reich an Vitamin E, Calcium, Magnesium und Eisen, das auch aus Trockenfrüchten stammt.

BEDARFSDECKUNG

Vitamin E (3,2 mg)
25 %

Magnesium (71 mg)
20 %

Eisen (2,1 mg)
16 %

Calcium (102 mg)
11 %

Ob Sie sich für Fleisch, Geflügel, Fisch oder Vegetarisches entscheiden, ist eine Frage des persönlichen Geschmacks, denn alle vier Gruppen liefern viele Vitamine und Mineralstoffe. Reichen Sie zu den Gerichten mit Fleisch und Fisch im folgenden Kapitel eine stärkereiche Beilage, wie Reis, Nudeln oder Kartoffeln.

Hauptmahlzeiten

Pfeffersteak mit Salat

Zubereitungszeit: ca. 20 Minuten

Für 2 Personen

FÜR DEN SALAT:
1 Zwiebel
1 kleine rote Paprikaschote (ca. 125 g)
1 kleiner Kopfsalat (ca. 150 g)
2 Tomaten (ca. 100 g)
1 Pfirsich (ca. 125 g)
einige Tropfen Obstessig
½ TL Olivenöl
1 Prise Meer- oder Jodsalz
weißer Pfeffer aus der Mühle

FÜR DAS DRESSING:
75 g Magerjoghurt
1 EL Tomatenketchup
2 EL Obstessig
1 TL Curry
1 EL Johannisbeergelee

FÜR DAS STEAK:
2 Rumpsteaks (à 180 g)
1 TL Kräuter aus der Provence
1 EL Olivenöl
2 Knoblauchzehen
1 EL grüne Pfefferkörner
75 ml Weißwein
4 EL feingehackte Kräuter (Estragon, Kerbel, Zitronenmelisse)

1. Die Zwiebel schälen und fein hacken. Die Paprikaschoten waschen, halbieren, entkernen und in feine Würfel schneiden. Den Kopfsalat putzen, waschen, gut abtropfen lassen und in kleine Stücke reißen.
2. Die Tomaten und den Pfirsich waschen, halbieren, entkernen und in Würfel schneiden.
3. Die Salatzutaten in eine Schüssel geben. Sie mit Essig und Öl beträufeln und mit Salz und Pfeffer würzen.
4. Für das Dressing den Joghurt, das Tomatenketchup, den Obstessig, das Curry und das Johannisbeergelee verrühren und das Ganze mit Salz und Pfeffer würzen.
5. Die Steaks mit Kräutern der Provence und Pfeffer würzen und im Olivenöl je nach Geschmack braten. Danach salzen, herausnehmen und warm stellen.
6. Die Knoblauchzehen schälen, fein hacken und im verbliebenen Bratfett glasig dünsten.
7. Die Pfefferkörner dazugeben und kurz mitdünsten. Den Weißwein angießen und kurz einkochen lassen.
8. Den Salat auf zwei Tellern anrichten, mit dem Dressing beträufeln, die Steaks in dickere Streifen schneiden und sie auf den Salat legen.
9. Alles mit der Pfeffersauce begießen und mit den Kräutern bestreuen.
Dazu passen Kartoffeln.

573 kcal • 2392 kJ • 48 g E • 19 g F • 36 g KH

VITAMINE/MINERALSTOFFE
Fleisch ist eine ausgezeichnete Quelle an gut verwertbarem Eisen und Zink. Zum hohen Vitamin-C und Provitamin-A-Gehalt dieser Mahlzeit trägt der Salat mit Tomaten und Paprika bei.

BEDARFSDECKUNG
Vitamin C (142 mg) 133 %
Vitamin A (0,6 mg) 52 %
Eisen (1 mg) 73 %
Zink (0,9 mg) 70 %

Fleischgerichte 97

Kalbsrückensteak auf Gemüsebett

Zubereitungszeit: ca. 45 Minuten

Für 2 Personen

FÜR DAS GEMÜSE:
1 Knoblauchzehe
2 Frühlingszwiebeln
½ rote Paprikaschote (ca. 50 g)
½ grüne Paprikaschote (ca. 50 g)
100 g frische Sojabohnenkeimlinge
100 g frisches Ananasfruchtfleisch
1 EL Sojaöl
2 EL pürierte Tomaten
2 EL Sojasauce
1 Msp. Fünf-Gewürz-Pulver
etwas Apfeldicksaft
etwas Obstessig
1 EL feingehackte Kräuter (Petersilie oder Basilikum)

FÜR DAS FLEISCH:
2 Kalbsrückensteaks (à 180 g)
1 Prise Meer- oder Jodsalz
Peffer aus der Mühle
½ TL Kräuter der Provence
1 EL Öl

1. Für das Gemüse die Knoblauchzehe schälen und fein hacken. Frühlingszwiebeln und Paprikaschoten waschen, putzen und in feine Streifen schneiden.
2. Die Sojabohnenkeimlinge verlesen, waschen und gut abtropfen lassen. Die Ananas würfeln.
3. Die Steaks mit Salz, Pfeffer und Kräutern der Provence kräftig würzen. Das Öl in einer Pfanne erhitzen und das Fleisch darin kurz braten. Herausnehmen und warm stellen.
4. Das Öl ins verbliebene Bratfett geben und den Knoblauch darin anbraten. Frühlingszwiebeln und Paprikaschoten kurz mitdünsten. Dann Sojabohnenkeimlinge und Ananas dazugeben und kurz mitdünsten.
5. Das Gemüse mit Tomatenpüree, Sojasauce, Fünf-Gewürz-Pulver, Apfeldicksaft und Obstessig süß-sauer abschmecken und mit Salz und Pfeffer würzen.
6. Das Gemüse auf zwei Tellern anrichten, die Steaks darauf legen und mit den gehackten Kräutern bestreuen.
Dazu paßt Naturreis.
(auf dem Foto: oben)

412 kcal • 1726 kJ • 27 g E • 24 g F • 16 g KH

VITAMINE/MINERALSTOFFE
Kalbfleisch hat einen mittleren Eisen- und Zinkgehalt. Frische Ananas, Paprika und Sojabohnenkeimlinge sind Vitamin-C-reiche Zutaten.

BEDARFSDECKUNG
Vitamin C (98 mg) 92 %
Eisen (4,8 mg) 37 %
Zink (4,4 mg) 34 %

Schweinefilet mit Tomaten

Zubereitungszeit: ca. 40 Minuten

Für 2 Personen

250 g Schweinefilet
1 TL gehackter Majoran
½ TL abgeriebene Schale einer unbehandelten Zitrone
1 Msp. Kümmelpulver
1 Prise Meer- oder Jodsalz
schwarzer Pfeffer aus der Mühle
2 Knoblauchzehen
1 Zwiebel
4 Frühlingszwiebeln (ca. 100 g)
4 Tomaten (ca. 200 g)
1 EL Öl
2 EL feingehacktes Basilikum
1 EL feingehackter Oregano

1. Das Schweinefilet in Streifen oder Scheibchen schneiden und mit Majoran, Zitronenschale, Kümmel, Salz und Pfeffer kräftig würzen.
2. Die Knoblauchzehen schälen und fein hacken. Die geschälte Zwiebel und die gewaschenen Frühlingszwiebeln putzen und in feine Streifen schneiden.
3. Die Tomaten kurz überbrühen, enthäuten, entkernen und würfeln.
4. Das Öl in einer Pfanne erhitzen und den Knoblauch darin kurz anbraten. Das Fleisch unter ständigem Rühren mitbraten, dann alles herausnehmen und warm stellen.
5. Die Zwiebeln im verbliebenen Fett glasig dünsten, die Tomaten ganz kurz mitdünsten.
6. Das Gemüse mit Salz und Pfeffer abschmecken und mit Basilikum und Oregano verfeinern.
7. Das Fleisch zusammen mit dem Tomatengemüse anrichten.
Dazu passen Nudeln oder Naturreis.
(auf dem Foto: unten)

362 kcal • 1514 kJ • 32 g E • 14 g F • 19 g KH

VITAMINE/MINERALSTOFFE
Mageres Schweinefleisch ist eine sehr gute Quelle für Vitamin B_1 und Eisen. Vitamin C und Provitamin A sind vor allem im Gemüse und in den Kräutern enthalten.

BEDARFSDECKUNG
Vitamin B_1 (1,4 mg) 76 %
Vitamin C (61 mg) 57 %
Vitamin A (0,6 mg) 54 %
Eisen (5,1 mg) 40 %

Fleischgerichte 99

Überbackenes Steak

Zubereitungszeit:
ca. 30 Minuten

Für 2 Personen

**2 Schweinerückensteaks
(à 180 g)
1 Prise Meer- oder Jodsalz
schwarzer Pfeffer aus der
Mühle
1 TL getrockneter Majoran
1 EL Olivenöl
30 g gekochter Schinken
1 Zwiebel
100 g Lauch
100 g frische Champignons
Saft von ½ Zitrone
100 g frisches Ananasfruchtfleisch
4 EL Weißwein
1 Prise Cayennepfeffer
1 Prise Kümmelpulver
2 Tomaten (ca. 100 g)
50 g Edelpilzkäse
(50 % Fett i. Tr.)
2 EL feingehackte Petersilie
2 EL feingeschnittener
Schnittlauch**

1. Die Steaks mit Salz, Pfeffer und Majoran kräftig würzen und in dem Öl nach Geschmack braten. Dann herausnehmen und in eine feuerfeste Form legen.
2. Den Schinken in feine Würfel schneiden. Die Zwiebel schälen und fein hakken. Schinken und Zwiebeln im Bratfett dünsten.
3. Den Lauch putzen, waschen, in Streifen schneiden, zu den Zwiebeln geben und kurz dünsten.
4. Die Champignons waschen, gut abtropfen lassen, in Scheiben schneiden und mit Zitronensaft beträufeln. Die Pilze zum Gemüse geben und kurz dünsten.
5. Das Ananasfruchtfleisch in Würfel schneiden und zum Gemüse geben. Den Weißwein angießen und aufkochen lassen.
6. Das Gemüse mit Salz, Pfeffer, Cayennepfeffer und Kümmel kräftig abschmekken und es dann auf die Steaks verteilen.
7. Die Tomaten waschen, in Scheiben schneiden und auf das Gemüse legen. Den in Scheiben geschnittenen Edelpilzkäse darauf legen. Die Steaks unter dem heißen Grill überbacken, mit Kräutern bestreuen und anrichten.
Dazu passen grüne Nudeln.
(auf dem Foto: oben)

684 kcal • 2861 kJ • 47 g E • 42 g F • 18 g KH

VITAMINE/MINERALSTOFFE
Mageres Schweinefleisch ist eine der besten Vitamin-B_1-Quellen und liefert gleichzeitig Vitamin B_2, Eisen und Zink. Vitamin B_2 stammt auch aus dem Edelpilzkäse.

BEDARFSDECKUNG
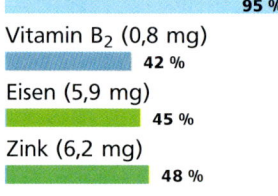
Vitamin B_1 (1,7 mg) 95 %
Vitamin B_2 (0,8 mg) 42 %
Eisen (5,9 mg) 45 %
Zink (6,2 mg) 48 %

Gedämpftes Schweinekotelett auf roten Linsen

Zubereitungszeit:
ca. 35 Minuten

Für 2 Personen

**2 Schweinekoteletts
(à 150 g)
1 Prise Meer- oder Jodsalz
weißer Pfeffer aus der
Mühle
100 g rote Linsen
100 g Karotte
1 Zwiebel
50 g Sellerie
250 g Lauch
1 Knoblauchzehe
1 Bund Kerbel
¼ l Hühnerbrühe oder
Geflügelfond (aus dem Glas)
2 Lorbeerblätter**

1. Die Schweinekoteletts salzen und pfeffern.
2. Die Linsen unter fließendem kalten Wasser gründlich waschen.
3. Das Gemüse sowie den Knoblauch putzen und kleinschneiden. Den Kerbel waschen, die Blättchen von den Stielen zupfen und fein schneiden.
4. Die Hühnerbrühe oder den Geflügelfond in den Flüssigkeitsbehälter des Dämpfgeräts oder in einen Dämpftopf geben und heiß werden lassen.
5. Die Linsen in das Dämpfsieb geben und 15 bis 20 Minuten dämpfen. Nun das Gemüse und die Koteletts dazugeben und alles noch etwa 10 Minuten dämpfen.
6. Das Dämpfgerät abschalten oder den Dämpftopf vom Herd ziehen und das Gericht noch etwa 3 Minuten ruhen lassen.
7. Koteletts und Linsengemüse auf zwei Tellern anrichten und mit Kerbelblättchen bestreuen.
Dazu paßt Naturreis.
(auf dem Foto: unten)

HINWEIS
Wenn Sie keinen Dämpftopf oder kein Dämpfgerät besitzen, können Sie das Gericht auch in einem gut schließenden Edelstahltopf zubereiten.

580 kcal • 2427 kJ • 44 g E • 24 g F • 36 g KH

VITAMINE/MINERALSTOFFE
Schweinefleisch hat von allen Fleischsorten den höchsten Vitamin-B_1-Gehalt. Das Gericht ist auch durch die roten Linsen und das Gemüse reich an Vitamin A, Eisen und Zink.

BEDARFSDECKUNG
Vitamin A (1,5 mg)

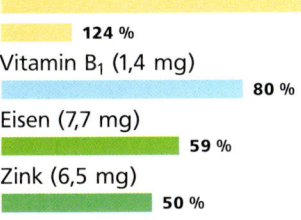

124 %

Vitamin B_1 (1,4 mg)

80 %

Eisen (7,7 mg)

59 %

Zink (6,5 mg)

50 %

Gedämpfte Endivie mit Schweinefilet

Zubereitungszeit: ca. 30 Minuten

Für 2 Personen

**1 Kopf Endiviensalat (ca. 375 g)
2 Schalotten
300 g Schweinefilet
weißer Pfeffer aus der Mühle
1 Prise Meer- oder Jodsalz
3 EL Butter
1 EL Apfelessig
30 g geriebener Parmesan**

1. Den Endiviensalat putzen, waschen und gut abtropfen lassen. Dann in feine Streifen schneiden. Die Schalotten schälen und sehr fein würfeln.
2. Das Schweinefilet etwa in 2 cm dicke Scheiben schneiden. Diese mit Salz und Pfeffer würzen.
3. Die Schalotten zusammen mit der Endivie in ein Dämpfsieb legen. Alles leicht pfeffern und salzen und die Butter in Flöckchen darauf setzen.
4. Etwa ¼ l Wasser und den Essig in den Flüssigkeitsbehälter des Dämpfgerätes oder in einen Dämpftopf geben und erhitzen.
5. Das Gemüse kurz dämpfen. Nun die Fleischscheiben darauf legen, sie mit dem Parmesan bestreuen und alles etwa 8 Minuten dämpfen.
Dazu passen Kartoffeln.
(auf dem Foto: oben)

HINWEIS
Wer keinen Dämpftopf oder kein Dämpfgerät besitzt, kann das Gericht in einem gut schließenden Edelstahltopf zubereiten. Die zum Dämpfen benötigte Wassermenge kann jedoch auf 2 Eßlöffel reduziert werden.

441 kcal • 1847 kJ • 39 g E • 26 g F • 4 g KH

VITAMINE/MINERALSTOFFE
Schweinefilet ist fettarm, sehr reich an Vitamin B_1 und eine gute Quelle für die beiden Spurenelemente Eisen und Zink. Endivie steuert ebenfalls Eisen und Provitamin A bei.

BEDARFSDECKUNG
Vitamin A (1 mg)

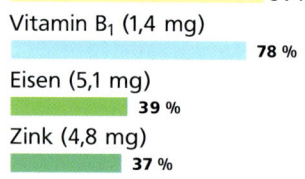

Vitamin B_1 (1,4 mg) 78 %
Eisen (5,1 mg) 39 %
Zink (4,8 mg) 37 %

Kalbfleischstreifen im Näpfchen

Zubereitungszeit: ca. 30 Minuten

Für 2 Personen

**300 g Kalbsfilet
1 Zwiebel
100 g Frühlingszwiebeln
1 großer säuerlicher Apfel (ca. 200 g)
100 g frische Campignons
Saft von ½ Zitrone
1 TL Öl
1 Prise Meer- oder Jodsalz
weißer Pfeffer aus der Mühle
50 ml Weißwein
75 ml Gemüsebrühe
30 g Crème fraîche
etwas Worcestersauce
1 Prise Cayennepfeffer
100 g Mozzarella
2 EL feingehackte Zitronenmelisse**

1. Das Kalbsfilet in feine Streifen schneiden. Die Zwiebel schälen und fein hacken. Die Frühlingszwiebeln putzen und fein schneiden. Den Apfel waschen, schälen und würfeln. Die Champignons putzen und fein schneiden. Apfel und Champignons mit Zitronensaft beträufeln.
2. Das Öl in der Pfanne erhitzen und das Fleisch darin kurz braten. Es mit Salz und Pfeffer würzen, herausnehmen und im Backofen warm stellen.
3. Die Zwiebel ins verbliebene Bratfett geben und darin glasig dünsten. Die Frühlingszwiebeln, den Apfel und die Champignons dazugeben und kurz mitdünsten.
4. Den Weißwein, die Gemüsebrühe und die Crème fraîche dazugeben und alles kurz durchkochen lassen.
5. Das Kalbfilet zum Gemüse geben und erhitzen, aber nicht mehr kochen lassen. Das Ganze mit Worcestersauce, Cayennepfeffer, Salz und Pfeffer kräftig abschmecken.
6. Das Kalbsgeschnetzelte in zwei kleine Förmchen füllen, mit dem in Scheiben geschnittenen Mozzarella bedecken und unter dem heißen Grill überbacken.
7. Das Ganze mit Zitronenmelisse bestreuen.
Dazu paßt Naturreis.
(auf dem Foto: unten)

524 kcal • 2191 kJ • 44 g E • 25 g F • 16 g KH

VITAMINE/MINERALSTOFFE
Kalbfleisch trägt zur Versorgung mit Eisen, Zink und Vitamin B_2 bei, das ebenfalls aus dem Mozzarella stammt.

BEDARFSDECKUNG
Vitamin B_2 (0,8 mg) 40 %
Zink (6,1 mg) 47 %
Eisen (4,9 mg) 38 %

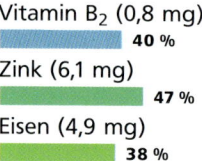

Fleischgerichte 103

Lammcurry

Zubereitungszeit:
ca. 80 Minuten

Für 2 Personen

300 g Lammfleisch aus der Schulter
1 Zwiebel
100 g Karotte
100 g Sellerie
2 Nelken
einige Kardamomkörner
einige Korianderkörner
1 EL Öl
4 EL Weißwein
¼ bis ⅜ l Gemüsebrühe
1 Msp. Johannisbrotkernmehl
1 kleine Banane (ca. 125 g)
100 g Ananasfruchtfleisch
150 g Magerjoghurt
1 TL Curry
1 Msp. Ingwerpulver
1 Prise Fünf-Gewürz-Pulver
1 Prise Meer- oder Jodsalz
Pfeffer aus der Mühle
2 EL feingehackte Zitronenmelisse

1. Das Lammfleisch würfeln.
2. Die Zwiebel, die Karotte und den Sellerie putzen und dann in kleine Würfel schneiden.
3. Die Nelken sowie die Kardamom- und Korianderkörner in einem Mörser zerstoßen. Das Öl erhitzen, die Gewürze dazugeben und kurz braten.
4. Das Fleisch dazugeben und auf allen Seiten anbraten, den Weißwein und die Gemüsebrühe dazugießen und alles bei mittlerer Hitzezufuhr etwa 50 Minuten köcheln lassen.
5. Das Gemüse zum Fleisch geben und das Curry nochmals 10 Minuten garen. Es mit dem Johannisbrotkernmehl binden.
6. Die Banane schälen, die Ananas würfeln und beides zum Fleisch geben.
7. Alles nochmals kurz aufkochen. Joghurt, Curry, Ingwerpulver, Fünf-Gewürz-Pulver, Salz und Pfeffer verrühren und zum Fleisch geben.
8. Das Gericht nochmals erhitzen, aber nicht kochen lassen. Es mit Zitronenmelisse bestreuen und auf zwei Tellern anrichten.
Dazu paßt Naturreis.
(auf dem Foto: oben)

575 kcal • 2409 kJ • 32 g E • 31 g F • 32 g KH

VITAMINE/MINERALSTOFFE
Lammfleisch ist eine gute Quelle für Zink und Eisen. Vitamin A stammt ebenfalls aus dem Lammfleisch und kommt als Provitamin A im Gemüse und in Früchten vor.

BEDARFSDECKUNG
Vitamin A (1,1 mg)
89 %
Zink (5,4 mg)
42 %
Eisen (4,1 mg)
32 %

Gedämpfte Lammkoteletts mit Mangold

Zubereitungszeit: ca. 35 Minuten

Für 2 Personen

**4 Lammkoteletts oder Lammchops (à 90 g)
1 Prise Meer- oder Jodsalz
schwarzer Pfeffer aus der Mühle
350 g Mangold
1 Tomate
1 Bund Basilikum
1 Knoblauchzehe
1 Schalotte
2 EL Olivenöl
80 ml Kalbsfond
(aus dem Glas)**

1. Die Lammkoteletts oder die Chops leicht salzen und pfeffern.
2. Den Mangold putzen, waschen und in feine Streifen schneiden. Die Tomate waschen, den Stielansatz herausschneiden. Die Tomate kurz dämpfen, dann die Haut abziehen. Die Tomate vierteln, entkernen und das Fruchtfleisch würfeln. Die Basilikumblätter von den Stielen zupfen, waschen und fein schneiden.
3. Den Knoblauch und die Schalotte schälen und fein hacken.
4. Die Tomate, den Knoblauch, das Basilikum und die Schalotte im Olivenöl kurz andünsten, dann die Masse auf die Koteletts legen.
5. Den Kalbsfond und etwa die gleiche Menge Wasser in den Flüssigkeitsbehälter des Dämpfgerätes oder in einen Dämpftopf geben und heiß werden lassen.
6. Den Mangold in das Dämpfsieb legen und kurz dämpfen. Dann die Lammkoteletts darauf legen und alles zusammen nochmal etwa 8 Minuten dämpfen. Dazu passen Kartoffeln. (auf dem Foto: unten)

HINWEIS
Sie können die Lammkoteletts und den Mangold auch in einem gut schließenden Edelstahltopf dünsten. Dann reichen aber 80 ml Flüssigkeit (Kalbsfond) aus.

TIP
Lammkoteletts haben einen dicken Fettrand. Wer auf eine gesunde Ernährung achtet, sollte ihn nicht mitessen.

982 kcal • 4110 kJ • 46 g E • 78 g F • 11 g KH

VITAMINE/MINERALSTOFFE
Lammkoteletts sind reich an Eisen und Zink. Mangold hat einen hohen Gehalt an Provitamin A und Vitamin C.

BEDARFSDECKUNG
Vitamin A (1,2 mg) 97 %
Vitamin C (74 mg) 70 %
Eisen (9,3 mg) 72 %
Zink (7,5 mg) 58 %

Lammfilet mit Blattspinat und Rosinen

Zubereitungszeit: ca. 30 Minuten

Für 2 Personen

**300 g Lammfilet
1 Prise Meer- oder Jodsalz
schwarzer Pfeffer aus der Mühle
1 EL Speisestärke
100 g Zwiebeln
2 EL Erdnußöl
1 Zweig Rosmarin
200 g Blattspinat
30 g Rosinen
20 g Pinienkerne
60 g Naturjoghurt
1 Prise Muskatpulver
einige Kerbelblättchen zum Garnieren**

1. Die Lammfilets enthäuten und entsehnen. Sie dann salzen, pfeffern und mit Speisestärke bestreuen.
2. Die Zwiebeln schälen und in Scheiben schneiden. Sie in einen guten Edelstahltopf legen, das Öl dazugeben und die Zwiebeln kurz andünsten.
3. Das Fleisch auf die Zwiebeln legen, den Rosmarinzweig darüberlegen, den Topf schließen und das Fleisch etwa 6 Minuten garen.
4. In der Zwischenzeit den Spinat putzen, die Stiele entfernen, die Blätter gut waschen und kurz dämpfen. Sie anschließend in kleine Streifen schneiden.
5. Das Filet herausnehmen und warm stellen.
6. Den Spinat, die Rosinen und die Pinienkerne zu den Zwiebeln geben. Den Joghurt darunterrühren und alles mit Salz, Pfeffer und einer Prise Muskat abschmecken. Das Filet in Scheiben schneiden, auf dem Gemüse anrichten und alles mit Kerbelblättern garnieren. Dazu paßt Naturreis.

HINWEIS
Sie können das Fleisch auch im Dämpfgerät zubereiten. Legen Sie es dazu auf die Zwiebeln, und dämpfen Sie es über Lammfond.

TIP
Schneiden Sie das gesamte sichtbare Fett vom Lammfilet ab.

450 kcal • 1883 kJ • 38 g E • 21 g F • 25 g KH

VITAMINE/MINERALSTOFFE
Die Kombination aus Lammfleisch und Blattspinat ist reich an Eisen, Zink, Vitamin A und E, das ebenfalls aus Erdnußöl und Pinienkernen stammt.

BEDARFSDECKUNG
Vitamin E (6,2 mg)
48 %
Vitamin A (0,5 mg)
40 %
Eisen (6,9 mg)
53 %
Zink (6,3 mg)
48 %

Gedämpfte Lammstelzen auf Linsen

Zubereitungszeit:
ca. 60 Minuten

Für 2 Personen

**2 Lammstelzen oder
Lammhaxen (ersatzweise
Lammfleisch aus der Keule)
1 Prise Meer- oder Jodsalz
schwarzer Pfeffer aus der
Mühle
125 g grüne Linsen
1 Zwiebel
100 g Karotte
60 g Sellerie
1 Knoblauchzehe
200 g Lauch
1 EL Olivenöl
1 Zweig Thymian
2 Lorbeerblätter
4 Pimentkörner**

1. Das Lammfleisch gut waschen, in kochendem Salzwasser etwa 3 Minuten blanchieren, herausnehmen und nochmals abwaschen. Anschließend das Fleisch salzen und pfeffern.
2. Die Linsen waschen.
3. Zwiebel, Karotte, Sellerie und Knoblauch schälen und in feine Würfel schneiden. Den Lauch längs halbieren, waschen und in feine Streifen schneiden.
4. Das Olivenöl in einen guten Edelstahltopf geben und erwärmen. Das gesamte Gemüse dazugeben, kurz andünsten. Die Linsen hinzufügen.
5. Etwa ½ l Wasser, Thymian, Lorbeerblätter, Pimentkörner, Salz und Pfeffer dazugeben. Die Lammstelzen zum Gemüse geben. Den Topf schließen und alles etwa 30 Minuten bei sehr geringer Hitze köcheln lassen.
Dazu paßt Naturreis.
(auf dem Foto: unten)

TIP
Schneiden Sie nach dem Garen das gesamte sichtbare Fett der Haxen ab.

---

874 kcal • 3669 kJ • 46 g E •
85 g F • 41 g KH

VITAMINE/MINERALSTOFFE
Lammfleisch und Linsen sind reich an Eisen und Zink und in Kombination mit dem Gemüse auch eine sehr gute Vitamin-A-Quelle.

BEDARFSDECKUNG
Vitamin A (1,2 mg)

| 102 %

Eisen (9,6 mg)

74 %

Zink (8,9 mg)

69 %

Wachteln auf Mangold

Zubereitungszeit: ca. 35 Minuten

Für 2 Personen

**4 kleine Wachteln (à 90 g)
1 Prise Meer- oder Jodsalz
weißer Pfeffer aus der Mühle
1 Zweig Thymian
50 g Weintrauben
350 g frischer Mangold
¼ l Hühnerbrühe oder Geflügelfond (aus dem Glas)
2 EL Walnußkerne
Saft von 1 Zitrone
2 EL Butter**

1. Die Wachteln waschen, mit einem Küchentuch von innen und außen trockentupfen und innen und außen salzen und pfeffern. Den Thymian waschen und in vier Stücke schneiden.
2. Die Weintrauben kurz waschen, halbieren und entkernen.
3. Das Mangoldgemüse putzen, waschen und abtropfen lassen. Die Blätter und die Stiele fein schneiden.
4. Den Mangold in einen Dämpfeinsatz oder in den Siebaufsatz legen. Die Wachteln und den Thymian darauf legen und alles über der kochenden Hühnerbrühe oder dem Geflügelfond etwa 7 Minuten dämpfen.
5. Die Weintrauben und die Walnüsse zum Mangold geben, alles nochmals etwa 1 bis 2 Minuten dämpfen. Dann mit dem Zitronensaft abschmecken.
6. Das Gemüse auf zwei Tellern anrichten und die Wachteln darauf legen. Die Butter in den restlichen Fond rühren und diesen über die Wachteln und über das Gemüse geben.
Dazu paßt Naturreis.
(auf dem Foto: oben)

HINWEIS
Sie können das Gericht auch in einem gut schließenden Edelstahltopf zubereiten. Dazu Mangold und Wachteln in etwa ⅛ l Hühnerbrühe oder Geflügelfond garen.

VARIATION
Anstelle der Wachteln können Sie auch Geflügelbrust oder Lammfilet nehmen.

555 kcal • 2325 kJ • 97 g E • 31 g F • 12 g KH

VITAMINE/MINERALSTOFFE
Mangold ist reich an Provitamin A und Vitamin C (auch aus dem Zitronensaft). Der gute Vitamin-B_2-und Eisengehalt ist auf die Wachteln zurückzuführen.

BEDARFSDECKUNG
Vitamin A (1,3 mg)
104 %
Vitamin C (80 mg)
75 %
Vitamin B_2 (0,8 mg)
39 %
Eisen (13 mg)
100 %

Hähnchenkeule auf südfranzösische Art

Zubereitungszeit:
ca. 35 Minuten

Für 2 Personen

2 Hähnchenkeulen (à 200 g)
1 Prise Meer- oder Jodsalz
Pfeffer aus der Mühle
½ TL Kräuter der Provence
2 EL Olivenöl
1 Zwiebel
100 g Fenchelknolle
100 g Staudensellerie
200 g grüne Paprikaschote
2 Knoblauchzehen
4 EL Weißwein
1 Lorbeerblatt
1 Zweig Rosmarin
1 Prise Cayennepfeffer
2 EL feingehackte Zitronenmelisse
2 EL feingehackte Pfefferminze

1. Den Backofen auf 190°C vorheizen. Die Hähnchenkeulen mit Salz und Pfeffer sowie Kräutern der Provence würzen.
2. Etwa 1 Eßlöffel Olivenöl erhitzen und die Hähnchenkeulen darin rundherum bräunen. Anschließend im Backofen 15 bis 20 Minuten braten.
3. Die Zwiebel schälen, die Fenchelknolle und den Staudensellerie putzen. Die Paprikaschote waschen und das gesamte Gemüse in mundgerechte Stücke schneiden.
4. Das restliche Olivenöl in einer Pfanne oder im Wok erhitzen. Das Gemüse dazugeben und unter ständigem Rühren braten. Die geschälten und feingehackten Knoblauchzehen dazugeben.
5. Den Weißwein dazugießen. Das Lorbeerblatt und den Rosmarinzweig dazugeben, alles mit Salz, Pfeffer, Cayennepfeffer abschmecken und etwa 4 Minuten dünsten.
6. Die Hähnchenkeulen zusammen mit dem Gemüse anrichten und mit den Kräutern bestreuen.
Dazu passen Nudeln.

622 kcal • 2606 kJ • 38 g E • 43 g F • 10 g KH

VITAMINE/MINERALSTOFFE
Eine gute Kombination der Schutzvitamine A, C, und E aus Gemüse, insbesondere aus Paprika und Olivenöl. Die Hähnchenkeulen enthalten Eisen.

BEDARFSDECKUNG
Vitamin C (200 mg)
187 %
Vitamin E (6,3 mg)
49 %
Vitamin A (0,5 mg)
46 %
Eisen (5 mg)
38 %

Hähnchenbrustfilet mit Gemüse

Zubereitungszeit: ca. 30 Minuten

Für 2 Personen

**200 g Zucchino
2 Tomaten (ca. 100 g)
100 g frische Champignons
Saft von ½ Zitrone
1 Prise Meer- oder Jodsalz
Pfeffer aus der Mühle
½ Tasse frisch gehackte Kräuter (Petersilie, Oregano, Basilikum, Estragon)
2 Hähnchenbrustfilets (à 150 g)
½ TL Kräuter der Provence
1 EL Olivenöl
1 Knoblauchzehe
100 g Mozzarella**

1. Den Zucchino waschen und in feine Scheiben schneiden. Die Tomaten waschen, halbieren, entkernen und in kleine Würfel schneiden.
2. Die Champignons putzen, mit Zitronensaft beträufeln. Das gesamte Gemüse mit Salz und Pfeffer abschmecken und die Kräuter daruntermischen.
3. Die Hähnchenbrustfilets mit Salz, Pfeffer und Kräutern der Provence würzen.
4. Das Olivenöl erhitzen. Die Knoblauchzehe schälen, fein hacken und ins Olivenöl geben.
5. Die Hähnchenbrustfilets im Öl von allen Seiten gut braten. Dann in eine feuerfeste Form legen, das Gemüse darauf setzen.
6. Den Mozzarella in Scheiben schneiden und auf das Gemüse legen. Das Ganze unter dem vorgeheizten Grill etwa 15 Minuten überbacken.

Dazu passen Nudeln.

476 kcal • 1990 kJ • 50 g E • 20 g F • 14 g KH

VITAMINE/MINERALSTOFFE

Aus dem Gemüse, den Pilzen und den Kräutern stammen das Provitamin A, Vitamin C, Magnesium und Eisen, das ebenfalls im Hähnchenfleisch enthalten ist.

BEDARFSDECKUNG

Vitamin C (51 mg)
47 %

Vitamin A (0,4 mg)
37 %

Eisen (5,4 mg)
42 %

Magnesium (129 mg)
37 %

Geflügelgerichte

Putensteak mit Zwiebeln

Zubereitungszeit:
ca. 30 Minuten

Für 2 Personen

**200 g Gemüsezwiebeln
200 g Frühlingszwiebeln
2 Putensteaks (à 180 g)
1 Prise Meer- oder Jodsalz
Pfeffer aus der Mühle
1 Prise Paprikapulver
1 Prise Curry
1 EL Öl
1 EL Tomatenmark
4 EL Weißwein
½ TL getrockneter Majoran
2 Tomaten (ca. 100 g)
2 EL feingeschnittener
Schnittlauch**

367 kcal • 1535 kJ • 50 g E • 6 g F • 18 g KH

VITAMINE/MINERALSTOFFE
Eisen, Zink und Vitamin E stammen vor allem aus den Putensteaks. Der gute Vitamin-C-Gehalt des Gerichts ergibt sich aus den Zutaten Gemüsezwiebeln, Frühlingszwiebeln, Tomaten und Schnittlauch.

BEDARFSDECKUNG
Vitamin C (64 mg) 59 %
Vitamin E (5,6 mg) 43 %
Zink (4,9 mg) 38 %
Eisen (4,8 mg) 37 %

1. Die Gemüsezwiebeln schälen und in feine Scheiben schneiden. Die Frühlingszwiebeln putzen und in Scheiben schneiden.
2. Die Putensteaks mit Salz, Pfeffer, Paprika und Curry kräftig würzen.
3. Die Steaks von beiden Seiten braten, herausnehmen und warm stellen.
4. Die Zwiebeln im verbliebenen Bratfett dünsten.
5. Das Tomatenmark, den Weißwein oder die Gemüsebrühe dazugeben und die Zwiebeln 3 bis 4 Minuten dünsten.
6. Die Zwiebeln mit Majoran, Salz, Pfeffer, Paprika und Curry kräftig abschmecken und die gewaschenen und gewürfelten Tomaten unterheben.
7. Die Steaks mit dem Gemüse anrichten und mit dem Schnittlauch bestreuen. Dazu paßt Naturreis.
(auf dem Foto: unten)

Hähnchengeschnetzeltes

Zubereitungszeit:
ca. 30 Minuten

Für 2 Personen

**300 g Hähnchenbrustfilet
1 Prise Jod- oder Meersalz
weißer Pfeffer aus der
Mühle
1 EL Weizenvollkornmehl
1 Zwiebel
100 g aufgetaute Brokkoliröschen (TK-Produkt)
100 g aufgetaute Blumen-
kohlröschen (TK-Produkt)
1 EL Sojaöl
⅛ l Gemüsebrühe
einige Tropfen Zitronensaft
einige Tropfen Worcester-
sauce
1 EL Crème fraîche
1 Prise Johannisbrotkern-
mehl
30 g Edelpilzkäse
2 EL feingehackte Petersilie**

1. Die Hähnchenbrustfilets in feine Streifen oder dünne Scheiben schneiden, sie mit Salz und Pfeffer kräftig würzen und mit dem Mehl bestreuen.
2. Die Zwiebeln schälen und fein hacken.
3. Das Fleisch in einer Pfanne oder im Wok im Öl braten, herausnehmen und warm stellen.
4. Das Gemüse ins Bratfett geben und unter ständigem Rühren braten.
5. Die Gemüsebrühe dazugießen und zum Kochen bringen. Das Fleisch dazugeben und alles erhitzen, aber nicht mehr kochen lassen.
6. Das Ganze mit Zitronensaft, Worcestersauce und Crème fraîche verfeinern und je nach Geschmack mit etwas Johannisbrotkernmehl binden.
7. Den Edelpilzkäse darunterrühren und schmelzen lassen. Das Geschnetzelte anrichten und mit der Petersilie bestreuen.
Dazu paßt Kartoffelpüree.
(auf dem Foto: oben)

346 kcal • 1453 kJ • 42 g E • 14 g F • 7 g KH

VITAMINE/MINERALSTOFFE
Brokkoli und Blumenkohl sind reich an Vitamin C und Provitamin A. Eisen stammt aus Brokkoli und Hähnchenfleisch.

BEDARFSDECKUNG
Vitamin C (103 mg)
97 %
Vitamin A (0,3 mg)
28 %
Eisen (3,3 mg)
26 %

Hähnchenkeule auf Weißkohl

Zubereitungszeit: ca. 30 Minuten

Für 2 Personen

2 Hähnchenkeulen (ca. 400 g)
1 Prise Meer- oder Jodsalz
weißer Pfeffer aus der Mühle
¼ Kopf Weißkohl (ca. 250 g)
100 g Weintrauben
1 große Zwiebel (ca. 50 g)
1 TL Apfelessig
1 EL Traubenkernöl
2 Lorbeerblätter
¼ l Hühnerbrühe oder Geflügelfond (aus dem Glas)

1. Die Hähnchenkeulen salzen und pfeffern.
2. Den Weißkohl waschen und in feine Streifen schneiden. Die Weintrauben waschen, halbieren und entkernen. Die Zwiebel schälen und fein hacken.
3. Die Zwiebel und den Weißkohl auf einen Dämpfeinsatz oder in den Siebaufsatz eines Dämpfgerätes legen und mit dem Apfelessig beträufeln. Die Hähnchenkeulen darauf legen und mit dem Öl beträufeln. Die Lorbeerblätter dazulegen.
4. Die Zutaten über der heißen Hühnerbrühe oder dem Geflügelfond in etwa 10 Minuten gar dämpfen. Anschließend noch etwa 5 Minuten ruhen lassen.
(auf dem Foto: unten)

HINWEIS
Wer keinen Dämpfeinsatz oder kein Dämpfgerät hat, kann die Zwiebeln und den Weißkohl auch in einem guten Edelstahltopf anschwitzen, die Hähnchenkeulen dann darauf legen und etwa ⅛ l Brühe oder Fond angießen. Den Topf verschließen und das Ganze bei geringer Hitzezufuhr garen.

432 kcal • 1813 kJ • 31 g E • 25 g F • 14 g KH

VITAMINE/MINERALSTOFFE
Weißkohl ist Vitamin-C-reich und eine gute Folsäurequelle. Traubenkernöl steht fast an der Spitze der Pflanzenöle mit hohem Gehalt an mehrfach ungesättigten Fettsäuren und Vitamin E.

BEDARFSDECKUNG
Vitamin E (11,6 mg)
89 %
Vitamin C (63 mg)
59 %
Folsäure (115 µg)
25 %

Gänsebrust auf Grünkohl

Zubereitungszeit: ca. 50 Minuten

Für 2 Personen

350 g Gänsebrust
1 Prise Meer- oder Jodsalz
weißer Pfeffer aus der Mühle
300 g Grünkohl
1 große Zwiebel (ca. 50 g)
1 EL Butter
2 Lorbeerblätter
100 g Kartoffeln
1 Prise Muskatpulver

1. Die Haut der Gänsebrust über Kreuz mit einem Messer einritzen. Die Brust salzen und pfeffern.
2. Den Grünkohl putzen und gut waschen. Die Stiele entfernen. Den Kohl in kochendem Wasser kurz blanchieren und in kaltem Wasser abschrecken. Dann fein hacken.
3. Die Zwiebel schälen und fein hacken.
4. Die Zwiebel und den Grünkohl in einen Dämpfeinsatz oder in den Siebaufsatz eines Dämpfgerätes legen. Salzen, pfeffern und die Butter in Flöckchen darauf setzen. Die Gänsebrust darauf legen, sie mit den Lorbeerblättern belegen. Das Ganze über heißem Wasser etwa 25 Minuten dämpfen.
5. In der Zwischenzeit die Kartoffeln waschen, schälen und in Salzwasser garkochen. Sie anschließend durch eine Presse drücken.
6. Die Gänsebrust herausnehmen und warm stellen. Das Kartoffelpüree unter den Grünkohl rühren und ihn mit Salz, Pfeffer und Muskat abschmecken. Die Gänsebrust in feine Scheiben schneiden und auf dem Grünkohl anrichten.
Dazu passen Kartoffeln.
(auf dem Foto: oben)

TIP
Diese fettarme Zubereitung des traditionellen Gerichts kommt den Ansprüchen an eine moderne, vitaminreiche Ernährung entgegen. Trotzdem ist das Ganze bedingt durch die Gänsebrust noch relativ fett. Schneiden Sie deshalb sowohl die Haut als auch das sichtbare Fett vor dem Verzehr großzügig ab.

HINWEIS
Wer keine Möglichkeit hat die Gänsebrust zu dämpfen, schwitzt Zwiebel und Grünkohl in einem gut schließenden Edelstahltopf in der Butter an, legt die Gänsebrust auf das Gemüse und gießt etwa ¼ l Wasser an. Dann das Gericht wie beschrieben garen und fertigstellen.

819 kcal • 3429 kJ • 36 g E • 64 g F • 12 g KH

VITAMINE/MINERALSTOFFE
Grünkohl ist ein „Supergemüse" mit einer hohen Nährstoffdichte an Provitamin A, Vitamin C, Calcium und Eisen.

BEDARFSDECKUNG
Vitamin C (182 mg)
170 %
Vitamin A (1,3 mg)
111 %
Eisen (6,9 mg)
54 %
Calcium (350 mg)
37 %

Geflügelgerichte 115

Kalbsleber auf Äpfeln und Zwetschgen

Zubereitungszeit: ca. 30 Minuten

Für 2 Personen

**100 g Zwetschgen oder Pflaumen
2 grüne Äpfel (ca. 300 g)
1 Zwiebel
1 Prise Zucker
1 Prise Meer- oder Jodsalz
schwarzer Pfeffer aus der Mühle
1 Prise Korianderpulver
2 EL Butter
250 g Kalbsleber, in
1 cm dicken Scheiben
1 Zweig Thymian**

1. Die Zwetschgen oder die Pflaumen waschen, halbieren und entkernen. Die Äpfel waschen, schälen, entkernen und in 1 cm dicke Spalten schneiden. Die Zwiebel schälen und in Ringe schneiden.
2. Die Zwiebel in einen Dämpfeinsatz oder in den Siebaufsatz eines Dämpfgerätes legen. Darauf die Äpfel, die Zwetschgen oder die Pflaumen verteilen und sie mit Zucker, Salz, Pfeffer und Koriander bestreuen. Die Hälfte der Butter in Flöckchen darauf streuen.
3. Das Ganze über kochendem Wasser etwa 2 Minuten dämpfen.
4. Die Kalbsleberscheiben mit etwas flüssiger Butter bestreichen, sie auf das Fruchtgemüse legen und den Thymianzweig dämpfen. Die Leber zusammen mit dem Fruchtgemüse etwa 5 Minuten dämpfen. Danach die Leber salzen und pfeffern.
5. Alles zusammen auf zwei Tellern anrichten.
Dazu passen Kartoffeln.
(auf dem Foto: oben)

HINWEIS
Sie können das Gericht auch in einem gut schließenden Edelstahltopf bei geringer Hitzezufuhr zubereiten. Dazu das Fruchtgemüse zuerst in wenig Butter andünsten, es zieht dabei etwas Wasser. Diese Flüssigkeitsmenge reicht, um die Leber zu garen.

374 kcal • 1567 kJ • 26 g E • 15 g F • 28 g KH

VITAMINE/MINERALSTOFFE
Kalbsleber ist ein guter Nährstoffspeicher und deshalb reich an den Vitaminen A und B_2 sowie an Eisen und Zink.

BEDARFSDECKUNG
Vitamin A (9,2 mg) **771 %**
Vitamin B_2 (3,8 mg) **191 %**
Eisen (11,5 mg) **89 %**
Zink (10,5 mg) **81 %**

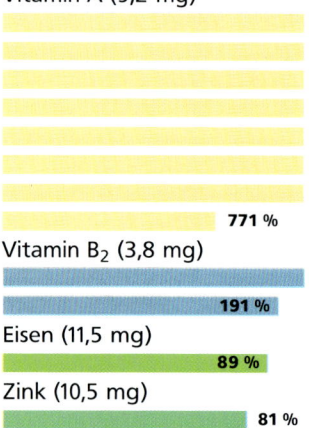

Grünkernrisotto mit Kalbsherz

Zubereitungszeit: ca. 40 Minuten

Für 2 Personen

**150 g Kalbsherz
80 g Karotte, 2 Zwiebeln
150 g Grünkern (1 Stunde in Wasser quellen lassen)
2 Lorbeerblätter
1 TL rosa Pfefferkörner
1 Zweig Thymian
1 Prise Meer- oder Jodsalz
Pfeffer aus der Mühle
2 EL feingehackte Petersilie**

1. Das Kalbsherz waschen und trocknen. Die Sehnen und das Fett entfernen und das Herz in sehr kleine Würfel schneiden.
2. Die Karotte und die Zwiebeln schälen und in kleine Würfel schneiden.
3. Das Kalbsherz zusammen mit etwa ½ l Wasser einmal aufkochen, den Schaum abschöpfen.
4. Den Grünkern, die Zwiebeln, die Karotte, die Lorbeerblätter, die Pfefferkörner und den Thymian hinzufügen. Alles salzen und pfeffern und etwa 25 Minuten bei geringer Hitze garen.
5. Die Petersilie über den Risotto streuen.
(auf dem Foto: unten)

412 kcal • 1724 kJ • 16 g E • 11 g F • 56 g KH

VITAMINE/MINERALSTOFFE
Grünkern, Kalbsherz und Gemüse liefern Vitamin A, Magnesium und Eisen. Außerdem ist die Kombination reich an B-Vitaminen.

BEDARFSDECKUNG
Vitamin A (0,9 mg) **76 %**
Eisen (7,3 mg) **56 %**
Magnesium (125 mg) **36 %**

Gerichte mit Innereien 117

Seezungenfilet aus der Folie

Zubereitungszeit: ca. 60 Minuten

Für 2 Personen

**2 Seezungenfilets (à 150 g)
einige Tropfen Zitronensaft
einige Tropfen Worcestersauce
1 Prise Meer- oder Jodsalz
weißer Pfeffer aus der Mühle
1 EL Butter oder Margarine zum Bestreichen
2 mittelgroße Karotten (ca. 200 g)
100 g Sellerie
50 g Frühlingszwiebeln
⅛ l Gemüsebrühe
3 EL gehackte Kräuter (Dill, Estragon, Petersilie)
2 EL Butter oder Margarine in Flöckchen**

1. Die Seezungenfilets kurz waschen und trockentupfen. Mit Zitronensaft und Worcestersauce beträufeln. Mit Meer- oder Jodsalz und Pfeffer würzen und im Kühlschrank etwa 10 Minuten durchziehen lassen.
2. Zwei Stücke Alufolie (dreimal so groß wie die Fischfilets) auf die Arbeitsfläche legen und die Ränder hochklappen. Die Folie mit Butter oder Margarine bestreichen und die Seezungenfilets jeweils darauf legen. Den Backofen auf 180°C vorheizen.
3. Karotten, Sellerie und Frühlingszwiebeln putzen, waschen und in feine Streifen schneiden.
4. Das Gemüse in der Gemüsebrühe etwa 5 Minuten dünsten und auf die Seezungenfilets geben.
5. Die Kräuter darüberstreuen und die Butter oder Margarine in Flöckchen darauf verteilen. Die Alufolie gut verschließen und die Filets im Ofen 18 bis 20 Minuten garen.
6. Die Folienpäckchen herausnehmen, die Folie aufreißen und den Fisch sowie das Gemüse auf Tellern anrichten.
Dazu paßt Reis.

268 kcal • 1203 kJ • 24 g E • 14 g F • 11 g KH

VITAMINE/MINERALSTOFFE
Seezunge enthält Vitamin D. Gemüse, Kräuter und Butter liefern Vitamin A. Das Gemüse trägt außerdem zur guten Magnesiumversorgung bei.

BEDARFSDECKUNG
Vitamin A (2 mg)
170 %
Vitamin D (2,9 µg)
57 %
Magnesium (129 mg)
37 %

Gebratenes Fischfilet mit Gemüse-Safran-Sauce

Zubereitungszeit:
ca. 45 Minuten

Für 2 Personen

FÜR DEN FISCH:
**2 Stücke Kabeljaufilet
(à 150 g)**
einige Tropfen Zitronensaft
einige Tropfen Worcestersauce
**1 Prise Meer- oder Jodsalz
Pfeffer aus der Mühle
2 EL Vollkornmehl
2 EL Butter oder Margarine**

FÜR DIE SAUCE:
**1 mittelgroße Karotte
60 g Frühlingszwiebeln
100 g kleine Champignons**
einige Tropfen Zitronensaft
**1 EL Weißwein
⅛ l Gemüsebrühe
70 g Sahne
½ Kästchen Kresse (ca. 20 g)
1 Prise Johannisbrotkernmehl
1 Prise Safranpulver
1 Prise Cayennepfeffer**

1. Die Kabeljaufilets kurz waschen und trockentupfen. Mit Zitronensaft und Worcestersauce beträufeln. Mit Salz und Pfeffer würzen und im Kühlschrank etwa 10 Minuten durchziehen lassen.
2. Für die Sauce Karotten, Frühlingszwiebeln und Champignons putzen, waschen und in hauchdünne Scheiben schneiden. Die Pilze mit Zitronensaft beträufeln.
3. Die Kabeljaufilets mit Vollkornmehl bestäuben und in der Butter oder Margarine in einer beschichteten Pfanne etwa 10 Minuten braten. Dann warm stellen.
4. Die Karotten im verbliebenen Bratfett 2 bis 3 Minuten dünsten. Frühlingszwiebeln und Champignons dazugeben und kurz glasig dünsten.
5. Das Gemüse mit Weißwein ablöschen, Gemüsebrühe und Sahne dazugeben und die Sauce etwa 4 Minuten köcheln lassen.
6. Die verlesene, gewaschene und feingehackte Kresse unter die Sauce ziehen und diese mit etwas Johannisbrotkernmehl leicht binden.
7. Die Sauce mit Safran, Cayennepfeffer, Meer- oder Jodsalz sowie Pfeffer und Zitronensaft kräftig würzen.
8. Die Fischfilets auf Tellern anrichten und mit der Sauce überziehen.
Dazu paßt Reis.

374 kcal • 1565 kJ • 30 g E • 17 g F • 13 g KH

VITAMINE/MINERALSTOFFE
Der Kabeljau liefert Jod und Vitamin D, die Gemüsebeilage Carotin (Provitamin A).

BEDARFSDECKUNG
Vitamin A (1,2 mg)
96 %
Vitamin D (3,2 µg)
63 %
Jod (207 µg)
103 %

Forelle aus dem Kräutersud

Zubereitungszeit:
ca. 40 Minuten

Für 2 Personen

2 küchenfertige Forellen (à 300 g)
einige Tropfen Zitronensaft
einige Tropfen Worcestersauce
1 Prise Meer- oder Jodsalz
weißer Pfeffer aus der Mühle
¼ l Gemüsebrühe
⅛ l Weißwein
75 ml Obstessig
1 unbehandelte Zitrone
1 Zwiebel
2 Lorbeerblätter
einige Nelken
einige Pfefferkörner
je 1 Zweig Rosmarin, Thymian, Estragon und Dill

FÜR DIE KRÄUTERBUTTER:
50 g Butter oder Margarine
30 g gehackte Kräuter (Dill, Estragon, Petersilie)
Saft von 1 Zitrone

1. Die Forellen unter fließendem Wasser abwaschen und trockentupfen. Mit Zitronensaft und Worcestersauce beträufeln und mit Salz und Pfeffer würzen. Die Fische 10 Minuten kühlen.
2. Die Gemüsebrühe, den Weißwein und den Obstessig in einen Topf geben und alles zum Kochen bringen.
3. Die Zitrone waschen, trockenreiben und halbieren. Die Zwiebel schälen, die Lorbeerblätter mit Hilfe der Nelken auf die Zwiebeln spicken. Zitronenhälften und Zwiebel in den Sud geben.
4. Die Pfefferkörner und die Kräuterzweige dazugeben und den Sud bei mäßiger Hitzezufuhr 8 bis 10 Minuten köcheln lassen.
5. Anschließend die Forellen in den Sud legen und sie etwa 15 Minuten garen.
6. Die Butter oder die Margarine erhitzen, die Kräuter dazugeben und den Zitronensaft dazugießen.
7. Die Forellen aus dem Sud nehmen, gut abtropfen lassen und mit der Kräuterbutter begießen.
Dazu passen Kartoffeln.

465 kcal • 1945 kJ • 36 g E • 25 g F • 8 g KH

VITAMINE/MINERALSTOFFE
Der hohe Vitamin-D-Gehalt des Gerichts ist vor allem auf den Fisch und die Kräuterbutter zurückzuführen. Vitamin A kommt im Fisch, in der Butter und als Provitamin A in den Kräutern vor, die ebenso wie der Fisch gute Eisenquellen sind.

BEDARFSDECKUNG
Vitamin D (7,9 µg)
157 %

Vitamin A (0,4 mg)
34 %

Eisen (4,7 mg)
36 %

Fischfilet in Kräuter-Käse-Kruste

Zubereitungszeit: ca. 30 Minuten

Für 2 Personen

FÜR DEN FISCH:
2 Rotbarschfilets (à 200 g)
einige Tropfen Zitronensaft
einige Tropfen Worcestersauce
1 Prise Meer- oder Jodsalz
2 EL Weizenvollkornmehl
1 Ei
30 g geriebener Parmesan
2 EL feingehackte Petersilie
2 EL Butter oder Margarine

FÜR DIE SAUCE:
75 g saure Sahne
75 g Magerjoghurt
1 Essiggurke
1 Zwiebel
4 EL feingehackte Kräuter (Kresse, Petersilie, Schnittlauch)

1. Die Fischfilets unter fließendem Wasser abwaschen und trockentupfen. Sie dann mit Worcestersauce beträufeln und mit Salz und Pfeffer würzen. Den Fisch im Kühlschrank etwa 10 Minuten marinieren lassen.
2. Anschließend die Fischfilets mit dem Mehl leicht bestäuben.
3. Das Ei, den Parmesan und die Petersilie verquirlen. Die Fischfilets in dieser Mischung wenden und dann in der Butter oder in der Margarine von beiden Seiten braten.
4. In der Zwischenzeit die saure Sahne, den Joghurt und die feingehackte Essiggurke sowie die geschälte feingehackte Zwiebel mischen.
5. Die Kräuter unter diese Sauce rühren und sie mit Zitronensaft, Worcestersauce, Salz und Pfeffer kräftig würzen.
6. Die Fischfilets und die Sauce anrichten.
Dazu passen Kartoffeln.
(auf dem Foto: oben)

806 kcal • 3371 kJ • 46 g E • 46 g F • 39 g KH

VITAMINE/MINERALSTOFFE
Fisch ist eine ausgezeichnete Quelle für Jod und Vitamin D, das auch aus dem Ei stammt. Der hohe Calciumgehalt ist auf die Milchprodukte zurückzuführen.

BEDARFSDECKUNG
Vitamin D (4,3 µg) 85 %
Jod (157 µg) 78 %
Calcium (456 mg) 48 %

Fisch-Gemüse-Gulasch

Zubereitungszeit:
ca. 45 Minuten

Für 2 Personen

**300 g Seefischfilet
(Kabeljau oder Seelachs)
einige Tropfen Zitronensaft
einige Tropfen Worcestersauce
Meer- oder Jodsalz
Pfeffer aus der Mühle
1 Aubergine (ca. 200 g)
1 Knoblauchzehe
1 Zwiebel
100 g rote Paprikaschote
100 g frische Champignons
Saft von 1 Zitrone
2 EL Sojaöl
1½ EL Tomatenmark
⅛ l Gemüsebrühe
4 Tomaten (ca. 200 g)
75 g saure Sahne
2 EL feingehackter Dill
1 Prise Cayennepfeffer
1 Prise Kümmelpulver**

1. Die Seefischfilets unter fließendem Wasser abwaschen, trockentupfen und in Würfel schneiden. Sie mit Zitronensaft und Worcestersauce beträufeln und mit Salz und Pfeffer würzen. Den Fisch im Kühlschrank etwa 10 Minuten ruhen lassen.
2. In der Zwischenzeit die Aubergine putzen, waschen und in Würfel schneiden. Diese mit 1 Eßlöffel Salz bestreuen, kurz ruhen lassen und danach das Salz unter fließendem Wasser wieder abwaschen. Die Aubergine abtropfen lassen.
3. Die Knoblauchzehe sowie die Zwiebel schälen und fein hacken.
4. Die Paprikaschote gut waschen, halbieren, entkernen, in Streifen oder Würfel schneiden.
5. Die Champignons waschen, in Scheiben schneiden und mit Zitronensaft beträufeln.
6. Das Sojaöl in einer Pfanne oder in einem Wok erhitzen und das gesamte Gemüse darin unter ständigem Rühren braten.
7. Das Tomatenmark und die Gemüsebrühe dazugeben und alles zum Kochen bringen.
8. Die Tomaten waschen, halbieren, entkernen und fein würfen. Die Tomatenstückchen mit dem Seefischfilet zum Gemüse geben und das Ganze bei mäßiger Hitzezufuhr zugedeckt 6 bis 8 Minuten garen.
9. Nach Ende der Garzeit die saure Sahne und den Dill vorsichtig unter das Gericht rühren.
10. Das Fisch-Gemüse-Gulasch mit Zitronensaft, Worcestersauce, Salz, Pfeffer, Cayennepfeffer und Kümmelpulver abschmecken. Dazu passen grüne Nudeln. (auf dem Foto: unten)

434 kcal • 1813 kJ • 37 g E • 16 g F • 27 g KH

VITAMINE/MINERALSTOFFE
Seefisch ist reich an Vitamin D und Jod. Vitamin D stammt auch aus frischen Champignons. Sojaöl enthält reichlich Vitamin E, das Vitamin C stammt vor allem aus der roten Paprikaschote und den Tomaten.

BEDARFSDECKUNG
Vitamin C (140 mg)
131 %
Vitamin E (7,7 mg)
59 %
Vitamin D (2,8 µg)
57 %
Jod (208 µg)
104 %

124　Hauptmahlzeiten

Rotbarsch auf Wirsing

Zubereitungszeit: ca. 40 Minuten

Für 2 Personen

**400 g Rotbarschfilet
250 g Wirsing
1 Zwiebel
1 Fleischtomate (ca. 150 g)
250 g Lauch
1 mittelgroße Kartoffel (ca. 100 g)
1 Prise Meer- oder Jodsalz
weißer Pfeffer aus der Mühle
2 Lorbeerblätter
1 TL milder Senf
1 EL Olivenöl
1 Prise Muskatpulver
Petersilie zum Garnieren**

1. Das Fischfilet unter fließendem Wasser waschen, mit Küchenpapier abtrocknen. Den Fisch salzen und pfeffern.
2. Den Wirsing putzen, in feine Streifen schneiden, waschen und abtropfen lassen. Die Zwiebel schälen und ebenfalls in feine Streifen schneiden.
3. Den Stielansatz der Tomate herausschneiden. Die Frucht kurz in heißes Wasser tauchen, herausnehmen und enthäuten. Die Tomate halbieren und entkernen. Das Tomatenfleisch in Würfel schneiden.
4. Den Lauch putzen, halbieren, waschen und die Hälften in sehr feine Streifen schneiden.

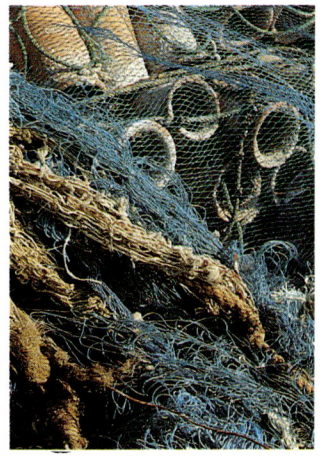

5. Die Kartoffel waschen, schälen, vierteln, in Salzwasser garkochen und dann durch eine Kartoffelpresse drücken oder mit einer Gabel zerdrücken.
6. Die Wirsingstreifen in einen Dämpfeinsatz oder in den Siebaufsatz eines Dämpfgerätes legen und über Wasser etwa ½ Minute dämpfen.
7. Die Zwiebelstreifen dazugeben und alles etwas salzen und pfeffern. Das Fischfilet auf das Gemüse legen, es mit den Tomatenwürfeln, den Lauchstreifen und den Lorbeerblättern belegen und nochmals salzen und pfeffern.
8. Das Fischfilet und das Gemüse etwa 10 Minuten dämpfen. Danach noch 5 Minuten ruhen lassen.
9. Das Fischfilet herausnehmen und warm stellen. Etwas Sud, den Senf und das Olivenöl mit dem Schneebesen aufschlagen und mit etwas Salz und Pfeffer abschmecken.
10. Den Wirsing und die Kartoffelmasse verrühren und das Gemüse mit Muskat, Salz und Pfeffer abschmecken.
11. Das Fischfilet, das Gemüse und die Sauce auf zwei Tellern anrichten und mit der Petersilie garnieren.

HINWEIS

Sie können das Gericht auch in einem gut schließenden Edelstahltopf zubereiten. Blanchieren Sie dazu die Wirsingstreifen bevor Sie sie in den Topf geben. Die Zutaten dann wie beschrieben in den Topf legen, etwa ¼ l Wasser angießen und alles bei mittlerer Hitzezufuhr etwa 10 Minuten im geschlossenen Topf garen. Danach wie beschrieben die Sauce zubereiten und das Gemüse fertigstellen.

424 kcal • 1774 kJ • 54 g E • 6 g F • 30 g KH

VITAMINE/MINERALSTOFFE

Dieses Seefischgericht ist eine ausgezeichnete Jodquelle. Wirsing und die anderen Gemüsesorten tragen zum guten Vitamin-C- und Vitamin-E- und Folsäuregehalt dieser Hauptmahlzeit bei.

BEDARFSDECKUNG

Vitamin C (138 mg)
129 %
Vitamin E (9,7 mg)
74 %
Folsäure (217 µg)
47 %
Jod (193 µg)
97 %

Rotbarschfilet mit Tomaten

Zubereitungszeit:
ca. 40 Minuten

Für 2 Personen

**400 g Rotbarschfilet
1 Prise Meer- oder Jodsalz
weißer Pfeffer aus der Mühle
Saft von ½ Zitrone
250 g Fleischtomaten
250 g Lauch
1 Bund Basilikum (ca. 20 g)
10 entkernte grüne Oliven (ca. 50 g)**

1. Das Rotbarschfilet unter fließendem Wasser waschen, mit Küchenpapier abtrocknen. Den Fisch salzen, pfeffern und mit Zitronensaft beträufeln.
2. Die Tomaten waschen und den Stielansatz herausschneiden. Die Früchte etwa 10 Sekunden blanchieren, herausnehmen und enthäuten. Die Tomaten in Scheiben schneiden, salzen und pfeffern.
3. Den Lauch putzen, halbieren und unter fließendem Wasser waschen. Dann die Stangenhälften in feine Streifen scheiden. Das Basilikum waschen, die Blättchen von den Stielen zupfen. Acht Blätter für die Garnitur beiseite legen. Den Rest fein hacken.
4. Die Oliven in Scheiben schneiden.
5. Die Hälfte der Tomatenscheiben in ein Dämpfsieb legen. Die Hälfte des Olivenöls darüber träufeln, die Hälfte der Lauchstreifen und des feingehackten Basilikums darauf legen. Nun das Rotbarschfilet auf das Gemüse legen. Den restlichen Lauch, das Basilikum und die Tomaten darauf schichten. Das restliche Olivenöl darüberträufeln und alles etwa 8 Minuten über Wasser dämpfen. Anschließend noch 5 Minuten ruhen lassen.
6. Den Fisch und das Gemüse anrichten und mit den Basilikumblättern und den Oliven garnieren. Dazu paßt Naturreis.
(auf dem Foto: unten)

HINWEIS
Sie können das Gericht auch in einem gut schließenden Edelstahltopf zubereiten. Sie brauchen dann jedoch etwas mehr Öl. Garen Sie alles bei mittlerer Hitze etwa 8 Minuten.

386 kcal • 1611 kJ • 28 g E • 17 g F • 24 g KH

VITAMINE/MINERALSTOFFE
Rotbarsch ist jodreich und eine gute Quelle für Vitamin D. Olivenöl und Oliven enthalten vorwiegend einfach ungesättigte Fettsäuren und Vitamin E. Vitamin C stammt aus den frischen Fleischtomaten, dem Lauch und dem Basilikum.

BEDARFSDECKUNG
Vitamin C (95 mg) 89 %
Vitamin E (8,2 mg) 63 %
Vitamin D (2,1 µg) 43 %
Jod (92 µg) 46 %

Grüne Heringe auf Kartoffelscheiben

Zubereitungszeit:
ca. 40 Minuten

Für 2 Personen

**2 küchenfertige Heringe
(à 250 g)
1 Prise Meer- oder Jodsalz
schwarzer Pfeffer aus der
Mühle
Saft von ½ Zitrone
250 g Kartoffeln
100 g Zwiebeln
2 Knoblauchzehen
1 Zweig Rosmarin
2 EL Olivenöl
75 ml trockener Weißwein
2 EL feingehackte Petersilie**

1. Die Flossen der Heringe abschneiden und die Fische unter fließendem Wasser waschen. Sie mit einem Küchentuch trockentupfen, salzen, pfeffern und anschließend mit Zitronensaft beträufeln.
2. Die Kartoffeln waschen, schälen und in dünne Scheiben schneiden. Dann in Salzwasser 2 Minuten blanchieren, herausnehmen und abtropfen lassen.
3. Die Zwiebel und die Knoblauchzehe schälen und in Scheiben schneiden. Den Backofen auf 180°C vorheizen.
4. Kartoffel-, Zwiebel- und Knoblauchscheiben mischen, alles salzen, pfeffern und in eine Eisenpfanne oder eine Auflaufform geben.
5. Die Heringe mit dem Bauch nach unten darauf setzen, den Rosmarinzweig darüberlegen. Alles mit Olivenöl beträufeln und den Weißwein angießen.
6. Die Pfanne oder die Auflaufform mit Folie abdecken und das Gericht etwa 25 Minuten backen. Vor dem Servieren mit der Petersilie bestreuen.
(auf dem Foto: oben)

736 kcal • 3087 kJ • 43 g E • 43 g F • 26 g KH

VITAMINE/MINERALSTOFFE
Grüne Heringe sind eine ausgezeichnete Quelle für Jod und Vitamin D.

BEDARFSDECKUNG
Vitamin D (65,2 µg)

1305 %
Jod (144 µg)   72 %

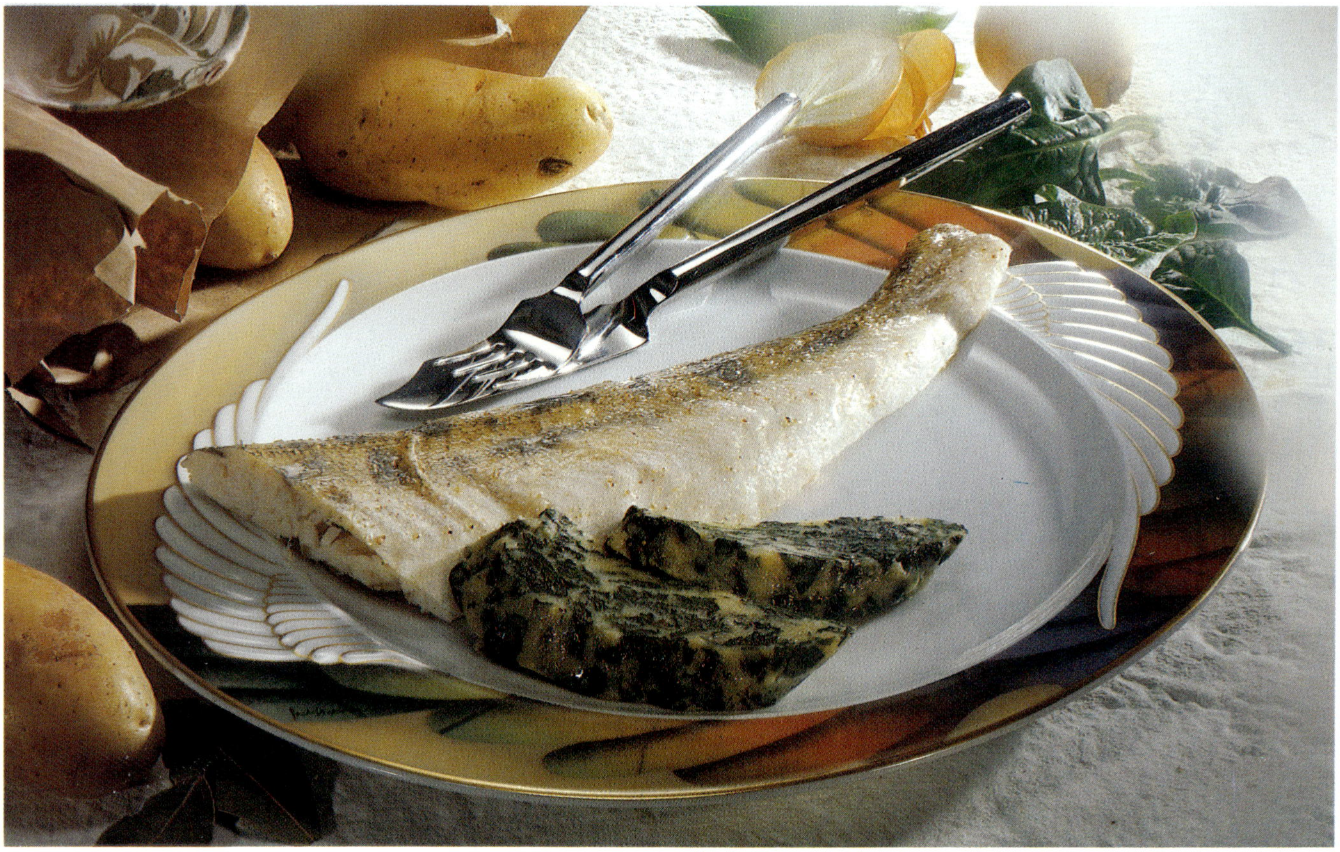

Gefüllter Zander

Zubereitungszeit:
ca. 60 Minuten

Für 2 Personen

1 küchenfertiger Zander (ca. 700 g)
1 Prise Meer- oder Jodsalz
weißer Pfeffer aus der Mühle
Saft von ½ Zitrone
200 g Blattspinat
1 Knoblauchzehe
1 Zwiebel
1 Kartoffel (ca. 100 g)
1½ EL Butter
⅛ l Vollmilch
1 Prise Muskatpulver
2 Lorbeerblätter
1 Dillzweig

1. Die Rücken- und Schwanzflossen des Zanders mit einer Schere abschneiden. Den Fisch waschen, mit einem Küchentuch trockentupfen, innen und außen salzen und pfeffern und mit Zitronensaft beträufeln.
2. Den Spinat putzen und waschen, etwa 1 Minute dämpfen. Ihn dann grob hacken und ausdrücken.
3. Die Knoblauchzehe und die Zwiebel schälen und fein hacken.
4. Die Kartoffel waschen, schälen, auf einer Kartoffelreibe fein reiben und die Kartoffelmasse ausdrücken.
5. Die Zwiebel, den Knoblauch und 1 Eßlöffel Butter in einen kleinen Topf geben und alles so lange erhitzen, bis die Zwiebeln glasig sind. Die Milch angießen, aufkochen lassen und die geriebene Kartoffel dazugeben. Das Ganze so lange köcheln lassen, bis die Milch dicklich wird. Den Spinat dazugeben und die Masse mit Salz, Pfeffer und Muskat abschmecken und erkalten lassen.
6. Die kalte Spinatmasse in die Bauchöffnung des Zanders streichen. Den Fisch außen mit der zerlassenen Butter pinseln.
7. Etwa ¼ l Wasser, die Lorbeerblätter und den Dillzweig in einen Dämpftopf oder den Flüssigkeitsbehälter des Dämpfgerätes geben, erhitzen und dann salzen und pfeffern.
8. Den Zander in den Siebaufsatz legen, den Topf oder das Gerät mit einem Deckel verschließen und den Fisch etwa 25 Minuten dämpfen.

340 kcal • 1429 kJ • 43 g E • 9 g F • 15 g KH

VITAMINE/MINERALSTOFFE
Blattspinat ist reich an Provitamin A und versorgt uns ebenso wie Zander mit Eisen. Der Zander ist außerdem Vitamin-D- und jodhaltig.

BEDARFSDECKUNG

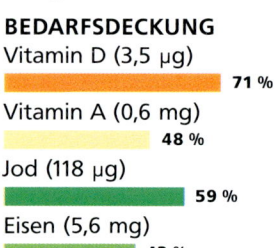

Paprikagemüse mit Lachs

Zubereitungszeit: ca. 35 Minuten

Für 2 Personen

400 g rote und grüne Paprika
2 Zwiebeln
1 Knoblauchzehe
300 g Lachsfilet
1 Prise Meer- oder Jodsalz
weißer Pfeffer aus der Mühle
20 g Basilikum
⅛ l Hühnerbrühe
1 TL Speisestärke
2 EL Olivenöl

1. Die Paprikaschoten waschen, entkernen und den Stielansatz entfernen. Die Hälften dann in 1 cm breite Streifen schneiden.
2. Die Zwiebeln und den Knoblauch schälen und in feine Streifen schneiden.
3. Den Lachs waschen, mit einem Küchentuch trockentupfen und in etwa 2 cm große Würfel schneiden. Den Fisch leicht salzen und pfeffern.
4. Das Basilikum waschen, die Blätter abzupfen und in feine Streifen schneiden.
5. Die Paprikaschoten, die Zwiebel und den Knoblauch in ein Dämpfsieb legen. Die Lachswürfel darauf verteilen.
6. Die Hühnerbrühe erhitzen und den Fisch sowie das Gemüse etwa 4 Minuten dämpfen. Den Sud mit etwas Speisestärke binden.
7. Die Basilikumstreifen in den Sud geben, diesen mit Salz und Pfeffer abschmecken und mit dem Olivenöl mischen. Den Sud über Fisch und Gemüse geben.

HINWEIS
Wer kein Dämpfgerät oder keinen Dämpftopf zur Verfügung hat, läßt das Gemüse und den Fisch im heißen Sud gar ziehen. Es empfiehlt sich dann aber, den Fisch vor dem Garen in der Speisestärke zu wenden.

505 kcal • 2108 kJ • 33 g E • 31 g F • 14 g KH

VITAMINE/MINERALSTOFFE
Paprikaschoten zählen zu den Vitamin-C-reichsten Gemüsesorten und enthalten ebenfalls Provitamin A. Lachs ist eine sehr gute Quelle für Vitamin D.

BEDARFSDECKUNG
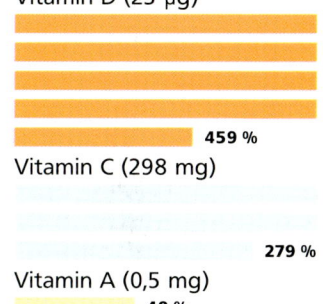
Vitamin D (23 μg) 459 %
Vitamin C (298 mg) 279 %
Vitamin A (0,5 mg) 40 %

Seeteufelragout mit Karotten

Zubereitungszeit:
ca. 40 Minuten

Für 2 Personen

**250 g Seeteufelfilet
1 Prise Meer- oder Jodsalz
weißer Pfeffer aus der Mühle
1 EL Speisestärke
200 g Karotten
1 große Zwiebel
2 EL Traubenkernöl
2 EL feingehackte glatte Petersilie
1 EL feingehackter frischer Koriander
½ TL Honig
¼ TL milder Senf**

1. Den Seeteufel waschen und mit einem Küchentuch trockentupfen. Sehnen und Haut, sofern noch vorhanden, entfernen. Den Fisch in 2 cm große Würfel schneiden, dann salzen, pfeffern und in der Speisestärke mehrmals wenden.
2. Die Karotte und die Zwiebel schälen und in kleine Würfel schneiden.
3. Die Karotten- und die Zwiebelwürfel in ein Dämpfsieb legen. Mit dem Öl beträufeln und das Ganze etwa 1 Minute über heißem Wasser dämpfen.
4. Den Seeteufel auf das Gemüse legen und alles nochmals etwa 4 Minuten dämpfen.
5. Anschließend das Ganze mit der Petersilie und dem Koriander mischen und mit Honig, Senf, Salz und Pfeffer abschmecken.
Dazu paßt Reis.
(auf dem Foto: oben)

HINWEIS
Wer keinen Dämpftopf oder kein Dämpfgerät hat, gart alles in einem gut schließenden Edelstahltopf. Dazu das Gemüse kurz im Öl anschwitzen, etwa ⅛ l Wasser dazugeben und etwa 1 Minute köcheln lassen. Dann den Fisch auf das Gemüse legen, nochmals etwa 1 Minute garen und danach alles noch 5 Minuten ohne Hitzezufuhr ruhen lassen.

266 kcal • 1113 kJ • 25 g E • 11 g F • 12 g KH

VITAMINE/MINERALSTOFFE
Karotten, Zwiebeln, Petersilie und Öl sorgen für den hohen Vitamin-A- und Vitamin-E-Gehalt dieses Gerichts.

BEDARFSDECKUNG
Vitamin E (23,5 mg)
181 %
Vitamin A (1,9 mg)
158 %

Seezungenfilet mit Frühlingslauch und Sesam

Zubereitungszeit: ca. 40 Minuten

Für 2 Personen

**300 g Seezungenfilet
1 Prise Meer- oder Jodsalz
weißer Pfeffer aus der Mühle
8 Stangen Frühlingslauch oder Frühlingszwiebeln
3 EL Butter
3 EL Sesamkörner
50 g Naturjoghurt
1 EL feingehackter Kerbel**

1. Die Seezungenfilets waschen, mit einem Küchentuch trockentupfen, salzen und pfeffern.
2. Den Frühlingslauch oder die -zwiebeln putzen, waschen und in 4 cm große Stücke schneiden.
3. Die Butter leicht erwärmen und die Seezungenfilets damit einpinseln.
4. Den Frühlingslauch oder die -zwiebeln in ein Dämpfsieb legen und über Wasser etwa 4 Minuten garen.
5. Die Seezungenfilets darauf legen, mit Sesam bestreuen und nochmals 4 Minuten dämpfen.
6. Die Seezungenfilets und den Lauch auf zwei Tellern anrichten. Von der Dämpfflüssigkeit etwa 80 ml abnehmen. Diesen Teil mit dem Joghurt und dem Kerbel verrühren, mit Salz und Pfeffer würzen und auf dem Tisch verteilen.
Dazu passen Salzkartoffeln.
(auf dem Foto: unten)

391 kcal • 1642 kJ • 19 g E • 27 g F • 10 g KH

VITAMINE/MINERALSTOFFE
Sesam ist eine gute pflanzliche Calciumquelle, hinzu kommt Calcium aus Joghurt, Seezunge ist ein guter Vitamin-D-Lieferant.

BEDARFSDECKUNG
Vitamin D (1,7 µg)
34 %
Calcium (339 mg)
36 %

Schollenfilet auf Kopfsalat

Zubereitungszeit: ca. 30 Minuten

Für 2 Personen

**250 g Schollenfilets
weißer Pfeffer aus der Mühle
1 Prise Meer- oder Jodsalz
Saft von ½ Zitrone
1 Kopfsalat (ca. 250 g)
1 Stange Lauch (ca. 250 g)
1 mittelgroßer Apfel
20 g Kerbel
1 EL Butter**

1. Die Schollenfilets waschen und mit einem Küchentuch abtrocknen. Sie dann pfeffern und salzen, mit Zitronensaft beträufeln.
2. Den Kopfsalat putzen, die Blätter in kaltem Wasser waschen und gut abtropfen lassen. Sie dann in 2 cm breite Streifen schneiden.
3. Den Lauch putzen, halbieren, gut waschen und schneiden.
4. Den Apfel waschen, schälen und in kleine Würfel schneiden. Den Kerbel waschen und die Blättchen abzupfen.
5. Das Dämpfsieb mit etwas Butter einpinseln. Den Kopfsalat in das Sieb geben, salzen und pfeffern und dann ganz kurz über heißem Wasser dämpfen.
6. Die Schollenfilets auf den Salat legen. Lauch und Apfel über die Schollenfilets streuen, die restliche Butter in Flöckchen auf das Gemüse setzen. Fisch und Gemüse etwa 5 Minuten dämpfen. Schollenfilets und Gemüse auf zwei Tellern anrichten und mit Kerbelblättchen garnieren.
Dazu passen Kartoffeln.
(auf dem Foto: unten)

HINWEIS
Sie können das Ganze auch in einem gut schließenden Edelstahltopf zubereiten. Pinseln Sie den Boden des Topfes zuerst mit Butter aus, legen Sie dann die Zutaten in den Topf, und garen Sie sie wie beschrieben.

248 kcal • 1039 kJ • 27 g E • 7 g F • 14 g KH

VITAMINE/MINERALSTOFFE
Schollenfilets versorgen uns mit Jod und Vitamin D. Kopfsalat, Lauch, Apfel und Zitronensaft sind Vitamin-C-haltige Zutaten.

BEDARFSDECKUNG
Vitamin D (3,8 µg) 76 %
Vitamin C (67 mg) 63 %
Jod (246 µg) 123 %

Bunte Farmerpfanne

Zubereitungszeit: ca. 25 Minuten

Für 2 Personen

**1 Zwiebel
100 g rote Paprikaschote
100 g Blumenkohl (evtl. TK-Produkt)
100 g Brokkoli (evtl. TK-Produkt)
100 g Karotte
100 g Sellerie
100 g Putenbrustfilet
1 EL Olivenöl
1 EL Tomatenmark
1/8 l Gemüsebrühe
1 Prise Meer- oder Jodsalz
Pfeffer aus der Mühle
einige Tropfen Zitronensaft
einige Tropfen Obstessig
einige Tropfen Apfeldicksaft
200 g Magerjoghurt
2 EL feingeschnittener Schnittlauch**

1. Die Zwiebel schälen, die Paprikaschote putzen und beides in feine Streifen oder Würfel schneiden. Die Blumenkohl- und Brokkoliröschen putzen und in kleine Röschen brechen.
2. Die Karotte und den Sellerie schälen und in feine Streifen oder in Rauten schneiden.
3. Das Putenbrustfilet in feine Streifen oder Würfel schneiden.
4. Das Olivenöl in einer Pfanne oder im Wok erhitzen und das Fleisch unter ständigem Rühren kräftig braten. Das Gemüse zum Fleisch geben und kurz mitbraten.
5. Das Tomatenmark und die Gemüsebrühe dazugeben und alles bei mäßiger Hitze etwa 6 Minuten dünsten.
6. Fleisch und Gemüse mit Salz, Pfeffer, Zitronensaft, Obstessig und Apfeldicksaft kräftig abschmecken. Den Magerjoghurt darunterrühren, alles noch einmal erhitzen, aber nicht kochen lassen.
7. Das Pfannengericht mit Schnittlauch bestreuen.
Dazu passen Spätzle.
(auf dem Foto: oben)

226 kcal • 948 kJ • 22 g E • 7 g F • 16 g KH

VITAMINE/MINERALSTOFFE
Diese Gemüsepfanne ist eine ausgezeichnete Quelle für die drei Antioxidantien-Schutzvitamine beta-Carotin (Provitamin A), Vitamin C und Vitamin E. Außerdem liefert sie Calcium.

BEDARFSDECKUNG
Vitamin C (183 mg) 171 %
Vitamin A (1,3 mg) 108 %
Vitamin E (4,9 mg) 38 %
Calcium (289 mg) 30 %

Fischgerichte / Gemüsegerichte

Bozener Auflauf

Zubereitungszeit:
ca. 40 Minuten

Für 2 Personen

1 Zwiebel
1 Zucchino (ca. 200 g)
1 kleine Aubergine (ca. 250 g)
1 EL Salz
2 Knoblauchzehen
2 Tomaten
1 EL Butter oder Margarine
1 Prise Meer- oder Jodsalz
weißer Pfeffer aus der Mühle
½ TL getrockneter Oregano
½ TL getrocknetes Basilikum
einige Tropfen Zitronensaft
¼ l Magermilch
1 Msp. Johannisbrotkernmehl
1 Prise Muskatpulver
50 g geriebener Parmesan
2 EL feingehacktes Basilikum

1. Die Zwiebel schälen und hacken. Den Zucchino waschen und in Scheiben schneiden.
2. Die Aubergine putzen und in Scheiben schneiden. Dann mit dem Salz bestreuen und im Kühlschrank etwa 10 Minuten ziehen lassen.
3. Anschließend die Auberginenscheiben unter fließendem Wasser waschen und abtropfen lassen. Den Backofen auf 190°C vorheizen.
4. Die Knoblauchzehen schälen und fein hacken. Die Tomaten waschen, kurz überbrühen, enthäuten, entkernen und in feine Würfel schneiden.
5. Die Auberginen- und Zucchinoscheiben in eine gefettete Auflaufform schichten. Dabei jede Schicht mit Zwiebel-, Knoblauch- und Tomatenwürfeln bestreuen und mit Salz, Pfeffer, Oregano und Basilikum sowie Zitronensaft würzen.
6. Die Milch aufkochen lassen und mit Johannisbrotkernmehl andicken. Sie dann mit Salz, Pfeffer und Muskatpulver würzen und den geriebenen Parmesan hineinrühren.
7. Die Käsesauce gleichmäßig über den Auflauf gießen und ihn etwa 30 Minuten backen.
8. Vor dem Anrichten mit Basilikum bestreuen.
(auf dem Foto: unten)

302 kcal • 1263 kJ • 20 g E • 13 g F • 23 g KH

VITAMINE/MINERALSTOFFE
Vitamin C stammt aus dem Gemüse und den Kräutern, Calcium und Vitamin B_2 aus Magermilch und Parmesankäse.

BEDARFSDECKUNG
Vitamin C (55 mg)
51 %
Vitamin B_2 (0,6 mg)
32 %
Calcium (571 mg)
60 %

Gefüllte Aubergine

Zubereitungszeit: ca. 35 Minuten

Für 2 Personen

FÜR DIE AUBERGINE:
1 große Aubergine
(ca. 500 g)
1 EL Salz
30 g Hirse
150 ml Gemüsebrühe
Saft von 1 Zitrone
1 Zwiebel
2 Knoblauchzehen
2 Tomaten
½ TL getrockneter Oregano
½ getrocknetes Basilikum
2 EL feingehackte Kresse
2 EL feingeschnittener
Schnittlauch
1 Prise Meer- oder Jodsalz
Pfeffer aus der Mühle

FÜR DIE SAUCE:
1 EL Olivenöl
1 Zwiebel
200 g Tomaten
4 EL Weißwein
⅛ l Gemüsebrühe

1. Die Aubergine waschen, halbieren und mit einem Teelöffel das Fruchtfleisch herausschaben. Die Aubergine und das Auberginenfleisch mit dem Salz bestreuen und im Kühlschrank 10 Minuten ziehen lassen.
2. In der Zwischenzeit die Hirse in der Gemüsebrühe bei mittlerer Hitze etwa 8 Minuten köcheln lassen. Den Topf vom Herd nehmen und die Hirse 10 Minuten nachquellen lassen. Den Backofen auf 190°C vorheizen.
3. Die Aubergine und das Auberginenfleisch unter fließendem Wasser abwaschen, gut abtropfen lassen und mit Zitronensaft beträufeln.
4. Die Zwiebel und die Knoblauchzehen schälen, fein hacken. Das Auberginenfleisch kleinschneiden. Die Tomaten waschen, entkernen und in Würfel schneiden. Tomatenwürfel, Zwiebel, Knoblauch und Aubergine mischen.
5. Das Gemüse und die Hirse mischen und die Masse mit Oregano, Basilikum, Kresse und Schnittlauch verrühren.
6. Das Ganze mit Salz und Pfeffer kräftig würzen und in die Auberginenhälften füllen.
7. Das Olivenöl in einem Schmortopf erhitzen und die geschälte, feingehackte Zwiebel darin glasig schwitzen. Die Tomaten für die Sauce waschen und kleinschneiden, sie dann zu den Zwiebeln geben.
8. Den Weißwein und die Gemüsebrühe dazugießen. Die Auberginenhälften in die Sauce setzen und den Schmortopf schließen. Das Ganze im vorgeheizten Backofen etwa 30 Minuten schmoren.
9. Anschließend die Auberginen herausnehmen, auf zwei Tellern anrichten. Die Sauce durch ein Sieb passieren und zu den Auberginen gießen.
(auf dem Foto: oben)

330 kcal • 1377 kJ • 12 g E • 8 g F • 44 g KH

VITAMINE/MINERALSTOFFE
Die mit einer Gemüse-Hirse-Kräuter-Mischung gefüllten Auberginen sind reich an Folsäure, Vitamin C, Provitamin A und Magnesium.

BEDARFSDECKUNG
Vitamin C (92 mg) 86 %
Folsäure (186 µg) 40 %
Vitamin A (0,4 mg) 34 %
Magnesium (155 mg) 44 %

Gemüsegerichte

Kartoffelgulasch

Zubereitungszeit:
ca. 35 Minuten

Für 2 Personen

300 g Kartoffeln
200 g rote Paprikaschote
100 g Austernpilze
1 Zwiebel
2 Knoblauchzehen
1 EL Olivenöl
1 EL Tomatenmark
⅛ l Gemüsebrühe
½ TL Kümmel
1 TL abgeriebene Schale einer unbehandelten Zitrone
1 TL getrockneter Majoran
200 g Tomaten
100 g saure Sahne
1 Prise Meer- oder Jodsalz
schwarzer Pfeffer aus der Mühle
1 Prise Muskatpulver
2 EL feingeschnittener Schnittlauch

1. Die Kartoffeln schälen, in Würfel schneiden und in wenig Salzwasser bißfest garen.
2. In der Zwischenzeit die Paprikaschote waschen, halbieren, entkernen und würfeln. Die Austernpilze verlesen, waschen und kleinschneiden. Die Zwiebel schälen und fein hacken.
3. Die Knoblauchzehen schälen und fein hacken. Das Öl in einer Pfanne oder in einem Wok erhitzen, das Gemüse dazugeben und unter Rühren braten.
4. Das Tomatenmark darunterrühren, die Gemüsebrühe angießen, alles mit Kümmel, Zitronenschale und Majoran kräftig würzen und bei mittlerer Hitzezufuhr etwa 5 Minuten köcheln lassen.
5. In der Zwischenzeit die Tomaten waschen, kurz in kochendes Wasser tauchen, dann die Haut abziehen. Die Tomaten halbieren, entkernen und das Fruchtfleisch in Würfel schneiden.
6. Die Tomatenwürfel zusammen mit den Kartoffeln und der sauren Sahne zum Gulasch geben. Dieses erhitzen, aber nicht mehr kochen lassen.
7. Das Kartoffelgulasch mit Salz, Pfeffer und Muskat kräftig würzen und mit Schnittlauch bestreuen.
(auf dem Foto: unten)

379 kcal • 1586 kJ • 13 g E • 12 g F • 49 g KH

VITAMINE/MINERALSTOFFE
Der ausgezeichnete Vitamin-C-Gehalt dieses Gerichts ist auf die Zutaten rote Paprikaschoten, Kartoffeln und Tomaten zurückzuführen. Zusammen mit den frischen Austernpilzen ergibt sich auch ein günstiger Magnesium- und Eisengehalt.

BEDARFSDECKUNG
Vitamin C (217 mg)
203 %
Eisen (5,1 mg)
39 %
Magnesium (131 mg)
38 %

Kartoffelauflauf

Zubereitungszeit:
ca. 40 Minuten

Für 2 Personen

300 g gekochte Pellkartoffeln
1 EL Butter oder Margarine
1 Knoblauchzehe
1 Zwiebel
250 g blanchierter Blattspinat oder aufgetautes TK-Produkt
2 Tomaten
1 Prise Meer- oder Jodsalz
Pfeffer aus der Mühle
1 Prise Muskatpulver
1 EL grobgehackte Pinienkerne
1 EL grobgehackte Cashewkerne
200 ml Magermilch
2 Eier
75 g geriebener Butterkäse
2 EL feingehacktes Basilikum
2 EL feingehackter Oregano

1. Die Kartoffeln schälen und in Scheiben schneiden. Eine Auflaufform mit der Butter oder der Margarine ausfetten. Den Backofen auf 190 °C vorheizen.
2. Die Knoblauchzehe und die Zwiebel schälen und fein hacken. Den Spinat grob hacken und mit den Zwiebeln und den Kartoffeln mischen.
3. Die Tomaten waschen, kurz in kochendes Wasser tauchen und dann die Haut abziehen. Die Tomaten halbieren, entkernen und fein würfeln.
4. Das Ganze mit Salz, Pfeffer und Muskat kräftig würzen und die Pinienkerne und die Cashewkerne darunterrühren.
5. Die Kartoffeln und das Gemüse in die Auflaufform schichten.
6. Die Milch und die Eier verquirlen. Den Käse darunterrühren und diese Masse über den Auflauf gießen.
7. Den Auflauf etwa 15 Minuten backen und mit Basilikum und Oregano bestreuen.
(auf dem Foto: oben)

808 kcal • 3385 kJ • 40 g E • 38 g F • 63 g KH

VITAMINE/MINERALSTOFFE
Dieser schmackhafte ovo-lakto-vegetabile Auflauf weist bei fast allen Vitaminen und Mineralstoffen eine Supernährstoffdichte auf, unter anderem auch bei Zink, Vitamin D, Provitamin A, Vitamin E, Vitamin B_1 und B_2 sowie Folsäure. Der ausgelobte hohe Vitamin-C-, Magnesium- und Eisengehalt stammt im wesentlichen aus den Kartoffeln und dem Gemüse. Milch und Käse machen das Rezept calciumreich. Pinien- und Cashewkerne sind ebenfalls eisenhaltig und Vitamin-E-reich.

BEDARFSDECKUNG
Vitamin C (121 mg)
113 %
Eisen (14,1 mg)
109 %
Calcium (715 mg)
75 %
Magnesium (257 mg)
74 %

Spaghetti Bolognese

Zubereitungszeit:
ca. 40 Minuten

Für 2 Personen

100 g Rinderhackfleisch
½ TL Kräuter der Provence
2 EL Olivenöl
1 Knoblauchzehe
2 EL Tomatenmark
⅛ l Gemüsebrühe
50 g Karotte
50 g Staudensellerie
50 g Lauch
100 g Tomaten
70 g Spaghetti
1 Prise Meer- oder Jodsalz
2 EL feingehacktes Basilikum
2 EL feingehackter Oregano
1 Prise Johannisbrotkernmehl
Pfeffer aus der Mühle
1 Prise Cayennepfeffer
einige Tropfen Apfeldicksaft

1. Das Hackfleisch und die Kräuter der Provence mischen. Das Olivenöl erhitzen und das Fleisch darin anbraten.
2. Die geschälte und feingehackte Knoblauchzehe dazugeben und kurz anschwitzen. Das Tomatenmark darunterrühren und die Gemüsebrühe dazugeben.
3. Die Karotte, den Staudensellerie und den Lauch putzen, in feine Würfel schneiden und zum Fleisch geben.
4. Die Tomaten waschen, kurz in kochendes Wasser geben und dann enthäuten. Die Tomaten halbieren und entkernen. Das Fruchtfleisch in kleine Würfel schneiden und zum Fleisch geben.
5. Das Ganze bei mittlerer Hitzezufuhr 8 bis 10 Minuten köcheln lassen.
6. In der Zwischenzeit die Spaghetti in reichlich Salzwasser al dente kochen.
7. Die Sauce mit Basilikum und Oregano würzen und mit Johannisbrotkernmehl binden. Sie anschließend mit Salz, Pfeffer, Cayennepfeffer und Apfeldicksaft abschmecken.
8. Die Spaghetti und die Sauce anrichten.

374 kcal • 1566 kJ • 20 g E • 15 g F • 34 g KH

VITAMINE/MINERALSTOFFE
Rinderhackfleisch ist reich an Eisen und Zink. Gemüse und frische Kräuter steuern ebenfalls Eisen und Provitamin A bei. Olivenöl sorgt für eine gute Vitamin-E-Versorgung.

BEDARFSDECKUNG
Vitamin A (0,7 mg) — 55 %
Vitamin E (5 mg) — 39 %
Eisen (5,4 mg) — 42 %
Zink (4,2 mg) — 32 %

Lasagne mit Kräutern

Zubereitungszeit: ca. 45 Minuten

Für 2 Personen

FÜR DIE SAUCE:
1 Zwiebel
1 Knoblauchzehe
50 g Karotte
50 g Staudensellerie
100 g Zucchino
100 g Tomaten
1 EL Olivenöl
100 g Rinderhackfleisch
½ TL getrockneter Oregano
½ TL getrocknetes Basilikum
1 Prise Meer- oder Jodsalz
Pfeffer aus der Mühle
1 Prise Cayennepfeffer
20 g feingehackte gemischte Kräuter (Kerbel, Oregano, Basilikum, Pfefferminze)

FÜR DIE NUDELN:
70 g grüne Lasagnenudeln

FÜR DIE KÄSESAUCE:
¼ l Magermilch
1 Msp. Johannisbrotkernmehl
1 Prise Muskatpulver
25 g geriebener Parmesan
100 g Mozzarella

1. Die Zwiebel und die Knoblauchzehe schälen und fein hacken. Die Karotte, den Staudensellerie und den Zucchino putzen und fein würfeln.
2. Die Tomaten waschen, kurz in kochendes Wasser geben und dann die Haut abziehen.
3. Das Olivenöl in einer Pfanne erhitzen. Die Knoblauchzehe darin anschwitzen. Das Rinderhackfleisch dazugeben und unter ständigem Rühren braten.
4. Zwiebel, Karotte, Staudensellerie, Zucchino und Tomaten zum Hackfleisch geben und kurz mitgaren.
5. Alles mit Oregano, Basilikum, Salz, Pfeffer und Cayennepfeffer kräftig würzen und die frischen Kräuter daruntermischen. Das Fleisch abkühlen lassen.
6. Die Nudeln in reichlich Salzwasser al dente garen. Den Backofen auf 190°C vorheizen.
7. Die Milch erhitzen, mit Johannisbrotkernmehl binden und dann mit Salz, Pfeffer und Muskat kräftig würzen. Den Parmesan darunterrühren.
8. Nun die Lasagneplatten, die Fleischsauce und die Käsesauce in eine kleine Auflaufform schichten und darauf legen.
9. Das Ganze im Backofen etwa 15 Minuten backen.

582 kcal • 2436 kJ • 39 g E • 25 g F • 42 g KH

VITAMINE/MINERALSTOFFE
Dieses italienische Nudelrezept hat eine sehr hohe Mineralstoffdichte: Magnesium, Eisen und Zink aus Rindfleisch, Gemüse und Kräutern, Calcium aus Magermilch, Parmesan und Mozzarella.

BEDARFSDECKUNG
Calcium (641 mg)
68 %
Zink (6,5 mg)
50 %
Eisen (5,8 mg)
45 %
Magnesium (149 mg)
43 %

Gemüse-Pilz-Ragout

Zubereitungszeit: ca. 30 Minuten

Für 2 Personen

**200 g Tofu
Saft von ½ Zitrone
einige Tropfen Worcestersauce
1 Prise Meer- oder Jodsalz
Pfeffer aus der Mühle
2 EL Vollkornmehl
1 Zwiebel
50 g Karotte
50 g Sellerie
50 g Lauch
200 g frische Pilze
(Austernpilze, Butterpilze oder Maronen)
2 EL Olivenöl
200 ml Gemüsebrühe
50 g Sahne
1 Prise Johannisbrotkernmehl
1 Prise Muskatpulver
1 Prise Cayennepfeffer
20 g feingehackte gemischte Kräuter
(Petersilie, Kresse, Melisse, Minze)
70 g Vollkornnudeln**

1. Den Tofu in Würfel schneiden, mit etwas Zitronensaft und Worcestersauce beträufeln und mit Salz und Pfeffer würzen. Den Tofu im Mehl wenden.
2. Zwiebel, Sellerie und Lauch putzen, schälen und in feine Würfel schneiden.
3. Die Pilze putzen, kleinschneiden und mit Zitronensaft beträufeln.
4. Das Öl in einer Pfanne oder im Wok erhitzen und den Tofu darin unter Rühren braten. Herausnehmen und warm stellen. Das Gemüse ins verbliebene Bratfett geben und unter ständigem Rühren braten.
5. Die Pilze zum Gemüse geben und kurz mitdünsten. Die Gemüsebrühe und die Sahne dazugeben und einmal aufkochen lassen.
6. Das Ganze mit etwas Johannisbrotkernmehl binden und mit Salz, Pfeffer, Muskat und Cayennepfeffer kräftig würzen.
7. Den Tofu und die Kräuter unter das Gemüse heben und erhitzen.
8. Die Vollkornnudeln in Salzwasser al dente kochen und zusammen mit dem Ragout anrichten.

448 kcal • 1877 kJ • 18 g E • 24 g F • 36 g KH

VITAMINE/MINERALSTOFFE
Frische Pilze sind eine gute Quelle für Vitamin D und ebenso wie das Gemüse reich an Provitamin A, Magnesium und Eisen, das auch aus dem Tofu stammt. Tofu ist ein Erzeugnis aus Sojamilch.

BEDARFSDECKUNG
Vitamin A (0,9 mg) — 72 %
Vitamin D (2,3 µg) — 46 %
Eisen (11,8 mg) — 91 %
Magnesium (169 mg) — 48 %

Nudeln

Zubereitungszeit:
ca. 25 Minuten
Zeit zum Ruhen:
mindestens 1 Stunde

Für 2 Personen

75 g Hartweizen
25 g Dinkel
1 Ei, 1 Eigelb
1 Msp. Salz
½ TL Olivenöl

1. Das Getreide sehr fein mahlen.
2. Das Mehl mit den restlichen Zutaten gut verkneten. Der Teig sollte fest und elastisch sein. Ihn dann in Klarsichtfolie wickeln und etwa 1 Stunde ruhen lassen.
3. Den Teig ausrollen und nach Belieben schneiden.
(auf dem Foto oben)

332 kcal • 1393 kJ • 14 g E • 12 g F • 36 g KH

VITAMINE/MINERALSTOFFE
Vollkornmehle (Weizen und Dinkel) tragen zusammen mit Ei gut zur Versorgung an Vitamin D, Vitamin B_1, Eisen und Zink bei.

BEDARFSDECKUNG
Vitamin D (1,9 µg)
38 %
Vitamin B_1 (0,2 mg)
12 %
Eisen (3,2 mg)
25 %
Zink (2,9 mg)
23 %

Vollkornreis

Zubereitungszeit:
ca. 40 Minuten

Für 2 Personen

120 g Vollkornreis
1 TL Butter

1. Den Reis in der heißen Butter glasig dünsten.
2. Etwa ½ l Wasser dazugeben, alles einmal aufkochen lassen. Dann die Hitzezufuhr reduzieren und den Reis bei ganz kleiner Hitzezufuhr ausquellen lassen.
(auf dem Foto unten)

232 kcal • 974 kJ • 5 g E • 3 g F • 43 g KH

VITAMINE/MINERALSTOFFE
Vollkornreis ist eine kohlenhydratreiche Beilage mit einem guten Gehalt an Vitamin B_1, Magnesium und Eisen.

BEDARFSDECKUNG
Vitamin B_1 (0,2 mg)
13 %
Magnesium (72 mg)
21 %
Eisen (1,2 mg)
9 %

Pellkartoffeln

Zubereitungszeit:
ca. 40 Minuten

Für 2 Personen

**400 g Kartoffeln
1 Prise Meer- oder Jodsalz**

1. Die Kartoffeln waschen.
2. Die Kartoffeln in wenig Salzwasser bei geschlossenem Topf etwa 40 Minuten garen.
(auf dem Foto oben)

TIP
Pellkartoffeln schmecken auch sehr gut gedämpft.

166 kcal • 698 kJ • 4 g E • 0,2 g F • 34 g KH

VITAMINE/MINERALSTOFFE
Pellkartoffeln sind eine gute Quelle für die Vitamine C und B_1. Daüber hinaus sind sie magnesiumreich und eisenhaltig.

BEDARFSDECKUNG
Vitamin C (31 mg)
   29 %
Vitamin B_1 (0,2 mg)
   10 %
Magnesium (52 mg)
   15 %
Eisen (1,4 mg)
   11 %

Bratkartoffeln

Zubereitungszeit:
ca. 30 Minuten

Für 2 Personen

**400 g festkochende Pellkartoffeln, bereits am Vortag gegart
1 Prise Meer- oder Jodsalz
2 EL Öl**

1. Die Kartoffeln pellen und in Scheiben schneiden. Sie dann mit etwas Salz bestreuen.
2. Das Öl erhitzen und die Kartoffelscheiben darin bei mittlerer Hitzezufuhr unter mehrmaligem Wenden kroß braten.
(auf dem Foto unten)

305 kcal • 1281 kJ • 4 g E • 15 g F • 34 g KH

VITAMINE/MINERALSTOFFE
Bratkartoffeln sind eine Stärkebeilage mit gutem Gehalt an Vitamin C, Vitamin B_1 und Magnesium. Das Vitamin E stammt aus dem Pflanzenöl.

BEDARFSDECKUNG
Vitamin E (4,8 mg)
   37 %
Vitamin C (31 mg)
   29 %
Vitamin B_1 (0,2 mg)
   10 %
Magnesium (50 mg)
   14 %

Frische Salate, Suppen, kleine warme Speisen und herzhaftes Gebäck – das alles finden Sie auf den nächsten Seiten. Zusammen mit 1 bis 2 Scheiben Brot oder einer anderen stärkereichen Beilage ergeben sie eine komplette Mahlzeit – für das kleine feine Abendessen oder für die Mittagspause im Büro. Wir wünschen guten Appetit.

Kleine Mahlzeiten

Friséesalat mit roten Linsen, Nüssen und Sojabohnenkeimlingen

Zubereitungszeit: ca. 35 Minuten

Für 2 Personen

FÜR DIE VINAIGRETTE:
3 EL Olivenöl
1 EL Rotweinessig
2 Schalotten
½ TL Dijonsenf
1 Prise Meer- oder Jodsalz
weißer Pfeffer aus der Mühle

FÜR DEN SALAT:
½ Kopf Friséesalat (ca. 150 g)
80 g rote Linsen
1 Lorbeerblatt
3 EL Walnüsse
100 g Sojabohnenkeimlinge
1 EL Pinienkerne
1 Knoblauchzehe
8 dünne Scheiben Vollkornbaguette (à 15 g)
1 EL Olivenöl

1. Das Olivenöl und den Essig verrühren. Die Schalotten schälen, fein würfeln und dazugeben. Die Vinaigrette mit Senf, Salz und Pfeffer abschmecken.
2. Vom Friséesalat nur die gelben Innenblätter verwenden. Diese in kaltem Wasser waschen und gut abtropfen lassen. Den Salat mit einem Tuch trocknen oder in der Salatschleuder trockenschleudern.
3. Die Linsen gut waschen, sie in reichlich Wasser geben und zusammen mit dem Lorbeerblatt und etwas Salz in etwa 6 Minuten bißfest kochen. Das Wasser danach abgießen, die Linsen mit kaltem Wasser abspülen.
4. Die Walnüsse grob hacken.
5. Die Sojabohnenkeimlinge waschen und gut abtropfen lassen.
6. Die Linsen, die Keimlinge und die Vinaigrette mischen. Den Friséesalat darunterheben und alles auf zwei Tellern anrichten. Den Salat mit den Nüssen und den Pinienkernen bestreuen.
7. Die Knoblauchzehe schälen, halbieren und die Brotscheiben mit den Schnittflächen der Knoblauchzehe einreiben. Etwas Olivenöl auf die Brotscheiben träufeln. Sie auf dem Salat anrichten.
(auf dem Foto: oben)

690 kcal • 2891 kJ • 25 g E • 35 g F • 60 g KH

VITAMINE/MINERALSTOFFE
Rote Linsen, Vollkornbaguette, Walnüsse und Pinienkerne sowie Sojabohnenkeimlinge sind gute Quellen für Vitamin B_1, Vitamin E, Magnesium und Eisen. Das Vitamin C aus dem Friséesalat verbessert die Ausnutzung des pflanzlichen Eisens.

BEDARFSDECKUNG
Vitamin E (6,1 mg) 47 %
Vitamin C (41 mg) 39 %
Vitamin B_1 (0,5 mg) 25 %
Eisen (9,7 mg) 74 %
Magnesium (150 mg) 43 %

Römischer Salat mit Kiwi, Melone und Krevetten

Zubereitungszeit:
ca. 30 Minuten

Für 2 Personen

1 Kantalupmelone (ca. 400 g)

FÜR DIE VINAIGRETTE:
1 EL Himbeeressig
2 EL Walnußöl
12 Korianderblätter
1 Prise Meer- oder Jodsalz
weißer Pfeffer aus der Mühle

FÜR DEN SALAT:
1 Kopf Römischer Salat (ca. 200 g)
2 Kiwis (ca. 100 g)
150 g frische Krevetten

1. Die Melone schälen, halbieren und entkernen. Die eine Hälfte für die Vinaigrette pürieren. Das Püree, den Essig und das Öl mischen. Die Korianderblätter waschen, in die Vinaigrette geben und diese mit Salz und Pfeffer würzen.
2. Den Salat putzen, den Strunk herausschneiden. Die Blätter waschen und gut trocknen. Die grünen Außenblätter in Streifen schneiden, die gelben Herzblätter mit den Händen kleinreißen.
3. Die Kiwis schälen und in Scheiben schneiden. Die restliche Melone in kleine Würfel schneiden.
4. Die Krevetten waschen und gut abtropfen lassen.
5. Den Salat in die Vinaigrette geben. Alles vorsichtig mischen, auf zwei Tellern anrichten und mit den Krevetten belegen. Den Salat mit den Melonenwürfeln und den Kiwischeiben garnieren.
(auf dem Foto: unten)

347 kcal • 1453 kJ • 24 g E • 13 g F • 28 g KH

VITAMINE/MINERALSTOFFE
Kiwi und Melone sind äußerst reich an Vitamin C und Provitamin A. Frische Krevetten liefern Jod, Walnußöl Vitamin E, das auch aus dem Salat stammt. Dieser trägt auch zum guten Vitamin-C-Gehalt des schutznährstoffreichen (A, C und E) Salatgerichtes bei.

BEDARFSDECKUNG
Vitamin C (145 mg)

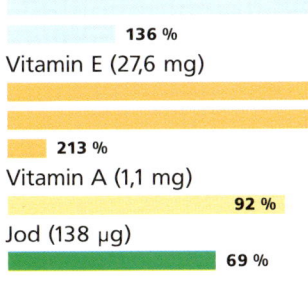

136 %
Vitamin E (27,6 mg)

213 %
Vitamin A (1,1 mg)
92 %
Jod (138 µg)
69 %

Löwenzahnsalat mit Schafskäse

Zubereitungszeit: ca. 30 Minuten

Für 2 Personen

FÜR DIE VINAIGRETTE:
1 Apfel (ca. 125 g)
⅛ l Apfelsaft
1 TL Honig
2 EL Walnußöl
Saft von ½ Zitrone
50 g Schafskäse
1 Prise Meer- oder Jodsalz
weißer Pfeffer aus der Mühle

FÜR DEN SALAT:
400 g Löwenzahn
150 g Schafskäse
150 g Weintrauben
50 g Weißbrot, in Würfeln
1½ EL Butter

1. Den Apfel waschen, schälen, vierteln, entkernen und in kleine Stücke schneiden. Die Apfelstücke zusammen mit dem Apfelsaft, dem Honig, dem Walnußöl und dem Zitronensaft pürieren.
2. Den Schafskäse für die Vinaigrette fein hacken, unter die Salatsauce heben und sie salzen und pfeffern.
3. Den Löwenzahn putzen, gut waschen und trockenschleudern.
4. Den Schafskäse würfeln.
5. Die Trauben waschen, halbieren und entkernen.
6. Den Löwenzahn vorsichtig mit der Vinaigrette mischen und auf zwei Tellern anrichten. Den Käse darüberstreuen und den Salat mit den Weintrauben garnieren.
7. Die Weißbrotwürfel in der Butter rösten, sie dann über den Salat streuen.

705 kcal • 2949 kJ • 25 g E • 77 g F • 111 g KH

VITAMINE/MINERALSTOFFE
Eine ausgezeichnete Kombination aus Löwenzahnsalat, Obst und aromatischem Walnußöl, die die drei Schutznährstoffe A, E und C enthält. Schafskäse ist calciumreich.

BEDARFSDECKUNG

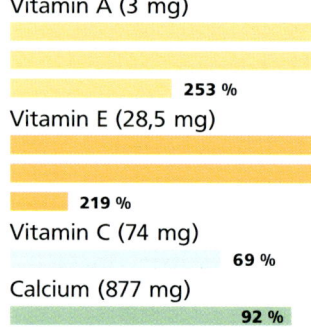

Vitamin A (3 mg) 253 %
Vitamin E (28,5 mg) 219 %
Vitamin C (74 mg) 69 %
Calcium (877 mg) 92 %

Brunnenkressesalat mit Sonnenblumenkernen

Zubereitungszeit: ca. 25 Minuten

Für 2 Personen

FÜR DAS DRESSING:
1 Apfel (ca. 125 g)
100 g Naturjoghurt
Saft von ½ Zitrone
1 Prise Meer- oder Jodsalz
weißer Pfeffer aus der Mühle
1 Prise Zucker
2 EL Walnußöl

FÜR DEN SALAT:
1 Bund Brunnenkresse (ca. 30 g)
1 Apfel
30 g Sonnenblumenkerne

1. Einen Apfel schälen, vierteln, entkernen und kleinschneiden. Die Apfelstücke zusammen mit dem Joghurt und dem Zitronensaft in einem Mixer pürieren. Salz, Pfeffer, Zucker und Öl hinzufügen, alles nochmals durchmixen und eventuell nachwürzen.
2. Die Brunnenkresse waschen, die Blätter von den Stielen zupfen.
3. Den zweiten Apfel schälen, vierteln, entkernen und die Viertel in feine Streifen schneiden.
4. Die Brunnenkresse, die Apfelstreifen und das Dressing vorsichtig mischen. Den Salat auf zwei Tellern anrichten, die Sonnenblumenkerne darüberstreuen. Dazu paßt Vollkornbaguette.

278 kcal • 1165 kJ • 7 g E • 18 g F • 19 g KH

VITAMINE/MINERALSTOFFE
Das Vitamin E in diesem Salat stammt aus dem Walnußöl und den Sonnenblumenkernen, die auch Magnesium und Vitamin B_1 enthalten. Brunnenkresse, Apfel und Zitronensaft liefern Vitamin C und Magnesium.

BEDARFSDECKUNG
Vitamin E (22,8 mg)
176 %
Vitamin C (24 mg)
22 %
Vitamin B_1 (0,4 mg)
21 %
Magnesium (81 mg)
23 %

Radicchiosalat mit Champignons

Zubereitungszeit:
ca. 25 Minuten

Für 2 Personen

FÜR DIE MARINADE:
Saft von 1 Zitrone
2 EL Walnußöl
1 Knoblauchzehe
1 Bund Kerbel (ca. 20 g)
1 Prise Meer- oder Jodsalz
weißer Pfeffer aus der Mühle

AUSSERDEM:
300 g Radicchio
250 g Champignons

1. Den Zitronensaft und das Öl verrühren. Die Knoblauchzehe schälen, zerdrücken und zur Marinade geben.
2. Den Kerbel waschen, die Blättchen von den Stielen zupfen, einige für die Garnitur beiseite legen. Die restlichen Blättchen fein hacken und unter die Marinade rühren. Diese mit Salz und Pfeffer abschmecken.
3. Den Radicchio putzen und den Stielansatz herausschneiden. Die Salatköpfe in die einzelnen Blätter zerteilen und diese waschen. Die großen äußeren Blätter in Streifen schneiden.
4. Die Champignons unter fließendem Wasser waschen und mit einem Küchentuch trockentupfen. Die Stielenden der Pilze abschneiden, die Champignons in feine Streifen schneiden und mit etwas Marinade beträufeln und kurz marinieren.
5. Die Salatblätter, die -streifen und die Marinade mischen. Den Salat auf zwei Tellern anrichten und mit den Champignons und einigen Kerbelblättchen garnieren.
Dazu paßt Knoblauchbaguette.
(auf dem Foto: oben)

164 kcal • 687 kJ • 6 g E • 11 g F • 7 g KH

VITAMINE/MINERALSTOFFE
Radicchiosalat ist eine gute Quelle für Vitamin D, Vitamin C und pflanzliches Eisen. Der hohe Vitamin-E-Gehalt ist auf das Walnußöl zurückzuführen.

BEDARFSDECKUNG
Vitamin E (22,1 mg)
170 %
Vitamin C (54 mg)
51 %
Vitamin D (2,5 µg)
50 %
Eisen (3,7 mg)
29 %

150 Kleine Mahlzeiten

Chicorée mit Orangenfilets und Walnüssen

Zubereitungszeit:
ca. 30 Minuten

Für 2 Personen

2 Blutorangen (à 200 g)
¼ TL Speisestärke
¼ TL Zucker
2 EL Walnußöl
1 Prise Meer- oder Jodsalz
weißer Pfeffer aus der Mühle
4 Stauden Chicorée (à 125 g)
10 Walnußkerne

1. Die Blutorangen mit einem Messer so schälen, daß auch die weiße innere Haut mitentfernt wird und das Fruchtfleisch zu sehen ist. Die Filets über einer Schüssel aus den Trennhäuten schneiden. Den heruntertropfenden Saft auffangen und für die Vinaigrette verwenden.
2. Die Speisestärke und etwas kaltes Wasser gut verrühren. Diese Mischung zusammen mit Orangensaft aufkochen lassen.
3. Den gebundenen Orangensaft, den Zucker und das Öl mit dem Mixer schaumig schlagen und anschließend mit Salz und Pfeffer würzen.
4. Die Chicoréestauden waschen, den bitteren Strunk keilförmig herausschneiden. Die Außenblätter abtrennen und für die Garnitur verwenden.
5. Die restlichen Blätter in feine Streifen schneiden.
6. Die Walnußkerne grob hacken, 8 Stück für die Garnitur beiseite legen.
7. Die Chicoréeblätter durch die Marinade ziehen und sternförmig auf zwei Tellern anrichten. Die Chicoréestreifen und die Mariande mischen, den Salat auf den Blättern anrichten. Alles mit den gehackten Walnüssen bestreuen und mit den Orangenfilets und den ganzen Walnüssen garnieren. Dazu paßt Vollkornbrot. (auf dem Foto: unten)

295 kcal • 1236 kJ • 7 g E • 16 g F • 26 g KH

VITAMINE/MINERALSTOFFE
Blutorangen und Chicorée machen diesen Salat so Vitamin-C-reich. Gleichzeitig liefern sie Folsäure. Walnußkerne und Walnußöl enthalten viel Vitamin E.

BEDARFSDECKUNG
Vitamin E (22,7 mg)

175 %

Vitamin C (126 mg)

118 %

Folsäure (211 µg)

46 %

Salate 151

Spinatsalat mit roten Beten, Äpfeln und Mandeln

Zubereitungszeit:
ca. 30 Minuten

Für 2 Personen

FÜR DIE VINAIGRETTE:
2 Schalotten (ca. 20 g)
⅛ l Karottensaft
1 EL Balsamessig (Aceto Balsamico)
3 EL Walnußöl
1 Prise Meer- oder Jodsalz
weißer und rosa Pfeffer aus der Mühle

FÜR DEN SALAT:
300 g frischer Blattspinat
200 g kleine rote Beten, bereits gekocht
1 Apfel (ca. 125 g)
20 g Mandelsplitter

1. Die Schalotten schälen, fein hacken und zusammen mit dem Karottensaft im Mixer pürieren. Essig und Öl dazugeben, alles nochmals mixen und mit Salz und Pfeffer abschmecken.
2. Den Spinat waschen, die Stiele abschneiden.
3. Von den roten Beten die Haut abziehen und die Knollen in feine Streifen schneiden.
4. Den Apfel schälen, vierteln, entkernen und in feine Streifen schneiden.
5. Die Spinatblätter und die Hälfte der Marinade mischen. Den Salat auf zwei Tellern anrichten. Die restliche Marinade, die Apfelstreifen und die roten Beten mischen und auf dem Spinat anrichten. Die Mandeln in einer Pfanne rösten und über den Salat streuen. Dazu paßt Vollkornbrot.

TIP
Gekochte rote Beten gibt es abgepackt im Handel. Sie können die Knollen jedoch auch selbst garen, das dauert dann je nach Knollengröße zwischen 30 und 50 Minuten. Im Schnellkochtopf läßt sich die Garzeit auf etwa ein Drittel reduzieren.

312 kcal • 1301 kJ • 9 g E • 21 g F • 17 g KH

VITAMINE/MINERALSTOFFE
Eine reiche Quelle für die drei Schutzvitamine A, E und C sowie für pflanzliches Eisen in gut verwertbarer Kombination. Hauptlieferanten sind der Spinat, die roten Beten, das Walnußöl und die Mandeln.

BEDARFSDECKUNG
Vitamin E (39,2 mg)
302 %
Vitamin C (111 mg)
104 %
Vitamin A (1,2 mg)
103 %
Eisen (7,1 mg)
55 %

Rauke mit Ziegenkäse

Zubereitungszeit: ca. 25 Minuten

Für 2 Personen

FÜR DIE SALATSAUCE:
⅛ l Traubensaft
½ TL milder Senf
1 EL Balsamessig (Aceto Balsamico)
2 EL Walnußöl
1 Prise Meer- oder Jodsalz
weißer Pfeffer aus der Mühle

FÜR DEN SALAT:
400 g Rauke
1 TL rosa Pfefferkörner
20 g grüne Pistazienkerne
120 g Ziegenfrischkäse
2 EL feingeschnittener Schnittlauch (ca. 10 g)

1. Den Traubensaft, den Senf und den Essig in einem Mixer verrühren. Das Öl darunter mixen und die Sauce mit Salz und Pfeffer abschmecken.
2. Die Rauke waschen und die Stiele entfernen. Die Blätter trockenschleudern.
3. Die rosa Pfefferkörner mit der Messerklinge zerdrücken.
4. Die Pistazienkerne grob hacken.
5. Den Ziegenfrischkäse in etwa 1 cm große Würfel schneiden.
6. Die Hälfte des Schnittlauchs über die Käsewürfel streuen. Den restlichen Schnittlauch zur Salatsauce geben.
7. Die Rauke und die Salatsauce mischen und auf zwei Tellern anrichten. Alles mit Pistazienkernen und Pfefferkörnern bestreuen. Die Käsewürfel um den Salat legen.

422 kcal • 1766 kJ • 28 g E • 20 g F • 28 g KH

VITAMINE/MINERALSTOFFE
Rauke ist reich an Provitamin A, Vitamin C und Folsäure. Das Calcium stammt aus dem Ziegenkäse.

BEDARFSDECKUNG
Vitamin A (1,7 mg) — 141 %
Vitamin C (93 mg) — 87 %
Folsäure (241 µg) — 52 %
Calcium (783 mg) — 82 %

Karottensalat mit Hühnerleber

Zubereitungszeit:
ca. 35 Minuten

Für 2 Personen

**350 g Karotten
1 Apfel (ca. 125 g)
1 Prise Meer- oder Jodsalz
weißer Pfeffer aus der Mühle
1 Prise Zucker
1 EL Apfelessig
3 EL Traubenkernöl
200 g Hühnerleber
1 EL Mehl
1 Bund Kerbel (ca. 20 g)**

1. Die Karotten und den Apfel waschen, schälen und in sehr feine Streifen schneiden. Beides mit Salz, Pfeffer und Zucker würzen.
2. Den Essig, 2 Eßlöffel Öl und 2 Eßlöffel Wasser in einen Topf geben, kurz aufkochen und dann wieder erkalten lassen. Die Vinaigrette über die Karotten und die Äpfel gießen, alles gut mischen, eventuell nochmal halbieren.
3. Von den Lebern Sehnen und Fett abschneiden. Die Leber in feine Streifen schneiden, salzen, pfeffern und im Mehl wenden.
4. Das restliche Öl in einer Pfanne erhitzen, die Leberstreifen darin etwa 1 Minute unter ständigem Rühren von allen Seiten braten.
5. Die Leber auf dem Karottensalat anrichten und alles mit den gewaschenen und abgezupften Kerbelblättern garnieren.

448 kcal • 1875 kJ • 12 g E • 33 g F • 21 g KH

VITAMINE/MINERALSTOFFE
Der hohe Vitamin-A-Gehalt der feinen Salatspeise ist auf die Hühnerleber und die Karotten zurückzuführen. Traubenkernöl steuert Vitamin E bei. Die Hühnerleber bietet gleichzeitig reichlich Vitamin B_2 und Folsäure.

BEDARFSDECKUNG
Vitamin A (7 mg) **586 %**
Vitamin E (34,4 mg) **265 %**
Vitamin B_2 (1,2 mg) **60 %**
Folsäure (205 µg) **45 %**

Radieschensalat

Zubereitungszeit:
ca. 10 Minuten

Für 2 Personen

**200 g Radieschen
100 g Ananasfruchtfleisch
2 Tomaten (ca. 100 g)
30 g Alfalfagrün
etwas Weizenkeimöl
einige Tropfen Balsamessig
1 Prise Meer- oder Jodsalz
1 Prise Cayennepfeffer
Pfeffer aus der Mühle
2 EL feingeschnittener
Schnittlauch**

1. Die Radieschen waschen, putzen und in Scheiben schneiden.
2. Das Ananasfruchtfleisch würfeln. Die Tomaten waschen, vierteln und entkernen. Das Tomatenfruchtfleisch kleinschneiden und zu den Radieschen geben.
3. Das Alfalfagrün waschen, gut abtropfen lassen und mit den restlichen Salatzutaten vorsichtig mischen.
4. Alles mit Öl und Essig beträufeln und mit Salz, Cayennepfeffer und Pfeffer würzen.
5. Den Schnittlauch über den Salat streuen.
Dazu paßt Vollkornbrot.
(auf dem Foto oben)

150 kcal • 629 kJ • 4 g E • 6 g F • 18 g KH

VITAMINE/MINERALSTOFFE
Radieschen, Alfalfagrün, Tomaten, Schnittlauch und Ananas versorgen uns mit Vitamin C, Folsäure und Vitamin E, das ebenfalls aus dem Weizenkeimöl stammt.

BEDARFSDECKUNG
Vitamin E (12,7 mg)
98 %
Vitamin C (66 mg)
62 %
Folsäure (74 µg)
16 %

Orangensalat

Zubereitungszeit:
ca. 15 Minuten

Für 2 Personen

**1 Orange (ca. 200 g)
100 g Staudensellerie
50 g Frühlingszwiebeln
10 g Mungobohnenkeimlinge
1 TL Kresse
FÜR DIE SALATSAUCE:
150 g Magerjoghurt
2 EL Obstessig
etwas Zitronensaft
etwas Worcestersauce
1 Prise Meer- oder Jodsalz
Pfeffer aus der Mühle
1 Prise Cayennepfeffer
1 EL Pistazienkerne
2 EL feingeschnittener
Schnittlauch**

1. Die Orange schälen und kleinschneiden.
2. Den Staudensellerie und die Frühlingszwiebeln waschen, putzen und kleinschneiden.
3. Die Mungobohnenkeimlinge kurz blanchieren. Die Kresse waschen. Beides zum Salat geben.
4. Joghurt, Obstessig, Zitronensaft, Worcestersauce, Salz, Pfeffer und Cayennepfeffer verrühren. Die Sauce über den Salat gießen.
5. Mit Pistazienkernen und Schnittlauch bestreuen.
Dazu passen Brötchen.
(auf dem Foto unten)

135 kcal • 566 kJ • 7 g E • 3 g F • 17 g KH

VITAMINE/MINERALSTOFFE
Orangen, Gemüse und Schnittlauch sind Vitamin-C-reich. Joghurt liefert Calcium.

BEDARFSDECKUNG
Vitamin C (67 mg)
63 %
Calcium (218 mg)
23 %

Sauerkrautrohkost

Zubereitungszeit:
ca. 5 Minuten

Für 2 Personen

200 g mildes Sauerkraut
100 g Mangofruchtfleisch
30 g Brunnen- oder
Gartenkresse
150 g Magerjoghurt
einige Tropfen Zitronensaft
einige Tropfen Apfeldicksaft
1 Prise Meer- oder Jodsalz
Pfeffer aus der Mühle
1 Msp. Kümmelpulver
1 EL Pinienkerne

1. Das Sauerkraut mit einer Gabel zerteilen. Das Mangofruchtfleisch in Würfel schneiden und zum Kraut geben.
2. Die Kresse waschen, gut abtropfen lassen, grob hakken und unter das Sauerkraut mischen.
3. Joghurt, Zitronensaft, Apfeldicksaft, Salz, Pfeffer und Kümmel verrühren und den Salat mit dem Dressing mischen.
4. Die Pinienkerne in einer Pfanne kurz rösten und über die Rohkost streuen.
Dazu paßt ein kräftiges Gewürzbrot.
(auf dem Foto oben)

131 kcal • 547 kJ • 6 g E • 3 g F • 17 g KH

VITAMINE/MINERALSTOFFE
Sauerkraut ist ein durch Milchsäuregärung haltbar gemachtes Gemüse und liefert in der Winterzeit viel Vitamin C. Die exotische Mangofrucht steuert sowohl Vitamin C als auch Provitamin A bei.

BEDARFSDECKUNG
Vitamin C (41 mg)
39 %
Vitamin A (0,2 mg)
18 %

Karotten-Sellerie-Rohkost

Zubereitungszeit:
ca. 10 Minuten

Für 2 Personen

100 g Karotte, 100 g Sellerie
1 EL Weizenkeimöl
Saft von ½ Zitrone
1 Prise Meer- oder Jodsalz
Pfeffer aus der Mühle
einige Tropfen Apfeldicksaft
1 Grapefruit (ca. 300 g)
1 EL Honig
150 g Magerjoghurt

1. Die Karotte und den Sellerie schälen und raspeln.
2. Karotten und Sellerie mit dem Weizenkeimöl und dem Zitronensaft beträufeln und alles mit Salz, Pfeffer und Dicksaft abschmecken.
3. Die Grapefruit so schälen, daß die weiße Innenhaut mitentfernt wird. Dann die Grapefruit aus den Trennhäuten schneiden.
4. Grapefruit, Karotten und Sellerie mischen.
5. Den Salat mit dem Honig süßen, auf zwei Tellern anrichten. Den Joghurt über den Salat geben.
Dazu paßt ein Brötchen.
(auf dem Foto unten)

201 kcal • 841 kJ • 6 g E • 5 g F • 29 g KH

VITAMINE/MINERALSTOFFE
Eine schutznährstoffreiche Rohkost mit den Vitaminen A, E und C aus Karotten, Sellerie, Grapefruit und Weizenkeimöl. Joghurt ist eine gute Calciumquelle.

BEDARFSDECKUNG
Vitamin E (12,7 mg)
97 %
Vitamin A (0,9 mg)
77 %
Vitamin C (73 mg)
68 %
Calcium (190 mg)
20 %

Eisbergsalat mit Käsewürfeln

Zubereitungszeit:
ca. 15 Minuten

Für 2 Personen

100 g Eisbergsalat
50 g Frühlingszwiebeln
2 Tomaten (ca. 100 g)
½ Nektarine (ca. 75 g)
50 g Butterkäse
4 EL Kichererbsenkeimlinge

FÜR DIE SAUCE:
75 g saure Sahne
Saft von 1 Orange
einige Tropfen Zitronensaft
einige Tropfen Apfeldicksaft
1 Prise Meer- oder Jodsalz
Pfeffer aus der Mühle
3 EL feingehackte Zitronenmelisse

1. Den Eisbergsalat putzen, waschen, trockenschleudern und die Blätter in kleine Stücke zupfen.
2. Die Frühlingszwiebeln putzen und in feine Streifen schneiden. Die Tomaten waschen, vierteln und entkernen. Das Fruchtfleisch fein schneiden.
3. Das Nektarinenfleisch und den Käse würfeln. Zusammen mit den Tomaten und den Frühlingszwiebeln zum Eisbergsalat geben. Alles mischen.
4. Die Kichererbsenkeimlinge waschen, kurz blanchieren, gut abtropfen lassen und unter den Salat heben.
5. Die saure Sahne, den Orangensaft, den Zitronensaft, den Obstessig und den Apfeldicksaft verrühren und die Sauce mit Salz und Pfeffer kräftig abschmecken.
6. Den Salat und die Salatsauce mischen. Die Zitronenmelisseblättchen über den Salat streuen.
Dazu paßt Kräuterbrot.
(auf dem Foto: unten)

281 kcal • 1174 kJ • 13 g E • 11 g F • 28 g KH

VITAMINE/MINERALSTOFFE
Käse ist calciumreich. Die frischen Salatzutaten steuern Vitamin C, Folsäure und Magnesium bei, das auch aus den Kichererbsenkeimlingen kommt.

BEDARFSDECKUNG
Vitamin C (43 mg)
40 %
Folsäure (101 µg)
22 %
Calcium (299 mg)
31 %
Magnesium (82 mg)
23 %

Sojabohnenkeimlinge mit Früchten

Zubereitungszeit:
ca. 15 Minuten

Für 2 Personen

150 g Sojabohnenkeimlinge
50 g Frühlingszwiebeln
2 Tomaten (ca. 100 g)
2 Aprikosen (ca. 100 g)
1 EL Tomatenketchup
Saft von 1 Orange
2 EL Obstessig
2 EL Sojasauce
1 EL Honig
1 Prise Meer- oder Jodsalz
Pfeffer aus der Mühle
1 Prise Cayennepfeffer
1 EL Sonnenblumenkerne
2 EL feingehackte Petersilie

1. Die Sojabohnenkeimlinge waschen, kurz blanchieren und abtropfen lassen.
2. Die Frühlingszwiebeln putzen und in feine Streifen schneiden. Die Tomaten waschen, vierteln, entkernen und das Fruchtfleisch fein schneiden.
3. Die Aprikosen waschen, halbieren, entkernen und in Würfel schneiden.
4. Die Salatzutaten und die Sojabohnenkeimlinge gut mischen.
5. Den Tomatenketchup, den Obstessig, die Sojasauce und den Honig verrühren und die Sauce mit Salz, Pfeffer und Cayennepfeffer abschmecken. Die Sauce und den Salat mischen.
6. Die Sonnenblumenkerne in einer Pfanne kurz rösten. Zusammen mit der Petersilie über den Salat streuen. Dazu passen Brötchen.
(auf dem Foto: oben)

215 kcal • 900 kJ • 12 g E • 4 g F • 31 g KH

VITAMINE/MINERALSTOFFE
Sojabohnenkeimlinge schmecken gut und versorgen uns zusammen mit Gemüse und Obst reichlich mit Vitamin C, Folsäure, Magnesium und Eisen, das auch aus den Sonnenblumenkernen stammt.

BEDARFSDECKUNG
Vitamin C (49 mg)
45 %
Folsäure (117 µg)
25 %
Eisen (3,5 mg)
27 %
Magnesium (93 mg)
27 %

Reissalat à la Armin

Zubereitungszeit:
ca. 30 Minuten

Für 2 Personen

150 g bißfest gekochter Naturreis (ca. 50 g Rohware)
50 g bißfest gekochter Wildreis (ca. 15 g Rohware)
2 Frühlingszwiebeln
75 g rote Paprikaschote
75 g grüne Paprikaschote
100 g Ananasfruchtfleisch
100 g Mangofruchtfleisch
100 g grüne Erbsen (TK-Produkt)
10 g Kresse

FÜR DAS DRESSING:
1/8 l Blutorangensaft
2 EL Obstessig
1 EL Weizenkeimöl
einige Tropfen Apfeldicksaft
1 Prise Meer- oder Jodsalz
Pfeffer aus der Mühle
1 Prise Cayennepfeffer
1 EL gehackte Mandeln
2 EL gehackte Petersilie

1. Den gekochten Reis in eine Schüssel geben. Die Frühlingszwiebeln putzen, waschen und in Streifen schneiden. Zum Reis geben.
2. Die Paprikaschoten putzen und zusammen mit der Ananas würfeln. Beides zum Reis geben.
3. Die Mango schälen, das Fruchtfleisch vom Kern abschneiden und würfeln. Zusammen mit den Erbsen und der verlesenen, gewaschenen Kresse zum Reis geben. Die Salatzutaten vorsichtig mischen.
4. Den Blutorangensaft mit dem Obstessig verrühren. Das Weizenkeimöl tropfenweise hineinrühren.
5. Das Dressing mit Apfeldicksaft, Salz und Cayennepfeffer kräftig abschmecken und den Reissalat damit anmachen.
6. Den Salat mit Pinienkernen, Mandeln und Petersilie bestreuen.
(auf dem Foto: oben)

373 kcal • 1562 kJ • 9 g E • 10 g F • 57 g KH

VITAMINE/MINERALSTOFFE
Ein vitaminreicher gehaltvoller Salat mit den drei Schutzvitaminen A, E und C. Gemüse und Früchte liefern vor allem Vitamin C und Provitamin A. Die Vitamine B_1 und E stammen aus dem Vollkornreis, dem sogenannten wilden Reis und den Erbsen. Diese Zutaten steuern auch Vitamin E bei, das vor allem aber im Weizenkeimöl enthalten ist.

BEDARFSDECKUNG
Vitamin C (172 mg)
161 %
Vitamin E (15,1 mg)
116 %
Vitamin A (0,5 mg)
45 %
Vitamin B_1 (0,5 mg)
25 %

Vespersalat

Zubereitungszeit:
ca. 30 Minuten

Für 2 Personen

100 g Kopfsalat
75 g rote Paprikaschote
75 g grüne Paprikaschote
2 Tomaten (ca. 100 g)
100 g Zucchino
50 g rosa gebratenes Roastbeef
8 grüne Oliven
100 g Schafskäse

FÜR DAS DRESSING:
einige Tropfen Weizenkeimöl
einige Tropfen Aceto balsamico (Balsamessig)
Saft von 1 Orange
Saft von 1/2 Zitrone
70 g saure Sahne
1 kleine Zwiebel
50 g Essiggurke
1 Prise Meer- oder Jodsalz
Pfeffer aus der Mühle
1 Prise Cayennepfeffer
einige Tropfen Apfeldicksaft
2 EL Schnittlauchröllchen

1. Den Kopfsalat putzen, waschen, gut abtropfen lassen und in mundgerechte Stücke zerpflücken.
2. Die Paprikaschoten putzen, in feine Streifen schneiden. Die Tomaten halbieren, entkernen und würfeln.
3. Den Zucchino putzen, waschen und in hauchdünne Scheiben schneiden.
4. Die Salatzutaten vorsichtig mischen und auf zwei Tellern anrichten.
5. Das Roastbeef in feine Streifen schneiden. Die Oliven entkernen und in Scheiben schneiden, den Schafskäse würfeln. Beides auf dem Salat verteilen.
6. Den Salat mit einigen Tropfen Weizenkeimöl und Aceto balsamico beträufeln.
7. Den Orangensaft mit Zitronensaft und saurer Sahne glattrühren. Die Zwiebel schälen und fein hakken, die Essiggurke fein würfeln. Beides unter das Dressing rühren.
8. Das Dressing mit Salz, Pfeffer, Cayennepfeffer und Apfeldicksaft kräftig abschmecken und auf den Salat träufeln. Mit Schnittlauchröllchen bestreuen.
(auf dem Foto: unten)

419 kcal • 1752 kJ • 20 g E • 25 g F • 23 g KH

VITAMINE/MINERALSTOFFE
Der Schafskäse und die Milchprodukte im Dressing sind wichtige Calciumlieferanten. Vitamin E kommt aus dem Öl und den Oliven. Vitamin A stammt aus den Milchprodukten und als Provitamin A ebenso wie Vitamin C aus dem Gemüse.

BEDARFSDECKUNG
Vitamin C (151 mg)
141 %
Vitamin E (15 mg)
115 %
Vitamin A (0,6 mg)
50 %
Calcium (378 mg)
40 %

Salate 161

Chicorée-Käse-Salat

Zubereitungszeit:
ca. 15 Minuten

Für 2 Personen

**200 g Chicorée
2 Mandarinen (ca. 100 g)
100 g Butterkäse**

FÜR DAS DRESSING:
**1 kleine Birne (ca. 100 g)
50 g saure Sahne
1 EL Weizenkeimöl
2 EL Obstessig
einige Tropfen Zitronensaft
einige Tropfen Apfeldicksaft
1 Prise Meer- oder Jodsalz
Pfeffer aus der Mühle
1 Prise Cayennepfeffer
20 g Alfalfagrün**

1. Den Chicorée waschen, halbieren, den Strunk herausschneiden und den Chicorée in 1 cm dicke Scheiben schneiden.
2. Die Mandarinen schälen und in die einzelnen Spalten zerteilen. Den Butterkäse in Würfel schneiden und mit dem Chicorée und den Mandarinen mischen.
3. Die Birne schälen, vierteln, entkernen und kleinschneiden. Das Fruchtfleisch zusammen mit der sauren Sahne im Mixer pürieren. Das Öl sowie den Obstessig einrühren.
4. Das Dressing mit Zitronensaft, Apfeldicksaft, Salz, Pfeffer und Cayennepfeffer kräftig abschmecken und den Salat damit mischen.
5. Den Salat anrichten und mit Alfalfagrün bestreuen.

312 kcal • 1038 kJ • 14 g E • 20 g F • 13 g KH

VITAMINE/MINERALSTOFFE
Ein Salat mit Calcium aus dem Käse sowie Vitamin C aus Chicorée und den Früchten. Diese Zutaten enthalten ebenfalls Vitamin A. Weizenkeimöl und Alfalfagrün sind gute Quellen für Vitamin E.

BEDARFSDECKUNG
Vitamin E (11,6 mg)
89 %
Vitamin A (0,4 mg)
32 %
Vitamin C (29 mg)
27 %
Calcium (423 mg)
45 %

Blattsalat mit Hasenfilet

Zubereitungszeit: ca. 35 Minuten

Für 2 Personen

FÜR DEN SALAT:
75 g Eisbergsalat
75 g Feldsalat
75 g Radicchio
100 g Kirschtomaten
10 g Brunnenkresse
einige Tropfen Olivenöl
einige Tropfen Balsamessig
(Aceto balsamico)
1 Prise Meer- oder Jodsalz
Pfeffer aus der Mühle

FÜR DIE HASENFILETS:
2 Hasenrückenfilets (à 150 g)
2 Wacholderbeeren
3 Pfefferkörner
½ TL getrockneter Majoran
1 EL Öl

1 Zwiebel
⅛ l Orangensaft
einige Tropfen Zitronensaft
1 EL Johannisbeergelee
2 EL feingehackte Melisse

1. Die Blattsalate putzen, waschen, gut abtropfen lassen, in mundgerechte Stücke zerpflücken und auf zwei Tellern anrichten.
2. Die Tomaten waschen und halbieren. Die Brunnenkresse waschen, gut abtropfen lassen und beides auf dem Salat anrichten.
3. Das Ganze mit Öl und Essig beträufeln sowie mit Salz und Pfeffer würzen.
4. Die Hasenrückenfilets mit Salz und Pfeffer würzen. Die Wacholderbeeren und die Pfefferkörner im Mörser zerstoßen. Den Majoran dazugeben, alles mischen und die Filets damit einreiben.
5. Das Öl in einer Pfanne erhitzen und die Hasenrückenfilets darin 6 bis 8 Minuten braten. Herausnehmen, in Alufolie wickeln und dann etwa 10 Minuten ruhen lassen.
6. Die Zwiebel schälen, fein hacken und im verbliebenen Bratfett glasig dünsten. Den Orangensaft angießen und zum Kochen bringen.
7. Die Sauce mit Zitronensaft und Johannisbeergelee verfeinern und mit Salz und Pfeffer abschmecken. Die Melisse in die Sauce rühren.
8. Die Hasenrückenfilets schräg in Scheiben schneiden und auf dem Salat anrichten. Alles mit der Sauce überziehen.

498 kcal • 2087 kJ • 33 g E • 25 g F • 26 g KH

VITAMINE/MINERALSTOFFE
Das Salatgemüse ist reich an Vitamin C und dem Provitamin A. Das Hasenfleisch ist eine gute Eisenquelle.

BEDARFSDECKUNG
Vitamin A (0,8 mg) 63 %
Vitamin C (57 mg) 54 %
Eisen (7,4 mg) 57 %

Quarktaler

Zubereitungszeit:
ca. 30 Minuten

Für 2 Personen

**6 Blatt weiße Gelatine
300 g Magerquark
2 bis 3 EL Mineralwasser
1 kleine Zwiebel
1 Prise Meer- oder Jodsalz
Pfeffer aus der Mühle
30 g feingehackte Kräuter
(Estragon, Dill, Kerbel oder Kresse)
einige Tropfen Zitronensaft
einige Tropfen Worcestersauce
75 ml Orangensaft
1 kleine Salatgurke
(ca. 350 g)
1 rote Paprikaschote
(ca. 125 g)
1 grüne Paprikaschote
(ca. 125 g)
2 Scheiben Sechskornbrot
1 TL Butter oder Margarine**

1. Die Gelatine in kaltem Wasser einweichen. Den Quark und etwas Mineralwasser verrühren. Die Zwiebel schälen, fein hacken und zum Quark geben. Alles mit Salz und Pfeffer würzen.
2. Die Kräuter unter den Quark ziehen und ihn mit Zitronensaft und Worcestersauce abschmecken.
3. Die Gelatineblätter ausdrücken, zusammen mit dem Orangensaft in einen kleinen Topf geben und leicht erwärmen, so daß sich die Gelatine auflöst.
4. Den Saft tropfenweise unter den Quark rühren.
5. Die Salatgurke waschen, in 8 bis 10 cm dicke Stücke schneiden und diese mit dem Apfelausstecher aushöhlen.
6. Von den gewaschenen Paprikaschoten eine Haube abschneiden und das Kerngehäuse herauslösen.
7. Die Gurkenstücke und die Paprikaschoten mit der Quarkmasse füllen und für etwa 2 Stunden in den Kühlschrank stellen.
8. Kurz vor dem Servieren die Paprikaschoten und die Salatgurkenstücke in Scheiben schneiden. Die Brote dünn mit Butter bestreichen und zusammen mit dem gefüllten Gemüse anrichten.
(auf dem Foto: oben)

339 kcal • 1424 kJ • 31 g E • 9 g F • 39 g KH

VITAMINE/MINERALSTOFFE
Der Quark ist reich an den beiden „Milchnährstoffen" Vitamin B_2 und Calcium. Der hohe Vitamin-C-Wert stammt insbesondere von der Paprika. Vollkornbrot und Gemüse liefern Eisen, dessen Aufnahme in den Stoffwechsel durch das Vitamin C gefördert wird.

BEDARFSDECKUNG
Vitamin C (208 mg)
195 %
Vitamin B_2 (0,7 mg)
36 %
Eisen (4,9 mg)
38 %
Calcium (298 mg)
31 %

Salatsuppe mit Räucherlachs

Zubereitungszeit:
ca. 20 Minuten

Für 2 Personen

1 Zwiebel
1 EL Butter oder Margarine
2 gehäufte EL Haferflocken
200 g Kopfsalat
¼ l Gemüsebrühe
einige Tropfen Zitronensaft
einige Tropfen Apfeldicksaft
1 Prise Meer- oder Jodsalz
Pfeffer aus der Mühle
1 Prise Cayennepfeffer
1 Prise Muskatpulver
30 g saure Sahne
50 g geräucherter Lachs
2 EL feingehackter Dill

187 kcal • 782 kJ • 10 g E • 11 g F • 9 g KH

VITAMINE/MINERALSTOFFE
Die Vitamine A und D stammen aus dem Räucherfisch und der Butter oder der Margarine. Im grünen Salat ist reichlich Provitamin A enthalten.

BEDARFSDECKUNG
Vitamin D (5,6 µg)

■ 112 %

Vitamin A (0,3 mg)

25 %

1. Die Zwiebel schälen, fein hacken und in der Butter oder der Margarine glasig schwitzen.
2. Die Haferflocken dazugeben und kurz mitschwitzen.
3. Den Salat putzen, waschen und kleinschneiden. Anschließend zu den Zwiebeln und den Haferflocken geben.
4. Die Gemüsebrühe angießen, alles einmal aufkochen und dann mit Zitronensaft, Apfeldicksaft, Salz, Pfeffer, Cayennepfeffer und Muskat kräftig abschmecken.
5. Die Suppe pürieren, nochmals erhitzen und die Sahne hineinrühren.
6. Den Lachs in Streifen schneiden und mit dem Dill mischen.
7. Die Suppe anrichten und mit den Lachs-Dill-Streifen bestreuen.
(auf dem Foto: unten)

Suppen

Hähnchensuppe auf chinesische Art

Zubereitungszeit: ca. 30 Minuten

Für 2 Personen

**150 g Hähnchenbrustfilet
50 g eingeweichte chinesische Pilze (ca. 15 g Trockengewicht)
1 Knoblauchzehe
75 g Frühlingszwiebeln
75 g Karotte
75 g Sojabohnenkeimlinge
75 g Bambussprossen
1 EL Sojaöl
2 EL Sojasauce
3/8 l Gemüse- oder Geflügelbrühe
1 Msp. Fünf-Gewürz-Pulver
1 Prise Meer- oder Jodsalz
Pfeffer aus der Mühle
1 Prise Cayennepfeffer
2 EL feingehackte Kräuter (Cilantro, Petersilie, Kerbel, Estragon)**

1. Das Hähnchenbrustfilet in Streifen oder Würfel schneiden. Die Pilze in Streifen schneiden.
2. Die Knoblauchzehe schälen und fein hacken. Die Frühlingszwiebeln und die Karotte putzen, waschen und in dünne Streifen schneiden.
3. Die Sojabohnenkeimlinge waschen und gut abtropfen lassen. Die Bambussprossen in Streifen schneiden.
4. Das Sojaöl in einem Topf oder im Wok erhitzen. Das Fleisch und das Gemüse dazugeben und beides unter Rühren braten.
5. Die Sojasauce und die Gemüse- oder Geflügelbrühe angießen. Die Suppe zum Kochen bringen.
6. Sie mit Fünf-Gewürz-Pulver, Salz, Pfeffer und Cayennepfeffer abschmecken.
7. Die Suppe abschmecken, mit den Kräutern bestreuen. (auf dem Foto: unten)

223 kcal • 923 kJ • 23 g E • 6 g F • 14 g KH

VITAMINE/MINERALSTOFFE
Provitamin A, Vitamin C und Magnesium sind in Gemüse und Keimlingen enthalten.

BEDARFSDECKUNG
Vitamin A (0,8 mg)
63 %

Vitamin C (28 mg)
26 %

Magnesium (84 mg)
24 %

Kartoffelsuppe mit Frühlingszwiebeln

Zubereitungszeit: ca. 30 Minuten

Für 2 Personen

**1 Zwiebel
150 g Kartoffeln
1 EL Butter oder Margarine
½ TL getrockneter Majoran
¼ l Gemüsebrühe
100 g Frühlingszwiebeln
50 g frische Champignons oder Austernpilze
Saft von ½ Zitrone
30 g saure Sahne
1 Prise Meer- oder Jodsalz
Pfeffer aus der Mühle
1 Prise Kümmelpulver
1 Prise Muskatpulver
1 Prise Cayennepfeffer
2 EL feingehackter Dill
2 EL feingehackte Kresse**

1. Die Zwiebel schälen und fein hacken. Die Kartoffeln waschen, schälen und in feine Würfel schneiden.
2. Die Butter oder die Margarine erhitzen. Zwiebeln und Kartoffeln darin kurz anschwitzen.
3. Alles mit dem Majoran würzen, die Gemüsebrühe angießen und die Suppe bei mäßiger Hitze 8 bis 10 Minuten köcheln lassen.
4. Die Frühlingszwiebeln und die Pilze putzen und in Scheiben schneiden. Die Pilze mit etwas Zitronensaft beträufeln.
5. Frühlingszwiebeln und Pilze in die Suppe geben und diese bei mäßiger Hitze weitere 8 Minuten köcheln lassen.
6. Die Suppe pürieren, nochmals kurz erhitzen.
7. Die Sahne dazugeben und die Suppe mit Salz, Pfeffer, Kümmelpulver, Muskat und Cayennepfeffer würzen.
8. Die Suppe anrichten und mit den Kräutern betreuen. (auf dem Foto: oben)

146 kcal • 611 kJ • 5 g E • 6 g F • 12 g KH

VITAMINE/MINERALSTOFFE
Kartoffeln, Frühlingszwiebeln, Kräuter und Zitronensaft liefern Vitamin C und fördern so die Aufnahme des pflanzlichen Eisens.

BEDARFSDECKUNG
Vitamin C (34 mg)
31 %

Eisen (2,6 mg)
20 %

Zucchinisuppe mit Austernpilzen

Zubereitungszeit:
ca. 25 Minuten

Für 2 Personen

1 Zwiebel
30 g gekochter Schinken
200 g frische Austernpilze
1 EL Butter oder Margarine
4 EL Weißwein
150 g Zucchino
¼ l Gemüse- oder Hefebrühe
1 Prise Meer- oder Jodsalz
Pfeffer aus der Mühle
1 Prise Cayennepfeffer
einige Tropfen Apfeldicksaft
einige Tropfen Zitronensaft
50 g saure Sahne
1 EL feingehackte Zitronenmelisse
1 EL feingehackte Pfefferminze

1. Die Zwiebel schälen und fein hacken. Den Schinken fein schneiden.
2. Die Austernpilze kurz waschen, putzen und kleinschneiden.
3. Die Butter oder die Margarine erhitzen, Zwiebeln, Schinken und Pilze dazugeben und alles unter ständigem Rühren braten.
4. Die Austernpilze mit dem Weißwein ablöschen und sie bei mäßiger Hitze 3 bis 4 Minuten dünsten.
5. Den Zucchino waschen, kleinschneiden, zu den Pilzen geben und 2 bis 3 Minuten mitdünsten.
6. Die Gemüsebrühe angießen, erhitzen und die Suppe mit Salz, Pfeffer, Cayennepfeffer, Apfeldicksaft und Zitronensaft kräftig würzen.
7. Die Sahne in die Suppe rühren. Sie nochmals abschmecken, anrichten und mit den Kräutern bestreuen.
(auf dem Foto: oben)

154 kcal • 642 kJ • 9 g E • 9 g F • 5 g KH

VITAMINE/MINERALSTOFFE
Das Vitamin D stammt aus den frischen Austernpilzen, Vitamin B_2 aus Schinken, Pilzen, Zucchino und saurer Sahne.

BEDARFSDECKUNG
Vitamin D (2,1 µg)
42 %
Vitamin B_2 (0,5 mg)
26 %

Brokkolisuppe mit Kräutern

Zubereitungszeit:
ca. 30 Minuten

Für 2 Personen

1 Zwiebel
1 EL Butter oder Margarine
250 g Brokkoliröschen (aufgetautes TK-Produkt)
2 gehäufte EL Haferflocken
¼ l Gemüsebrühe
1 Prise Meer- oder Jodsalz
Pfeffer aus der Mühle
1 Prise Muskatpulver
1 Prise Cayennepfeffer
30 g feingehackte Kräuter (Estragon, Kerbel)
50 g saure Sahne

1. Die Zwiebel schälen und fein hacken.
2. Die Butter oder die Margarine erhitzen. Den Brokkoli dazugeben und kurz anschwitzen.
3. Die Haferflocken darüberstreuen und die Gemüsebrühe angießen.
4. Die Suppe bei mäßiger Hitze 8 bis 10 Minuten köcheln lassen. Sie kräftig würzen, die Kräuter daruntermischen.
5. Die Suppe pürieren und die Sahne hineinrühren.
(auf dem Foto: unten)

165 kcal • 691 kJ • 7 g E • 8 g F • 14 g KH

VITAMINE/MINERALSTOFFE
Brokkoli ist ein „Supergemüse", denn es enthält viel Vitamin C, Provitamin A, Folsäure und Eisen.

BEDARFSDECKUNG
Vitamin C (145 mg)
136 %
Vitamin A (0,6 mg)
49 %
Folsäure (103 µg)
23 %
Eisen (3,7 mg)
29 %

Suppen 169

Gemüsesuppe mit Reis

Zubereitungszeit: ca. 30 Minuten

Für 2 Personen

**1 Zwiebel
1 Knoblauchzehe
75 g Staudensellerie
150 g rote Paprikaschote
100 g Brokkoliröschen
(aufgetautes TK-Produkt)
100 g Blumenkohlröschen
(aufgetautes TK-Produkt)
1 EL Olivenöl
2 EL Tomatenmark
4 EL Weißwein
3/8 l Gemüsebrühe
1/2 TL getrockneter Oregano
1/2 TL getrocknetes Basilikum
1 Prise Meer- oder Jodsalz
Pfeffer aus der Mühle
1 Prise Muskatpulver
1 Prise Cayennepfeffer
2 Tomaten (ca. 100 g)
100 g gekochter Naturreis
(ca. 35 g Rohprodukt)
50 g saure Sahne
20 g geriebener Parmesan
eventuell Kerbel zum Garnieren**

1. Die Zwiebel und die Knoblauchzehe schälen und fein hacken. Den Staudensellerie und die Paprikaschote putzen, waschen und in kleine Würfel schneiden. Den Brokkoli und den Blumenkohl kleinschneiden.
2. Das Olivenöl erhitzen und das Gemüse darin andünsten.
3. Das Tomatenmark darunterrühren, alles mit Weißwein ablöschen und die Gemüsebrühe angießen.
4. Die Suppe mit Oregano, Basilikum, Salz, Pfeffer und Cayennepfeffer kräftig würzen und bei mäßiger Hitze 5 bis 10 Minuten garen.
5. Die Tomaten waschen, kurz überbrühen und enthäuten. Sie dann vierteln, entkernen und das Fruchtfleisch kleinschneiden. Tomaten, Naturreis und die Sahne in die Suppe geben und alles zusammen erhitzen. Die Suppe anrichten, mit Parmesan bestreuen.
(auf dem Foto: unten)

329 kcal • 1377 kJ • 13 g E • 15 g F • 30 g KH

VITAMINE/MINERALSTOFFE
Gemüse mit Vollkornreis ist eine ideale Kombination um sich mit den drei Schutznährstoffen Provitamin A, C und E zu versorgen. Diese Lebensmittel liefern gleichzeitig Folsäure.

BEDARFSDECKUNG
Vitamin C (232 mg)
217 %
Vitamin A (0,6 mg)
54 %
Vitamin E (6,6 mg)
51 %
Folsäure (149 µg)
32 %

Hühnerherzen mit Gartenmelde und Kopfsalat

Zubereitungszeit: ca. 40 Minuten

Für 2 Personen

**350 g Hühnerherzen
1 Zwiebel
1 Lorbeerblatt
4 Pimentkörner
1 Prise Meer- oder Jodsalz
weißer Pfeffer aus der Mühle
250 g Gartenmelde oder Spinat
1 Kopfsalat (ca. 250 g)
1 Bund Kerbel**

1. Die Hühnerherzen waschen und abtropfen lassen. Die Haut, die Adern und das Fett entfernen, die Herzen halbieren.
2. Die Zwiebel schälen und in Scheiben schneiden.
3. Die Hühnerherzen und die Zwiebel in 1/2 l Wasser kurz aufkochen lassen. Den Schaum abschöpfen. Das Lorbeerblatt und die Pimentkörner ins Wasser geben. Alles etwas salzen und pfeffern und etwa 10 Minuten bei geschlossenem Topf garen.
4. Die Gartenmelde oder den Spinat und den Kopfsalat putzen, waschen, die Gartenmeldeblätter oder den Spinat von den Stielen zupfen. Kopfsalat und Melde oder Spinat in feine Streifen schneiden. Den Kerbel waschen, die Blättchen von den Stielen zupfen und unter das Gemüse geben.
5. Das Gemüse zu den Hühnerherzen geben und alles nochmals 2 Minuten köcheln.
(auf dem Foto: oben)

TIP
Gartenmelde ist ein Blattgemüse mit dreieckigen, weichen Blättern. Sie ist mit dem Spinat verwandt und kann bei Bedarf durch ihn ersetzt werden.

268 kcal • 1121 kJ • 9 g E • 19 g F • 13 g KH

VITAMINE/MINERALSTOFFE
Gartenmelde und Kopfsalat sind reich an Vitamin C und Provitamin A, das ebenfalls aus Hühnerherzen stammt. Die Innerei trägt gleichzeitig zum guten Eisengehalt dieses Gerichtes bei.

BEDARFSDECKUNG
Vitamin A (1,3 mg)
106 %
Vitamin C (68 mg)
64 %
Eisen (5,6 mg)
43 %

Rote Linsen mit Hähnchenbrust

Zubereitungszeit:
ca. 40 Minuten

Für 2 Personen

80 g rote Linsen
100 g Kartoffel
200 g Lauch
200 g Karotten
150 g Hähnchenbrustfilet
1 Prise Meer- oder Jodsalz
weißer Pfeffer aus der Mühle
mildes Paprikapulver
2 EL Olivenöl
2 Lorbeerblätter
1 EL feingehackte Petersilie

1. Die Linsen gründlich waschen und dann abtropfen lassen.
2. Die Kartoffel waschen, schälen und fein würfeln. Den Lauch putzen, halbieren und in feine Streifen schneiden. Die Karotten waschen, schälen und fein würfeln.
3. Den Lauch und die Möhren in ein Dämpfsieb geben. Die Linsen und die Kartoffeln hinzufügen, alles gut mischen und mit dem Öl beträufeln.
4. Etwa ¼ l Wasser in den Flüssigkeitsbehälter eines Dämpfgerätes oder in einen Dämpftopf geben und erhitzen. Salz, Pfeffer und Lorbeerblätter dazugeben.
5. Die Hähnchenbruststreifen auf das Gemüse legen und alles etwa 15 Minuten dämpfen. (Manchmal benötigen die Linsen etwas mehr Zeit, um gar zu werden. Dann das Fleisch nach etwa 15 Minuten herausnehmen und warm stellen.)
6. Das Fleisch und das Gemüse auf zwei Tellern anrichten und mit der Petersilie bestreuen.

HINWEIS
Sie können das Gericht auch in einem gut schließenden Edelstahltopf zubereiten. Dünsten Sie dann den Lauch und die Möhren zuerst ein wenig im Öl an, bevor Sie die Flüssigkeit dazugießen.

391 kcal • 1641 kJ • 30 g E • 12 g F • 36 g KH

VITAMINE/MINERALSTOFFE
Rote Linsen sind reich an Vitamin A und E sowie Eisen, das auch im Geflügelfleisch steckt. Kartoffeln, Lauch, Möhren und Petersilie liefern Provitamin A und Vitamin C und ebenfalls pflanzliches Eisen.

BEDARFSDECKUNG
Vitamin A (1,9 mg)
161 %
Vitamin C (36 mg)
34 %
Vitamin E (3 mg)
24 %
Eisen (5,4 mg)
42 %

Hähnchenbrust auf Zwiebeln, Äpfeln und Chicorée

Zubereitungszeit:
ca. 35 Minuten

Für 2 Personen

280 g Hähnchenbrust
1 Prise Meer- oder Jodsalz
weißer Pfeffer aus der Mühle
1 große Zwiebel (ca. 50 g)
2 süße Äpfel
200 g Chicorée
1 Bund Oregano
¼ l Hühnerbrühe oder Geflügelfond
100 g Kefir

1. Die Hähnchenbrust mit Salz und Pfeffer würzen.
2. Die Zwiebel und die Äpfel waschen und schälen. Die Zwiebel in feine Scheiben schneiden. Die Äpfel vierteln und entkernen. Den Chicorée waschen, putzen, halbieren und den Strunk herausschneiden. Den Oregano waschen und die Blättchen von den Stielen zupfen.
3. Die Zwiebel, die Äpfel und den Chicorée in ein Dämpfsieb legen. Die Zutaten etwas salzen und pfeffern. Die Hähnchenbrust darauflegen und alles mit Oregano bestreuen. Dann alles über kochender Hühnerbrühe oder Geflügelfond etwa 10 Minuten dämpfen.

4. Das Gemüse und das Fleisch herausnehmen. Etwa ⅛ l Fond (eventuell ihn noch etwas einkochen lassen) und den Kefir zusammen aufmixen und diese Sauce über das Gemüse und das Fleisch gießen.

HINWEIS
Das Gericht kann auch in einem gut schließenden Edelstahltopf zubereitet werden. Das Gemüse und das Fleisch dann in ⅛ l Brühe oder Fond bei geschlossenem Topf garen.

275 kcal • 1152 kJ • 36 g E • 2 g F • 21 g KH

VITAMINE/MINERALSTOFFE
Äpfel und Chicorée enthalten Vitamin C und Magnesium, während das Eisen vor allem aus dem Hähnchenfleisch stammt.

BEDARFSDECKUNG
Vitamin C (31 mg)
28 %
Eisen (3,8 mg)
29 %
Magnesium (79 mg)
23 %

Chinakohl mit Putenbrust

Zubereitungszeit:
ca. 30 Minuten

Für 2 Personen

**400 g Chinakohl oder Pak Soi
2 große Zwiebeln (ca. 100 g)
1 EL Butter
2 EL Honig
⅛ l Orangensaft
1 Prise Meer- oder Jodsalz
weißer Pfeffer aus der Mühle
200 g Putenbrust
1 EL Distelöl
1 TL Speisestärke**

1. Den Pak Soi von den Außenblättern befreien, den Wurzelansatz abschneiden. Den Kohl waschen und längs halbieren.
2. Die Zwiebel schälen und in feine Streifen schneiden.
3. Die Butter in einem Edelstahltopf erhitzen, die Zwiebel darin andünsten. Den Honig hinzufügen, den Orangensaft angießen und ihn etwa 1 Minute einkochen. Alles kräftig salzen und pfeffern.
4. Den Chinakohl zu den Zwiebeln geben, den Topf schließen und den Kohl etwa 6 Minuten dünsten.
5. Die Putenbrust von Haut und Sehnen befreien und in Würfel schneiden. Sie mit Salz und Pfeffer würzen und die Speisestärke darüberstäuben.
6. Das Fleisch im heißen Distelöl etwa 3 Minuten braten. Dann über das gegarte Gemüse geben.
(auf dem Foto: oben)

386 kcal • 1617 kJ • 29 g E • 13 g F • 32 g KH

VITAMINE/MINERALSTOFFE
Das Kohlgemüse ist reich an Provitamin A, Vitamin C (stammt auch aus dem Orangensaft), Magnesium und Eisen. Das Putenfleisch enthält ebenfalls Eisen.

BEDARFSDECKUNG
Vitamin A (1,2 mg)
104 %
Vitamin C (79 mg)
74 %
Eisen (6,9 mg)
53 %
Magnesium (175 mg)
50 %

Champignons mit Tomaten

Zubereitungszeit:
ca. 20 Minuten

Für 2 Personen

**300 g Champignons
200 g Fleischtomaten (ersatzweise Tomaten aus der Dose)
2 große Zwiebeln (ca. 100 g)
1 Zweig Oregano
2 EL Olivenöl
1 Prise Meer- oder Jodsalz
weißer Pfeffer aus der Mühle
6 Sardellenfilets (ca. 30 g)
2 EL feingehackte glatte Petersilie**

1. Die Champignons putzen, gut waschen und mit einem Küchentuch trockenreiben. Dann die Pilze vierteln.
2. Von den Tomaten den Stielansatz herausschneiden. Die Früchte in heißem Wasser kurz blanchieren, unter kaltem Wasser abschrecken und enthäuten. Die Tomaten vierteln, die Kerne entfernen und das Fruchtfleisch grob zerteilen.
3. Die Zwiebeln schälen und fein würfeln.
4. Den Oregano waschen und die Blätter von den Stielen zupfen.
5. Das Olivenöl in einem Topf erhitzen, Zwiebeln, Champignons und Tomaten hinzufügen, den Topf verschließen und alles bei geringer Hitzezufuhr etwa 4 Minuten dünsten. Oregano, Salz und Pfeffer hinzufügen.
6. Die Sardellenfilets fein hacken, zusammen mit der Petersilie unter das Gemüse heben und es auf zwei Tellern anrichten.
(auf dem Foto: unten)

320 kcal • 1335 kJ • 12 g E • 19 g F • 20 g KH

VITAMINE/MINERALSTOFFE
Frische Champignons sind eine gute Vitamin-D-Quelle. Die Tomaten sind Vitamin-C-reich, die Sardellenfilets steuern Jod bei.

BEDARFSDECKUNG
Vitamin D (5,3 µg)
106 %
Vitamin C (63 mg)
59 %
Jod (41 µg)
21 %

Kleine warme Gerichte 175

Mangoldgemüse mit geräuchertem Hering

Zubereitungszeit:
ca. 30 Minuten

Für 2 Personen

**1 Prise Meer- oder Jodsalz
350 g Mangold
⅛ l Vollmilch
1 TL Speisestärke
½ TL Apfelessig
weißer Pfeffer aus der Mühle
1 Prise Muskatpulver
80 g geräuchertes Heringsfilet
1 säuerlicher Apfel (ca. 125 g)**

1. Den Mangold putzen, waschen und abtropfen lassen.
2. Das Gemüse in kochendem Wasser kurz blanchieren, mit kaltem Wasser abschrecken und abtropfen lassen. Vorsichtig das restliche Wasser aus dem Mangold drücken und ihn in grobe Streifen schneiden.
3. Die Milch und die Speisestärke verrühren, aufkochen und die Sauce mit Essig, Salz, Pfeffer und Muskat würzen. Das Mangoldgemüse in der Sauce erhitzen.
4. Die Heringe von allen sichtbaren Gräten und von der Haut befreien. Die Filets in feine Streifen schneiden.
5. Den Apfel waschen, schälen, vierteln und entkernen. Die Viertel kleinschneiden, diese Stücke unter das Mangoldgemüse heben und dann alles nochmals kurz erhitzen.
6. Das Gemüse auf Tellern anrichten. Die Heringsfiletstreifen darauf legen.

HINWEIS
Sie können das Mangoldgemüse auch im Dämpfgerät zubereiten. Dazu die Stiele und die Blätter in grobe Streifen schneiden und kurz dämpfen. Dann etwas Sahne, Essig, Salz, Pfeffer und Muskat über das Gemüse geben, den Apfel dazugeben, alles mischen und nochmals kurz dämpfen. Dann wie beschrieben anrichten.

317 kcal • 1330 kJ • 21 g E • 16 g F • 18 g KH

VITAMINE/MINERALSTOFFE
Hering bietet viel Vitamin D, Jod und Eisen. Mangold ist ein äußerst vitamin- und mineralstoffreiches Gemüse, es enthält unter anderem Magnesium und Eisen.

BEDARFSDECKUNG
Vitamin D (24,8 µg) 497 %
Magnesium (180 mg) 52 %
Eisen (6,1 mg) 47 %
Jod (55 µg) 27 %

Gedünsteter Fenchel mit Tomaten und Speck

Zubereitungszeit:
ca. 35 Minuten

Für 2 Personen

**350 g Gemüsefenchel
200 g Fleischtomaten
2 Knoblauchzehen
20 g Basilikum
60 g magerer Speck
1 EL Olivenöl
1 Prise Meer- oder Jodsalz**
weißer Pfeffer aus der Mühle

1. Den Fenchel waschen, den Stielansatz abschneiden, das Fenchelgrün beiseite legen. Die Knolle halbieren, in 1 cm große Scheiben schneiden, die Scheiben aber zusammenlassen.
2. Die Tomaten vom Stielansatz befreien, die Früchte in kochendem Wasser kurz blanchieren und enthäuten. Anschließend die Tomaten in Scheiben schneiden.
3. Die Knoblauchzehe schälen und in feine Scheiben schneiden.
4. Das Basilikum waschen, die Blätter von den Stielen zupfen und grob hacken.
5. Den Speck in feine Streifen schneiden.
6. Das Olivenöl in einem guten Edelstahltopf zusammen mit dem Speck und dem Knoblauch erhitzen. Die Tomaten hineingeben, etwa 50 ml Wasser angießen und alles mit Salz und Pfeffer würzen.
7. Den Fenchel in die Sauce legen, mit einem Löffel die Tomatensauce über den Fenchel verteilen, den Topf schließen und den Fenchel bei geringer Hitzezufuhr etwa 10 Minuten dünsten. Zum Schluß das Basilikum und das Fenchelgrün darüberstreuen.
(auf dem Foto: unten)

HINWEIS
Sie können den Fenchel auch in einem Dämpfgerät garen, gleichzeitig die Tomatensauce zubereiten und dann beides mischen.

422 kcal • 1763 kJ • 10 g E • 30 g F • 22 g KH

VITAMINE/MINERALSTOFFE
Die ideale Antioxidantien-Kombination aus Provitamin A (Tomaten, Fenchel, Basilikum), Vitamin E (Olivenöl und Fenchel) und C (Gemüse und Kräuter).

BEDARFSDECKUNG
Vitamin C (209 mg)
195 %
Vitamin E (14,7 mg)
113 %
Vitamin A (1,2 mg)
104 %

178 Kleine Mahlzeiten

Kopfsalat mit Champignons

Zubereitungszeit:
ca. 25 Minuten

Für 2 Personen

**2 Kopfsalate (ca. 400 g)
250 g Champignons
250 g Lauch
100 g Tofu
3 EL Sonnenblumenöl
1 Prise Meer- oder Jodsalz
weißer Pfeffer aus der
Mühle
2 EL feingehackte glatte
Petersilie**

262 kcal • 1101 kJ • 13 g E • 18 g F • 10 g KH

1. Den Kopfsalat halbieren, den Strunk herausschneiden und die Hälften in kaltes Wasser legen. Herausnehmen und abtropfen lassen.
2. Die Champignons putzen, waschen und in feine Scheiben schneiden.
3. Den Lauch putzen, waschen und in feine Streifen schneiden.
4. Lauch, Champignons und Tofu in ein Dämpfsieb legen, mit dem Öl beträufeln und dann etwa 2 Minuten über heißem Wasser dämpfen.
5. Den Kopfsalat ebenfalls 1 Minute dämpfen, dann die Tofu-Gemüse-Mischung darauf legen und alles zusammen noch einmal 3 Minuten dämpfen.
6. Das Gemüse würzen und mit Petersilie bestreuen.
(auf dem Foto: oben)

HINWEIS
Wenn Sie kein Dämpfgerät oder keinen Dämpftopf haben, können Sie das Gericht auch in einem gut schließenden Edelstahltopf zubereiten.

VITAMINE/MINERALSTOFFE
Vitamin C und Folsäure stammen aus dem Kopfsalat, dem Lauch und der Petersilie. Frische Champignons sind eine gute Vitamin-D-Quelle, das Eisen kommt aus dem Lauch, den Champignons, dem Salat und dem Tofu. Das Öl liefert Vitamin E.

BEDARFSDECKUNG
Vitamin E (11,1 mg) — 85 %
Vitamin C (72 mg) — 67 %
Vitamin D (2,5 µg) — 50 %
Folsäure (143 µg) — 31 %
Eisen (5,7 mg) — 44 %

Kleine warme Gerichte

Pilzragout mit Endivienkartoffeln

Zubereitungszeit:
ca. 30 Minuten

Für 2 Personen

250 g Kartoffeln
1 Prise Meer- oder Jodsalz
150 g Champignons
150 g Pfifferlinge
2 Zwiebeln
1 EL Traubenkernöl
1 Lorbeerblatt
2 EL feingehackte Petersilie
weißer Pfeffer aus der Mühle
¼ Kopf Endivie (ca. 100 g)
1 EL Olivenöl
1 Prise Muskatpulver

1. Die Kartoffeln waschen, schälen und in wenig Salzwasser weich kochen.
2. In der Zwischenzeit die Champignons und die Pfifferlinge putzen, dann gut waschen und halbieren.
3. Die Zwiebeln schälen und in sehr feine Würfel schneiden.
4. Das Traubenkernöl erhitzen, die Pilze und das Lorbeerblatt hinzufügen und alles etwa 4 Minuten dünsten lassen.
5. Die Petersilie dazugeben und die Pilzsauce mit Salz und Pfeffer abschmecken.
6. Die Kartoffeln abgießen und durch eine Kartoffelpresse drücken.
7. Die Endivie putzen, waschen und die Blätter in feine Streifen schneiden.
8. Das Olivenöl und die Endivienstreifen mit der Kartoffelmasse mischen und diese mit Salz und Muskat würzen.
9. Das Endivienkartoffelpüree und die Sauce anrichten.

248 kcal • 1041 kJ • 7,5 g E • 11 g F • 27 g KH

VITAMINE/MINERALSTOFFE
Frische Pilze sind reich an Vitamin D und enthalten Eisen, das ebenso wie Vitamin C aus Kartoffeln, Endivie und Kräutern stammt. Traubenkernöl (reich an Linolsäure!) und Olivenöl sind die Quellen für Vitamin E.

BEDARFSDECKUNG
Vitamin E (12,2 mg) **94 %**
Vitamin D (3,1 µg) **62 %**
Vitamin C (43 mg) **40 %**
Eisen (7,7 mg) **59 %**

Kleine warme Gerichte 181

Lauch mit Ricotta

Zubereitungszeit:
ca. 25 Minuten

Für 2 Personen

400 g Lauch
¼ l Vollmilch
1 Prise Meer- oder Jodsalz
weißer Pfeffer aus der Mühle
1 Prise Muskatpulver
200 g Ricotta (ersatzweise Schichtkäse)
½ TL rosa Pfefferkörner
½ TL Speisestärke

1. Den Lauch putzen, waschen und in 3 cm große Stücke schneiden. Diese nochmal kurz waschen und abtropfen lassen.
2. Die Milch in einen guten Edelstahltopf geben, erhitzen und mit Salz, Pfeffer und Muskat abschmecken. Den Lauch dazugeben.
3. Den Ricotta kleinschneiden, auf den Lauch geben. Die Pfefferkörner im Mörser zerdrücken und über den Lauch und den Ricotta streuen. Den Topf schließen und alles etwa 8 Minuten bei geringer Hitzezufuhr garen.
4. Das Gemüse herausnehmen und ohne Flüssigkeit auf zwei Tellern anrichten.
5. Die Milch nochmals aufkochen lassen. Die Speisestärke und etwas Wasser glatt verrühren. Die angerührte Stärke in die kochende Milch rühren, diese kurz aufkochen lassen und nochmal mit den Gewürzen abschmecken. Die Sauce über das Gemüse gießen.

288 kcal • 1212 kJ • 16 g E • 18 g F • 13 g KH

VITAMINE/MINERALSTOFFE
Lauch enthält Provitamin A und Vitamin C. Der italienische Frischkäse Ricotta ist eine gute Quelle für die beiden Milchnährstoffe Calcium und Vitamin B_2.

BEDARFSDECKUNG
Vitamin A (0,4 mg)
34 %
Vitamin B_2 (0,4 mg)
20 %
Calcium (509 mg)
54 %
Vitamin C (52 mg)
48 %

Birnengemüse mit Schafskäse

Zubereitungszeit:
ca. 25 Minuten

Für 2 Personen

2 Birnen (ca. 300 g)
1 Prise Zimt
1 EL Zucker
150 g Schafskäse
1 EL Butter
einige rosa Pfefferkörner
⅛ l Birnensaft
8 Pfefferminzeblätter

1. Die Birnen waschen, schälen, halbieren und entkernen. Die Hälften in dünne Scheiben schneiden, Zimt und Zucker darüberstreuen.
2. Den Schafskäse in dünne Scheiben schneiden.
3. Den Backofen auf 180°C vorheizen. Eine kleine feuerfeste Auflaufform ausfetten. Die Birnen hineinlegen, den Schafskäse darauf legen.
4. Die Pfefferkörner im Mörser zerdrücken und über den Schafskäse streuen. Den Birnensaft darübergießen.
5. Die Form mit Aluminiumfolie abdecken und das Ganze etwa 10 Minuten im Backofen garen. Danach die Aluminiumfolie abnehmen und den Käse unter dem Grill noch etwas bräunen. Alles mit Pfefferminzeblättern garnieren.

365 kcal • 1530 kJ • 14 g E • 20 g F • 29 g KH

VITAMINE/MINERALSTOFFE
Schafskäse ist eine gute Quelle für Calcium sowie Vitamin B_2 und Zink.

BEDARFSDECKUNG
Vitamin B_2 (0,4 mg)
22 %
Calcium (402 mg)
42 %
Zink (3 mg)
23 %

Kleine warme Gerichte

Gemüsepfanne

Zubereitungszeit:
ca. 20 Minuten

Für 2 Personen

**1 Knoblauchzehe
1 Zwiebel
1 Karotte (ca. 100 g)
100 g Staudensellerie
100 g Rinderhackfleisch
1 EL Olivenöl
¼ l Gemüsebrühe
30 g Hirse
2 Tomaten (ca. 100 g)
100 g frische Erbsen
1 Prise Meer- oder Jodsalz
Pfeffer aus der Mühle
etwas Zitronensaft
etwas Apfeldicksaft
4 EL feingehackte Wildkräuter
(Brunnenkresse, Sauerampfer, Melisse, Minze)**

1. Den Knoblauch, die Zwiebel und die Karotte schälen. Den Staudensellerie putzen. Das Gemüse in kleine Würfel schneiden.
2. Das Hackfleisch im heißen Olivenöl anbraten.
3. Das Gemüse zum Fleisch geben und alles unter ständigem Rühren braten.
4. Die Gemüsebrühe und die Hirse dazugeben und das Ganze bei mäßiger Hitzezufuhr 10 bis 15 Minuten köcheln lassen.
5. In der Zwischenzeit die Tomaten waschen, halbieren, entkernen und kleinschneiden. Die Zuckererbsen waschen.
6. Die Zuckererbsen und die Tomaten zum Gemüse geben, kurz erhitzen und dann das Gericht mit Salz, Pfeffer, Zitronensaft und Apfeldicksaft kräftig abschmecken.
7. Das Gemüse mit den Kräutern bestreuen und anrichten.

295 kcal • 1233 kJ • 19 g E • 9 g F • 29 g KH

VITAMINE/MINERALSTOFFE

Rinderhackfleisch ist reich an Eisen und Zink, wobei das Eisen aus Fleisch für den Körper besonders günstig ist. Gemüse und Kräuter machen den guten Vitamin-A- und Vitamin-C-Gehalt des Gerichtes aus.

BEDARFSDECKUNG
Vitamin A (1,1 mg)
94 %
Vitamin C (48 mg)
45 %
Eisen (5,4 mg)
42 %
Zink (3,8 mg)
30 %

Waldpilze in Kräuterrahm

Zubereitungszeit: ca. 25 Minuten

Für 2 Personen

**1 Zwiebel
250 g frische Waldpilze (Maronen, Steinpilze oder Pfifferlinge)
1 EL Butter oder Margarine
2 EL Haferflocken
4 EL Weißwein
200 ml Gemüsebrühe
30 g süße Sahne
1 Prise Meer- oder Jodsalz
Pfeffer aus der Mühle
1 Prise Muskatpulver
1 Prise Cayennepfeffer
4 EL feingehackte Kräuter (Sauerampfer, Melisse, Minze, Kresse)**

1. Die Zwiebel schälen und fein hacken. Die Waldpilze putzen, waschen, gut abtropfen lassen und je nach Bedarf kleinschneiden.
2. Die Butter oder die Margarine in einer Pfanne erhitzen. Die Zwiebeln dazugeben und kurz andünsten. Die Pilze dazugeben und kurz mitdünsten.
3. Die Haferflocken dazugeben, den Weißwein, die Gemüsebrühe und nun die Sahne dazugießen und die Pilze bei mäßiger Hitzezufuhr etwa 5 Minuten köcheln lassen.
4. Alles mit Salz, Pfeffer, Muskat und Cayennepfeffer kräftig abschmecken, die gehackten Kräuter daruntermischen und die Pilze anrichten.
Dazu passen Nudeln oder Brötchen.

185 kcal • 776 kJ • 5 g E • 10 g F • 16 g KH

VITAMINE/MINERALSTOFFE

Frische Waldpilze enthalten Vitamin D, Vitamin B_2 und Eisen, das ebenfalls in den Kräutern vorkommt.

BEDARFSDECKUNG

Vitamin D (2,6 µg)
54 %

Vitamin B_2 (0,6 mg)
30 %

Eisen (2,7 mg)
21 %

Kleine warme Gerichte

Chicoréeröllchen

Zubereitungszeit:
ca. 25 Minuten

Für 2 Personen

**2 Kolben Chicorée (à 100 g)
4 dünne Scheiben
Butterkäse (ca. 100 g)
1 EL Butter oder Margarine
1 Zwiebel, 4 EL Weißwein
150 g Magerjoghurt
1 Prise Meer- oder Jodsalz
Pfeffer aus der Mühle
1 Prise Muskatpulver
1 Prise Cayennepfeffer
4 EL feingehackte Kräuter
30 g geriebener Emmentaler**

1. Den Chicorée waschen, halbieren und den Strunk herausschneiden. Die Hälften mit Käse umwickeln.
2. Den Backofen auf 190°C vorheizen. Eine Auflaufform ausfetten und die Röllchen hineinlegen. Die Zwiebel schälen, fein hacken und mit dem Weißwein und dem Joghurt verrühren.
3. Die Joghurtcreme kräftig würzen, mit Kräutern und Käse mischen.
4. Die Joghurtcreme über den Chicorée gießen und das Ganze etwa 15 Minuten im Backofen garen.
(auf dem Foto: oben)

355 kcal • 1487 kJ • 22 g E • 22 g F • 10 g KH

VITAMINE/MINERALSTOFFE
Chicorée enthält Provitamin A und Folsäure, während Calcium, Zink und das Vitamin A vor allem aus dem Käse stammen.

BEDARFSDECKUNG
Vitamin A (0,6 mg)
54 %
Folsäure (131 µg)
28 %
Calcium (711 mg)
75 %
Zink (4,4 mg)
34 %

Überbackenes Gemüse

Zubereitungszeit:
ca. 30 Minuten
(ohne Zeit zum Auftauen)

Für 2 Personen

**250 g Brokkoliröschen
(TK-Produkt)
250 g Blumenkohlröschen
(TK-Produkt)
¼ l Gemüsebrühe
4 EL Weißwein
½ Zwiebel, mit 2 Nelken
und 1 Lorbeerblatt gespickt
1 Prise Johannisbrotkernmehl
30 g süße Sahne
1 Prise Meer- oder Jodsalz
Pfeffer aus der Mühle
1 Prise Cayennepfeffer
1 Prise Muskatnuß
30 g Emmentaler
2 EL feingeschnittener
Schnittlauch**

1. Die Brokkoli- und Blumenkohlröschen auftauen lassen.
2. Die Gemüsebrühe zusammen mit dem Weißwein und der gespickten Zwiebel zum Kochen bringen. Die Brokkoli- und Blumenkohlröschen darin bißfest garen.
3. Die Röschen und die gespickte Zwiebel aus dem Sud nehmen und diesen mit Johannisbrotkernmehl binden.
4. Die Sahne dazugeben und die Sauce mit Salz, Pfeffer, Cayennepfeffer und Muskat kräftig abschmecken.
5. Die Blumenkohl- und die Brokkoliröschen in eine Auflaufform geben und mit der Sauce begießen.
6. Den Käse kleinschneiden und über die Sauce streuen. Das Ganze im heißen Grill kurz überbacken.
7. Den Schnittlauch darüberstreuen und das Gericht anrichten.
Dazu paßt eine Portion Reis oder Vollkornbrot.
(auf dem Foto: unten)

---

166 kcal • 695 kJ • 12 g E • 8 g F • 7 g KH

VITAMINE/MINERALSTOFFE
Brokkoli und Blumenkohl haben eine hohe Nährstoffdichte, insbesondere bei Provitamin A, Folsäure, Vitamin C und Calcium, das als „Milchnährstoff" natürlich auch im Emmentaler enthalten ist.

BEDARFSDECKUNG
Vitamin A (0,5 mg)
42 %

Folsäure (144 µg)
31 %

Vitamin C (232 mg)
217 %

Calcium (337 mg)
36 %

Kleine warme Gerichte

Quarkklößchen mit Tomatensauce

Zubereitungszeit:
ca. 60 Minuten

Für 2 Personen

FÜR DIE KLÖSSCHEN:
250 g Magerquark
60 g Weizenvollkorngrieß
2 EL Weizenvollkornmehl
1 Ei
1 Prise Meer- oder Jodsalz
Pfeffer aus der Mühle
1 Prise Cayennepfeffer
1 Prise Muskatpulver
30 g gemischte Kräuter
(Oregano, Basilikum,
Petersilie)

FÜR DIE SAUCE:
1 Knoblauchzehe
1 Zwiebel
1 EL Olivenöl
2 Tomaten (ca. 200 g)
1/8 l Gemüsebrühe
50 g süße Sahne
1 Prise Johannisbrotkernmehl
1 TL feingehackter Salbei

AUSSERDEM:
1 l Gemüse- oder Hefebrühe

1. Quark, Grieß, Mehl und Ei verrühren.
2. Die Masse mit Salz, Pfeffer, Cayennepfeffer und Muskat kräftig würzen. Die Kräuter waschen, fein hakken und unter die Klößchenmasse rühren. Sie mindestens 1/2 Stunde ruhen lassen.
3. In der Zwischenzeit für die Sauce die Knoblauchzehe und die Zwiebel schälen, beides fein hacken. Das Olivenöl erhitzen, Knoblauch und Zwiebel dazugeben und beides im Öl glasig dünsten.
4. Die Tomaten waschen, den Stielansatz herausschneiden. Die Früchte würfeln, zu den Zwiebeln geben und mitschwitzen.
5. Die Gemüsebrühe und die Sahne dazugießen und das Ganze kurz durchkochen lassen. Die Sauce durch ein Sieb passieren und mit Johannisbrotkernmehl binden.
6. Die Sauce mit Salbei, Salz, Pfeffer und Cayennepfeffer würzen.
7. Etwa 1 l Gemüsebrühe zum Kochen bringen, mit zwei Eßlöffeln von der Quarkmasse kleine Klößchen abstechen und diese in der Brühe 5 bis 8 Minuten bei geringer Hitzezufuhr ziehen lassen.
8. Die Klößchen herausnehmen und zusammen mit der Tomatensauce anrichten.
(auf dem Foto: unten)

550 kcal • 2302 kJ • 34 g E • 19 g F • 53 g KH

VITAMINE/MINERALSTOFFE
Vollkorn und Ei liefern Vitamin E und Eisen. Calcium und Vitamin B_2 stammen aus dem Quark und die frisch zubereitete Tomatensauce mit den Kräutern ist reich an Vitamin C.

BEDARFSDECKUNG
Vitamin C (54 mg)
51 %
Vitamin E (5,7 mg)
44 %
Vitamin B_2 (0,9 mg)
44 %
Eisen (6,1 mg)
47 %

Scharfes Reisfleisch

Zubereitungszeit:
ca. 30 Minuten
(ohne Zeit zum Auftauen)

Für 2 Personen

50 g grüne Erbsen (TK-Produkt)
50 g Zuckermais (TK-Produkt)
1 Knoblauchzehe
100 g gekochte Ochsenbrust oder gekochter Schinken
1 Zwiebel
150 g grüne Paprikaschote
1 Peperoni
1 EL Olivenöl
1 EL Tomatenmark
4 EL Weißwein
200 g gekochter Naturreis (ca. 70 g Trockenprodukt)
1/8 l Gemüsebrühe
1 Msp. getrockneter Oregano
1 Msp. getrocknetes Basilikum
1 Prise Meer- oder Jodsalz
Pfeffer aus der Mühle
einige Tropfen Pfeffersauce
2 EL feingeschnittener Schnittlauch

1. Die Erbsen und den Mais auftauen lassen.
2. Die Knoblauchzehe schälen und fein hacken. Die Ochsenbrust oder den Schinken in feine Würfel schneiden.
3. Die Zwiebel schälen, fein hacken, Paprikaschote putzen und würfeln.
4. Die Peperoni halbieren, die Kerne herauslösen, die Schoten fein hacken.
5. Das Olivenöl in einer Pfanne oder im Wok erhitzen, alle Zutaten dazugeben und sie unter ständigem Rühren braten.
6. Das Tomatenmark darunterrühren, den Weißwein angießen und den Naturreis dazugeben.
7. Die Gemüsebrühe dazugeben, alles einmal aufkochen lassen und mit Oregano, Basilikum, Salz, Pfeffer und Pfeffersauce abschmecken.
8. Das Reisfleisch mit dem Schnittlauch bestreuen.
(auf dem Foto: oben)

427 kcal • 1788 kJ • 16 g E • 19 g F • 39 g KH

VITAMINE/MINERALSTOFFE
Rindfleisch ist eine gute Quelle für Zink und Eisen, das auch aus dem Gemüse stammt. Paprika zählt zu den Vitamin-C-reichsten Gemüsesorten, Vitamin B_1 ist besonders im Vollkornreis und auch in Fleisch enthalten.

BEDARFSDECKUNG
Vitamin C (123 mg)
115 %
Vitamin B_1 (0,4 mg)
23 %
Eisen (3,8 mg)
29 %
Zink (3,2 mg)
25 %

Kleine warme Gerichte

Vollkornnudeln mit Käsesauce

Zubereitungszeit:
ca. 25 Minuten

Für 2 Personen

**1 Zwiebel
1 EL Butter oder Margarine
¼ l Magermilch
1 Prise Johannisbrotkernmehl
30 g süße Sahne
50 g geriebener Butterkäse
25 g Edelpilzkäse
1 Prise Meer- oder Jodsalz
weißer Pfeffer aus der Mühle
1 Prise Cayennepfeffer
1 Prise Zucker
einige Tropfen Zitronensaft
einige Tropfen Worcestersauce
2 EL feingehacktes Basilikum
2 EL feingehackter Oregano
70 g Vollkornspätzle**

1. Die Zwiebel schälen und fein hacken. Die Butter oder die Margarine erhitzen und die Zwiebel darin glasig dünsten.
2. Die Milch dazugießen und zum Kochen bringen. Die Sauce mit Johannisbrotkernmehl binden und die Sahne dazugießen.
3. Den Butterkäse und den zerbröselten Edelpilzkäse in die Sauce rühren und darin schmelzen lassen.
4. Die Sauce mit Salz, Pfeffer, Cayennepfeffer, Zucker, Zitronensaft und Worcestersauce kräftig abschmecken.
5. Das Basilikum und den Oregano darunterrühren.
6. Die Nudeln in reichlich Salzwasser bißfest kochen und zusammen mit der Sauce anrichten.
(auf dem Foto: unten)

394 kcal • 1649 kJ • 18 g E • 21 g F • 30 g KH

VITAMINE/MINERALSTOFFE
Vollkornnudeln enthalten Magnesium und Zink sowie verschiedene B-Vitamine. Vitamin B_2 und Calcium stammen aus dem Käse.

BEDARFSDECKUNG
Vitamin B_2 (0,4 mg)
22 %
Calcium (475 mg)
50 %
Zink (3,7 mg)
28 %
Magnesium (91 mg)
26 %

Nudelauflauf mit Pilzen

Zubereitungszeit:
ca. 20 Minuten

Für 2 Personen

2 Tomaten (ca. 100 g)
1 Apfel (ca. 100 g)
Saft von 1 Zitrone
1 Zwiebel
100 g frische Champignons
30 g gekochter Schinken
200 g bißfest gegarte
Eiernudeln (ca. 70 g Trockengewicht)
1 Prise Meer- oder Jodsalz
Pfeffer aus der Mühle
1 Prise Muskatpulver
1 Prise Cayennepfeffer
4 EL feingehackte Kräuter
(Petersilie, Kerbel, Melisse)
1 TL Butter oder Margarine
150 g Magerjoghurt
30 g geriebener
Emmentaler

1. Die Tomaten waschen, den Stielansatz herausschneiden. Die Früchte halbieren, entkernen und in Würfel schneiden.
2. Den Apfel waschen, schälen, halbieren und das Kerngehäuse herausschneiden. Den Apfel würfeln und mit Zitronensaft beträufeln.
3. Die Zwiebel schälen und fein hacken. Die Champignons putzen, waschen, gut abtropfen lassen, in Scheiben schneiden und mit Zitronensaft beträufeln.
4. Den Schinken in feine Streifen oder Würfel schneiden. Die vorbereiteten Zutaten zu den Nudeln geben, alles gut mischen und mit Salz, Pfeffer, Muskat und Cayennepfeffer kräftig abschmecken. Die Kräuter daruntermischen.
5. Den Backofen auf etwa 190°C vorheizen. Eine Auflaufform mit Butter oder Margarine ausfetten und die Nudelmasse hineingeben.
6. Den Joghurt und den Emmentaler verrühren, gleichmäßig über den Auflauf geben und ihn 10 bis 15 Minuten backen.
(auf dem Foto: oben)

375 kcal • 1572 kJ • 20 g E • 11 g F • 45 g KH

VITAMINE/MINERALSTOFFE
Neben den fettlöslichen Vitaminen A, D und E (alle etwa 23%ige Bedarfsdeckung) liefert dieses Gericht die Mineralstoffe Calcium, Magnesium, Eisen und Zink, die im wesentlichen aus der Kombination von Joghurt, Käse, Nudeln und Schinken sowie den pflanzlichen Zutaten stammen.

BEDARFSDECKUNG
Calcium (364 mg)
38 %
Eisen (3,8 mg)
29 %
Magnesium (89 mg)
26 %
Zink (3,3 mg)
26 %

Kleine warme Gerichte

Quarkauflauf mit Kirschen

Zubereitungszeit:
ca. 30 Minuten

Für 2 Personen

**250 g Magerquark
25 g Grieß
1 Msp. Weinsteinbackpulver
1 TL geriebene Zitronenschale
1 Msp. Vanillearoma
20 g ungeschwefelte Rosinen
1 EL feingehackte Nüsse (Mandeln, Haselnüsse)
1 EL Honig
2 Eiweiß
1 Prise Meer- oder Jodsalz
1 EL Butter oder Margarine zum Ausfetten
Vollkornsemmelbrösel zum Bestreuen
250 g entsteinte frische Kirschen**

1. Den Quark, den Grieß, das Weinsteinbackpulver, die Zitronenschale, das Vanillearoma, die Rosinen, die Nüsse und den Honig gut verrühren.
2. Die Eiweiße zusammen mit dem Salz sehr steif schlagen und nun vorsichtig unter die Quarkmasse heben.
3. Den Backofen auf 190°C vorheizen. Eine Auflaufform mit Butter oder Margarine ausfetten. Mit Vollkornsemmelbröseln ausstreuen und die Kirschen darin verteilen.
4. Die Quarkmasse darübergießen und das Ganze etwa 15 Minuten backen.

359 kcal • 1503 kJ • 23 g E • 8 g F • 42 g KH

VITAMINE/MINERALSTOFFE
Magerquark ist eine gute Quelle für Vitamin B_2 und Calcium, die beiden lebensnotwendigen „Milchnährstoffe".

BEDARFSDECKUNG
Vitamin B_2 (0,6 mg)
29 %
Calcium (161 mg)
17 %

Kartoffelnudeln mit Apfelkompott

Zubereitungszeit:
ca. 30 Minuten

Für 2 Personen

FÜR DAS APFELKOMPOTT:
2 säuerliche Äpfel (ca. 250 g)
Saft von 1 Zitrone
⅛ l Apfelsaft
1 Zimtstange
einige Nelken
Mark von 1 Vanilleschote
ca. 1 EL Apfeldicksaft zum Süßen

FÜR DIE KARTOFFELNUDELN:
300 g Kartoffeln
1 Eigelb
1 EL Maisstärke
1 Prise Meer- oder Jodsalz
1 EL Butter oder Margarine zum Ausbacken

1. Für das Apfelkompott die Äpfel schälen, entkernen, in Schnitze schneiden und mit Zitronensaft beträufeln.
2. Die Apfelschnitze, den Apfelsaft, die Zimtstange, die Nelken und das Vanillemark in einen Topf geben und die Äpfel bißfest garen.
3. Zimtstange und Nelken herausnehmen und das Apfelkompott mit Apfeldicksaft süßen.
4. Die Kartoffeln waschen, in Salzwasser garen, herausnehmen, schälen und noch warm durch die Kartoffelpresse drücken.
5. Das Eigelb, die Maisstärke und das Salz zum Teig geben und alles gut miteinander verkneten.
6. Aus dem Teig fingerdicke und -lange „Nudeln" formen und diese in Butter oder Margarine goldgelb braten.
7. Die Kartoffelnudeln und das Apfelkompott anrichten.

311 kcal • 1308 kJ • 6 g E • 10 g F • 46 g KH

VITAMINE/MINERALSTOFFE
Äpfel, Kartoffeln und Zitronensaft versorgen uns mit Vitamin C, das gleichzeitig die Verwertung des pflanzlichen Eisens verbessert.

BEDARFSDECKUNG
Vitamin C (37 mg)
35 %
Eisen (2,7 mg)
21 %

Kleine warme Gerichte

Vollkornpizza vom Blech

Zubereitungszeit: ca. 45 Minuten
Gehzeit: ca. 55 Minuten

Für 4 Personen

FÜR DEN TEIG:
⅛ l lauwarme Magermilch
½ Päckchen Frischhefe (ca. 20 g)
1 Prise Zucker
250 g Weizenvollkornmehl
1 Prise Meer- oder Jodsalz
einige Tropfen Weizenkeimöl

FÜR DEN BELAG:
1 Zwiebel
1 EL Olivenöl
1 EL Tomatenmark
4 Tomaten (ca. 200 g)
Pfeffer aus der Mühle
2 EL feingehackter Oregano
2 EL feingehacktes Basilikum
20 g Salami
einige schwarze und grüne Oliven
100 g Mozzarella
2 EL feingehackte Petersilie

1. Die Milch und die Hefe verrühren, den Zucker dazugeben, den Hefeansatz 10 bis 12 Minuten gehen lassen.
2. Das Weizenvollkornmehl und das Salz in einer großen Schüssel mischen. Das Weizenkeimöl dazugeben.
3. Die Hefemilch dazugießen und das Ganze zu einem glatten Teig verkneten. Den Teig mit einem Kochlöffel so lange durchrühren, bis er Blasen wirft.
4. Den Teig zugedeckt an einem warmen Ort etwa 45 Minuten gehen lassen. Anschließend nochmals auf einer bemehlten Arbeitsfläche verkneten und etwa 1 bis 2 cm dick ausrollen.
5. Dann den Teig auf ein beschichtetes Backblech legen und den Rand leicht hochdrücken.
6. Den Backofen auf etwa 190°C vorheizen. Für den Belag die Zwiebel schälen und fein hacken. Das Olivenöl erhitzen und die Zwiebel darin dünsten.
7. Das Tomatenmark darunterrühren und den Teig mit der Masse bestreichen.
8. Die Tomaten waschen, den Strunk herausschneiden, die Früchte in Scheiben schneiden.
9. Die Tomaten auf die Pizza legen, mit Salz, Pfeffer, Oregano und Basilikum bestreuen.
10. Die Salami und die Oliven dekorativ auf den Tomaten verteilen.
11. Den Mozzarella in Scheiben schneiden und auf die Pizza legen. Die Pizza etwa 25 Minuten backen. Anschließend mit der Petersilie bestreuen.

412 kcal • 1723 kJ • 19 g E • 13 g F • 49 g KH

VITAMINE/MINERALSTOFFE
Weizenvollkornmehl ist eine gute Quelle für das Vitamin B_1, Vitamin E, Magnesium und Eisen, das auch aus den frischen Kräutern stammt.

BEDARFSDECKUNG
Vitamin B_1 (0,5 mg) — 30 %
Vitamin E (2,9 mg) — 23 %
Magnesium (132 mg) — 38 %
Eisen (4,5 mg) — 34 %

Gemüsestrudel mit Hackfleisch

Zubereitungszeit:
ca. 50 Minuten
Ruhezeit: ca. 30 Minuten

Für 2 Personen

FÜR DEN TEIG:
125 g feines
Weizenvollkornmehl
2 EL Olivenöl
1 Prise Meer- oder Jodsalz

FÜR DIE FÜLLUNG:
1 Zwiebel
1 rote Paprikaschote
(ca. 150 g)
1 EL Olivenöl
100 g Rinderhackfleisch
1 EL Tomatenketchup
2 EL Sojasauce
100 g Sojabohnenkeimlinge
20 g Weizenkeimlinge
2 EL Kresse
Pfeffer aus der Mühle
1 Prise Fünf-Gewürz-Pulver
1 Prise Curry
1 TL Butter zum Bestreichen

1. Das Weizenvollkornmehl, das Olivenöl, etwa 75 ml lauwarmes Wasser und das Salz zu einem glatten Teig verarbeiten. Ihn anschließend an einem warmen Ort mindestens für ½ Stunde ruhen lassen.
2. Den Teig auf einem bemehlten Küchentuch dünn ausrollen und dann mit den Händen noch dünner ausziehen.
3. Die Zwiebel und die Paprikaschote putzen und in feine Würfel schneiden.
4. Für die Füllung das Olivenöl in einer Pfanne erhitzen und das Hackfleisch darin braten. Das Gemüse dazugeben und mitbraten.
5. Den Tomatenketchup und die Sojasauce darunterrühren. Die Sojabohnenkeimlinge dazugeben und alles bei mäßiger Hitze kurz dünsten. Die Weizensprossen und die Kresse dazugeben und das Ganze mit Salz, Pfeffer, Fünf-Gewürz-Pulver und Currypulver kräftig abschmecken.
6. Den Backofen auf 200°C vorheizen. Die Füllung auf dem Strudelteig verteilen. Dann den Strudel mit Hilfe des Küchentuches zusammenrollen und auf ein gefettetes Backblech setzen. Ihn mit Butter oder Margarine bestreichen und 20 bis 25 Minuten backen.

516 kcal • 2159 kJ • 23 g E • 22 g F • 50 g KH

VITAMINE/MINERALSTOFFE
Paprika zählt zu den Vitamin-C-reichsten Gemüsesorten. Vollkornmehl, Rinderhackfleisch und Keimlinge sind mineralstoffreich besonders an Magnesium, Eisen und Zink.

BEDARFSDECKUNG
Vitamin C (125 mg)
116 %
Magnesium (132 mg)
38 %
Eisen (4,9 mg)
38 %
Zink (4,9 mg)
37 %

Vollkornquiche mit Champignons

Zubereitungszeit:
ca. 30 Minuten
Gehzeit: ca. 1 Stunde

Für 2 Personen

FÜR DEN TEIG:
125 g feines Weizenvollkornmehl
1 Ei
1 Prise Meer- oder Jodsalz
60 g Butter oder Margarine
1 EL Butter oder Margarine zum Ausfetten
Vollkornsemmelbrösel zum Bestreuen

FÜR DEN BELAG:
30 g durchwachsener geräucherter Speck
1 Zwiebel
1 kleine Stange Lauch (ca. 100 g)
200 g frische Champignons
Saft von 1 Zitrone
Pfeffer aus der Mühle
1 Prise Muskatpulver
1 Prise Kümmel
150 g Magerjoghurt
50 g geriebener Emmentaler
30 g feingehackte Kräuter (Petersilie, Dill, Schnittlauch, Kresse)

1. Das Mehl auf eine Arbeitsfläche sieben und eine Mulde hineindrücken.
2. Ei, Salz und 1 bis 2 Eßlöffel Wasser in die Mulde geben und die Butter oder die Margarine in Flöckchen darauf setzen.
3. Die Teigzutaten schnell von außen nach innen zu einem glatten kompakten Teig verkneten und ihn im Kühlschrank zugedeckt 1 Stunde ruhen lassen.
4. Anschließend den Backofen auf 190°C vorheizen. Eine kleine Springform ausfetten und mit Semmelbröseln ausstreuen. Den Teig auf einer bemehlten Arbeitsfläche in der Größe der Springform ausrollen und in diese legen. Einen kleinen Rand hochdrücken.
5. Den Teig etwa 5 Minuten vorbacken.
6. Den feingewürfelten Speck ausbraten.
7. Die Zwiebel und den Lauch putzen, in feine Würfel schneiden. Zum Speck geben und kurz mitbraten.
8. Die Pilze waschen, in Scheiben schneiden, mit Zitronensaft beträufeln. Die Pilze zum Lauch geben und kurz braten.
9. Alles mit Salz, Pfeffer, Muskat und Kümmel kräftig abschmecken. Anschließend auf dem Teigboden verteilen.
10. Den Joghurt und den Käse verrühren, die Kräuter daruntermischen.
11. Die Masse über das Gemüse gießen und die Quiche etwa 20 Minuten backen.

791 kcal • 3311 kJ • 32 g E • 47 g F • 51 g KH

VITAMINE/MINERALSTOFFE
Weizenvollkornmehl, Pilze, Ei, Käse und Butter bzw. Margarine tragen zum hohen Gehalt des Gerichts an fettlöslichen Vitaminen A, D und E sowie Zink bei.

BEDARFSDECKUNG
Vitamin D (4,0 µg) 80 %
Vitamin E (7,3 mg) 57 %
Vitamin A (0,6 mg) 49 %
Zink (5,4 mg) 42 %

Pikantes Gebäck

Vollkornwindbeutel

Zubereitungszeit:
ca. 50 Minuten

Für 2 Personen

1 Prise Meer- oder Jodsalz
25 g Butter oder Margarine
75 g feines Vollkornweizenmehl
1 Msp. Weinsteinbackpulver
2 Eier

1. Etwa ⅛ l Wasser zusammen mit etwas Salz und der Butter oder der Margarine in einen Topf geben und zum Kochen bringen.
2. Das Mehl in das Wasser rühren und so lange weiterrühren bis sich der Teig von Topfboden löst.
3. Das Ganze vom Feuer nehmen und das Weinsteinbackpulver in den Teig rühren. Ihn leicht erkalten lassen und die Eier einzeln darunterrühren.
4. Den Backofen auf etwa 190°C vorheizen. Die Teigmasse in einen Spritzbeutel füllen und auf ein mit Backpapier ausgelegtes Backblech 8 Rosetten spritzen.
5. Die Windbeutel etwa 25 Minuten backen. Nach dem Backen abkühlen lassen.

375 kcal • 1574 kJ • 17 g E • 21 g F • 24 g KH

VITAMINE/MINERALSTOFFE
Die Kombination aus Vollkornmehl, Eiern und Butter bzw. Margarine ist eine gute Quelle für die Vitamine A, D und B_2 sowie das Spurenelement Eisen.

BEDARFSDECKUNG
Vitamin D (2,1 µg)
43 %
Vitamin A (0,4 mg)
32 %
Vitamin B_2 (0,4 mg)
22 %
Eisen (3,5 mg)
27 %

Frischkäsefüllung

Zubereitungszeit:
ca. 10 Minuten

Für 2 Personen

30 g gekochter Schinken
70 g Krabben
125 g körniger Frischkäse
1 kleine Zwiebel (ca. 30 g)
2 EL feingehackter Dill
etwas Zitronensaft
etwas Worcestersauce
1 Prise Meer- oder Jodsalz
Pfeffer aus der Mühle

1. Den Schinken in feine Würfel schneiden. Den Schinken, die gewaschenen und gut abgetropften Krabben und den Frischkäse verrühren.
2. Die Zwiebel schälen, fein hacken, zusammen mit dem Dill unter die Frischkäsemasse heben und das Ganze mit Zitronensaft, Worcestersauce, Salz und Pfeffer kräftig abschmecken.
3. Die Masse in die Windbeutel füllen.

147 kcal • 617 kJ • 19 g E • 5 g F • 4 g KH

VITAMINE/MINERALSTOFFE
Frischkäse ist eine gute Quelle für das Milchvitamin B_2 und das Aufbauelement Calcium. Krabben sind jodreich.

BEDARFSDECKUNG
Vitamin B_2 (0,2 mg)
11 %
Calcium (112 mg)
12 %
Jod (53 µg)
26 %

Süße Füllung

Zubereitungszeit:
ca. 10 Minuten

Für 2 Personen

250 g Magerquark
1 Schuß Mineralwasser
2 EL Honig
½ TL geriebene Zitronenschale
100 g frische Erdbeeren
1 Prise Vanillearoma
einige Tropfen Orangenlikör
1 EL gehackte gemischte Nüsse (Mandeln, Pistazien, Walnüsse)

1. Den Quark, das Mineralwasser und den Honig verrühren.
2. Die Zitronenschale und die gewaschenen und kleingeschnittenen Erdbeeren sowie das Vanillearoma unter den Quark rühren.
3. Den Quark mit Orangenlikör aromatisieren und die gehackten Nüsse daruntermischen.
4. Die Windbeutel mit der Erdbeer-Quark-Masse füllen.

220 kcal • 923 kJ • 17 g E • 4 g F • 24 g KH

VITAMINE/MINERALSTOFFE
Magerquark liefert das Vitamin B_2 und Calcium, Erdbeeren Vitamin C.

BEDARFSDECKUNG
Vitamin C (32 mg)
30 %
Vitamin B_2 (0,4 mg)
21 %
Calcium (138 mg)
15 %

Literaturverzeichnis

AID-Verbraucherdienst informiert: Vitamine und Mineralstoffe sind lebensnotwendig. Heft 1117, Bonn 1988

Arbeitskreis Ernährungs- und Vitamin-Information: Was Sie schon immer über Vitamine wissen sollten, Frankfurt o.J.

Bäßler, K.-H.; Fehl, W. L.; Lang, K.: Grundbegriffe der Ernährungslehre, Berlin/Heidelberg/New York 1987[4]

BioPan GmbH (Hrsg.): Spurenelemente und Mineralstoffe, Info-Folder 1992

Deutsche Gesellschaft für Ernährung (Hrsg.): Empfehlungen für die Nährstoffzufuhr, Frankfurt 1991[5]

Elmadfa, I. et al.: Die große Vitamin- und Mineralstoff-Tabelle, München 1984

Gar Report: Salz, auf die Prise kommt's an, Juni 1992

Geiß, K. R.; Hamm, M.: Handbuch Sportler-Ernährung, Hamburg 1990

Hamm, M.: Fitness-Ernährung, Hamburg 1990

Hamm, M.; Boberg, J.; Mühlleib, F.: Die Schönheitsdiät für gutes Aussehen, Gesundheit und Wohlbefinden, München 1993

IGFO (Hrsg.): Tiefkühlkost wie frisch! In: Herz, Sport und Gesundheit, Jg. 9 (1992) 5, S. 64–65

Iglo-Forum (Hrsg.): Iglo-Forum-Studie 1991, Hamburg

Inzinger, M.: Iß dich gesund, München 1991

Keul, J. (Hrsg.): Vitamine und Leistung, Editiones Roche, Basel 1988

Oltersdorf, U.: Medikamente und Ernährung. In: Herz, Sport und Gesundheit, Jg. 3 (1986) 4, S. 42–43

Raida, M.: Kursbuch der Vitamine, Genf 1988

Richtig Essen, Gesellschaft für Ernährungsberatung (Hrsg.): Übersichtstabelle Vitamine und Mineralstoffe, Bonn o.J.

Sonderdruck aus der Zeitschrift Stiftung Warentest. Jagd auf freie Radikale, Heft 1 und 5 (1991)

Time-Life: Nahrung und Ernährung. Life – Wunder der Wissenschaft, Time-Life International 1968

Register

Abführmittel 26
Abkürzungen 42
Alkohol 6, 28
Aluminium 14
Aminosäuren 6
Antibiotika 26
Antioxidantien 20
Appetit-Anreger 26
Appetit-Zügler 26
Arsen 14
Ascorbinsäure 10, 32
Avitaminose 25

Ballaststoffe 7
basenüberschüssige Nahrungsmittel 15
Beriberi-Krankheit 10
beta-Carotin 13, 23
beta-Carotin-reiche Lebensmittel 24
beta-Carotin-Versorgung, Test 207
Biotin 31
Blei 14
Bleichsucht 12
Blutarmut 12
Bundeslebensmittelschlüssel 42
B-Vitamine, Test zur Versorgung 208

Cadmium 14
Caesium 14
Calciferol 33
Calcium 14, 34
Calcium-Versorgung, Test 207
Carnitin 11
Carotin 32
Chlorid 14
Chrom 12, 14
Cobalamin 30
Coenzym Q10, 11

Eier 8
Eisen 12, 14, 36
Eisenmangel 12
Eisen-Versorgung, Test 207
Eiweiß 6
Eiweißbedarf 6
eiweißreiche Lebensmittel 19
Energie 6
Energiebedarf 9
Enzyme 6
Erkältung 21
essentielle Spurenelemente 14

Fertiggerichte 38
Fette 6, 8
Fettstoffwechselstörung 7
Fisch 8
Fleisch 8
Fluorid 14
Folsäure 13, 31

Gemüse 8
Gemüseangebot, jahreszeitliches 39
Genußmittel 28
Gerbstoffe 14
Getränke 8
Getreide 8
Getreideprodukte 8
Glukosetoleranzfaktor 12

Haare 25
Haut 25
Herzinfarkt 23
Hülsenfrüchte 8
Hypervitaminosen 22
Hypovitaminosen 25

Inosit 11
intrinsic factor 30

Jod 14, 36
jodiertes Speisesalz 12
Jodmangelkropf 12
Jodquellen 12

Kalium 14, 35
Kalium-Versorgung, Test 206
Kalorien 9
Kartoffeln 8
Kobalt 14
Kochsalz 11
Kohlenhydrate 6
kohlenhydratreiche Lebensmittel 19
Kombinationspräparate 21
Konserven 40
Kosmetik von innen 21
Krebs 23
kritische Mineralstoffe 42
kritische Nährstoffe 20
kritische Vitamine 42
Kupfer 14

Lebensmittel
– eiweißreiche 19
– kohlenhydratreiche 19
– mit hoher Nährstoffdichte 19
– verarbeitete 38
leere Kalorienträger 18
Lightprodukte 18
Linolsäure 11
Liponsäure 11
Lithium 14

Magnesium 14, 22, 35
Magnesium-Versorgung, Test 206
Mangan 14
Medikamente 26
Megadosen 22
Mengenelemente 7
Milch 8
Milchprodukte 8
Mineralstoffe 7, 11–12, 14–15
– kritische 42
– Zufuhrempfehlungen 16
Mineralstoffmangel 25
Mineralstoffpräparate 21
Molybdän 14
Multivitaminpräparat 21

Nägel 25
Nährstoffdichte 9, 16, 18–19
Nährstoffe 6–9
Nährstoffresorption 26
nährstoffschonendes Garen 41
Nährstoffversorgung 16
Nahrungsmittel
– basenüberschüssige 15
– säureüberschüssige 15
Nahrungszubereitung 41
Natrium 14, 35
Niacin 10, 30
Nicotinsäure 10, 30
Nicotinsäureamid 10, 30
Nikotin 28
Nitrosaminbildung 13

Obst 8
Obstangebot, jahreszeitliches 38
Öle 8
Orotsäure 11
Osteoporose 10, 23

Pangaminsäure 11
Pantothensäure 31
Pellagra 10
Peroxide, zellschädigende 12
Phosphat 34
Phosphor 14, 34
pH-Wert 14
Phyllochinon 33
Provitamin A 13
Provitamine 13
Pyridoxin 30

Quecksilber 14

Rachitis 10
Radikale 12
Rauchen 28
Resorptionsstörungen 27
Retinol 32
Rezepthinweise 42
Riboflavin 29
Rutin 11

Sauerstoffradikale 20
Säure-Basen-Haushalt 14
säureüberschüssige
 Nahrungsmittel 15
Schilddrüse 12
Schlankheitsdiäten 21
Schutznährstoffe 20–21
Schwangerschaft 17
Selen 12, 14, 36
Skorbut 10
Speisesalz, jodiertes 12
Spurenelemente 7, 14
– essentielle 14
– toxische 14
Stillzeit 17
Stoffwechsel-
 steigerungen 27

Tagespläne 43
Thiamin 29
Tiefkühlkost 40
Tocopherol 33

Überdosierung 22
Übersäuerung 15
Ubichinon 11
Umweltbelastungen 21
Unterversorgung 21

Vitamin 6, 9, 11, 13
– A 13, 32
– B_1 10, 29
– B_1-Mangelkrankheit 10
– B_2 29
– B_6 30
– B_{12} 13, 30
– B_{13} 11
– B_{15} 11
– B-Komplex 13
– C 13, 23, 32
– C-Mangelkrankheit 10
– C-reiche
 Lebensmittel 24
– D 33
– D-Mangel 10
– E 13, 33
– E-reiche
 Lebensmittel 24
– F 11
– Geschichte 10
– K 33
– kritisches 42
– P 11
– T 11
– Zufuhrempfeh-
 lungen 16

Vitamin-A-Versorgung,
 Test 207
Vitamin-C-Versorgung,
 Test 208
Vitamindosierungen 22
Vitamin-D-Versorgung,
 Test 208
Vitamin-E-Versorgung,
 Test 208
Vitaminmangel 25
Vitaminpräparate 21
Vitaminverluste 40

Wasser 7

zellschädigende
 Peroxide 12
Zink 12, 14, 36
Zucker 23
Zufuhrempfehlungen 16

Rezeptverzeichnis

Apfelkompott 193
Apfel-Sellerie-Rohkost 49
Aubergine, gefüllte 135
Auflauf, Bozener 134

Birnengemüse mit
 Schafskäse 183
Birnen-Joghurt-Creme 86
Blattsalat mit
 Hasenfilet 163
Bozener Auflauf 134
Bratkartoffeln 143
Brokkolisuppe mit
 Kräutern 168
Brötchen, süß belegtes mit
 Kiwisalat 46
Brunnenkressesalat mit
 Sonnenblumen-
 kernen 149

Bunte Farmerpfanne 132
Buttermilch,
 fruchtige 71

Champignoneier 55
Champignons mit
 Tomaten 174
Chicorée-Käse-Salat 162
Chicorée mit Orangenfilets
 und Walnüssen 151
Chicoréeröllchen 186
Chinakohl mit
 Putenbrust 174
Cocktaildip 68

Dickmilchbrot 61

Edelpilzdip 69
Eis, hausgemachtes 80

Eisbergsalat
 mit Käse-
 würfeln 158
Endivie, gedämpfte, mit
 Schweinefilet 102
Erdbeerjoghurt 47
Erdbeerquark 78
Erdbeersalat mit
 Mangosauce 81

Farmerpfanne,
 bunte 132
Feine Hefebrötchen 64
Fenchel, gedünsteter,
 mit Tomaten und
 Speck 178
Fischfilet, gebratenes,
 mit Gemüse-Safran-
 Sauce 119

Fischfilet in Kräuter-
 Käse-Kruste 122
Fisch-Gemüse-
 Gulasch 123
Fitneß-Fruchtcocktail 75
Forelle aus dem
 Kräutersud 121
Friséesalat mit roten
 Linsen, Nüssen und
 Sojabohnenkeim-
 lingen 146
Früchte mit
 Joghurtsauce 86
Früchtemüsli 59
Fruchtgrütze 82
Fruchtige Buttermilch 71
Fruchtkäse mit Hirse 76
Fruchtmarmelade 64
Fruchtsalat, exotischer 56

Gänsebrust auf Grünkohl 114
Gebratenes Fischfilet mit Gemüse-Safran-Sauce 119
Gedämpfte Endivie mit Schweinefilet 102
Gedämpfte Lammkoteletts mit Mangold 105
Gedämpfte Lammstelzen auf Linsen 108
Gedämpftes Schweinekotelett auf roten Linsen 101
Gedünsteter Fenchel mit Tomaten und Speck 178
Gefüllte Aubergine 135
Gefüllte Melone mit Erdbeeren und Frischkäsecreme 83
Gefüllter Zander 128
Gemüse, überbackenes 187
Gemüseeier, italienische 54
Gemüsekäse 79
Gemüsemix 73
Gemüsepfanne 184
Gemüse-Pilz-Ragout 140
Gemüseshake 73
Gemüsestrudel mit Hackfleisch 196
Gemüsesuppe mit Reis 171
Getreidebrei mit exotischem Fruchtsalat 56
Grüne Heringe auf Kartoffelscheiben 127
Grünkernrisotto mit Kalbsherz 116
Gurke und Staudensellerie mit Tomatendip 68

Haferflocken-Aprikosen-Plätzchen 91
Hähnchenbrust auf Zwiebeln, Äpfeln und Chicorée 173
Hähnchenbrustfilet mit Gemüse 111
Hähnchen-geschnetzeltes 113
Hähnchenkeule auf südfranzösische Art 110
Hähnchenkeule auf Weißkohl 114
Hähnchensuppe auf chinesische Art 167

Hausgemachtes Eis 80
Hausgemachtes Vollkornbrot 63
Hefebrötchen, feine 64
Hefenudeln mit Apfelfüllung 91
Hühnerherzen mit Gartenmelde und Kopfsalat 171

Italienische Gemüseeier 54

Kalbfleischstreifen im Näpfchen 102
Kalbsleber auf Äpfeln und Zwetschgen 116
Kalbsrückensteak auf Gemüsebett 98
Karotten-Gurken-Rohkost 50
Karottensalat mit Hühnerleber 155
Karotten-Sellerie-Rohkost 157
Karotten und Zucchini mit Cocktaildip 68
Kartoffelauflauf 137
Kartoffelgulasch 137
Kartoffelnudeln mit Apfelkompott 193
Kartoffelsuppe mit Frühlingszwiebeln 167
Käsebrot mit Orangen 49
Kirschmilch 74
Kiwisalat 46
Kopfsalat mit Champignons 179

Lammcurry 104
Lammfilet mit Blattspinat und Rosinen 107
Lammkoteletts, gedämpfte, mit Mangold 105
Lammstelzen, gedämpfte, auf Linsen 108
Lasagne mit Kräutern 139
Lauch mit Ricotta 182
Leberwurstbrot mit Tomaten-Paprika-Salat 51
Löwenzahnsalat mit Schafskäse 148

Mangoldgemüse mit geräuchertem Hering 177
Mango mit Erdbeersauce 86
Melone, gefüllte, mit Erdbeeren und Frischkäsecreme 83
Müsliriegel 92

Nudelauflauf mit Pilzen 191
Nudeln 142
Nußdip 69

Obst mit Nußdip 69
Orangencreme 78
Orangen-Grapefruit-Salat mit Pistaziensahne 85
Orangensalat 156

Paprikagemüse mit Lachs 129
Pellkartoffeln 143
Pfeffersteak mit Salat 96
Pikante Quarkspeise 76
Pilzragout mit Endivienkartoffeln 180
Pumpernickelmilch 71
Putensteak mit Zwiebeln 112

Quarkauflauf mit Kirschen 192
Quarkcreme mit Orangensauce 84
Quarkhörnchen 60
Quarkklößchen mit Tomatensauce 188
Quarkspeise, pikante 76
Quarktaler 164

Radicchiosalat mit Champignons 150
Radieschensalat 156
Rauke mit Ziegenkäse 154
Rindfleisch, scharfes 188
Reissalat à la Armin 160
Rohkostbrot 52
Römischer Salat mit Kiwi, Melone und Krevetten 147
Rotbarsch auf Wirsing 125
Rotbarschfilet mit Tomaten 126
Rote Linsen mit Hühnchenbrust 172

Salatsuppe mit Räucherlachs 165
Sauerkrautrohkost 157
Scharfes Reisfleisch 188
Schinkenbrezel mit Karotten-Gurken-Rohkost 50
Schollenfilet auf Kopfsalat 132
Schweinefilet mit Tomaten 98
Schweinekotelett, gedämpftes, auf roten Linsen 101
Seeteufelragout mit Karotten 130
Seezungenfilet aus der Folie 118
Seezungenfilet mit Frühlingslauch und Sesam 131
Sojabohnenkeimlinge mit Früchten 159
Spaghetti Bolognese 138
Spiegelei mit Gemüse 52
Spinatsalat mit Roten Beten, Äpfeln und Mandeln 152

Sprossenmüsli mit Kräutern 58
Staudensellerie mit Edelpilzdip 69
Steak, überbackenes 100
Studentendickmilch 73
Süß belegtes Brötchen mit Kiwisalat 46

Tomatendip 68
Tomatensalat 51

Überbackenes Gemüse 187
Überbackenes Steak 100

Vespersalat 160
Vollkornbrot, hausgemachtes 63

Vollkorncroissant mit Erdbeerjoghurt 47
Vollkornnudeln mit Käsesauce 190
Vollkornobstkuchen 89
Vollkornpizza vom Blech 195
Vollkornquiche mit Champignons 197
Vollkornreis 142

Vollkornwindbeutel mit Frischkäsefüllung 199
Vollkornwindbeutel mit süßer Füllung 199

Wachteln auf Mangold 109
Waldpilze mit Kräuterrahm 185
Wurstbrot mit Apfel-Sellerie-Rohkost 49

Zander, gefüllter 128
Zitrusgelee mit Johannisbeerjoghurt 86
Zucchinisuppe mit Austernpilzen 168

Im FALKEN Verlag sind zahlreiche Titel zum Thema „Gesunde Ernährung" erschienen. Fragen Sie Ihren Buchhändler.

Die Deutsche Bibliothek – CIP-Einheitsaufnahme

Das grosse Falken-Vitaminkochbuch für Geniesser :
so decken Sie Ihren Bedarf an Vitaminen und Mineralstoffen / Michael Hamm ; Armin Rossmeier. – Niedernhausen/Ts. : FALKEN, 1993
ISBN 3-8068-4714-2
NE: Hamm, Michael; Rossmeier, Armin

ISBN 3 8068 4714 2

© 1993 by Falken-Verlag GmbH, 65527 Niedernhausen/Ts.
Die Verwertung der Texte und Bilder, auch auszugsweise, ist ohne Zustimmung des Verlags urheberrechtswidrig und strafbar. Dies gilt auch für Vervielfältigungen, Übersetzungen, Mikroverfilmung und für die Verarbeitung mit elektronischen Systemen.
Umschlaggestaltung: Adolf Bachmann, Reischach
Titelbild: TLC Foto-Studio GmbH, Velen-Ramsdorf
Fotos: TLC Foto-Studio GmbH, Velen-Ramsdorf; M. Daniel, Wiesbaden: Seite 107, 168, 174 und 194; FALKEN Archiv: Seite 37; FALKEN Archiv, H. Ehrhardt: Seite 17; FALKEN Archiv, E. Gerlach: Seite 13, 18 (große Tomate), 33 (Rotkohl), 35 (Salzfaß), 187 und 204; FALKEN Archiv, W. Feiler: Seite 5; FALKEN Archiv, B. Harms: Seite 9, 18/19 (Tomaten), 28, 29 (Haferflokken), 32 (Paprikaschote), 33 (Fisch), 131, 207 (Kapuzinerkresse), 159, 201 (Tomate), 203 und 208 (Sojabohnenkeimlinge und Fisch); FALKEN Archiv, Günter W. Kienitz: Seite 15 (Frau), 20/21 (Make-up-Utensilien) und 205; FALKEN Archiv, Pool Gesellschaft für Werbefotografie: Seite 6 und 7 (Indiaca und Federball); FALKEN Archiv, L. Reichel: Seite 6/7 (Wasserstrahl); FALKEN Archiv, M. Schwarz: Seite 34 (Milchmix); FALKEN Archiv, Streiflicht: Seite 23 und 25; FALKEN Archiv, Studio T. E., M. Tessmann und A. F. Endress: Seite 34 (Käseplatte), 59 (Orangen), 165 (Dill) und 208 (Orangen); FALKEN Archiv, M. Wissing, BFF: Seite 19 (Grünkohl), 29 (Joghurt), 30 (Wirsingblatt und Fleisch), 52, 60 (Schaufel mit Mehl), 206 (Brot) und 207 (Gemüsespieße); G. Kelbert, Idstein: Seite 1 und 180; H.-J. Schwarz, Nieder-Olm: Seite 4, 11, 49, 57, 62, 71, 84, 88, 93, 96, 120, 125, 141, 152, 167, 176 und 190.
Zeichnungen: AS-Design, Ilse Stockmann-Sauer, Offenbach
Nährwertberechnungen: Kathrin Sebastian, Bremen
Gestaltung: Christa Johanna Gramm
Redaktion: Monika Cremer
Herstellung: Jürgen Domke
Die Ratschläge in diesem Buch sind von den Autoren und vom Verlag sorgfältig erwogen und geprüft, dennoch kann eine Garantie nicht übernommen werden. Eine Haftung der Autoren bzw. des Verlags und seiner Beauftragten für Personen-, Sach- und Vermögensschäden ist ausgeschlossen.
Gesamtkonzeption: Falken-Verlag GmbH,
D-65527 Niedernhausen/Ts.

817 2635 4453 6271

Ausreichend versorgt mit Vitaminen und Mineralstoffen?

TESTEN SIE SELBST!

Anhand der nachfolgenden Fragen können Sie relativ einfach prüfen, ob Sie genügend Vitamine und Mineralstoffe aufnehmen oder bereits Mangelerscheinungen haben. Allerdings ersetzen diese Tests nicht das Gespräch mit dem Arzt oder eine entsprechende Untersuchung. Sie decken aber Zusammenhänge zwischen falschen Eßgewohnheiten und Befindensstörungen auf und weisen auf eventuell bereits vorhandene Mangelerscheinungen hin. Außerdem zeigen die Fragen deutlich, daß Verzehrsgewohnheiten, Lebensweise und Lebensumstände sowie bestimmte Erkrankungen und Medikamente die Vitamin- und Mineralstoffversorgung und damit Ihren Bedarf daran beeinflussen können. Diese Tests haben also zugleich einen Lerneffekt.

Jede Frage, die Sie mit „Ja" beantworten, weist darauf hin, daß bereits ein Mangel vorliegen kann, Ihr persönlicher Nährstoffbedarf erhöht oder Ihre Nährstoffversorgung gefährdet ist.

Test zur Kalium-Versorgung

	Ja	Nein
Leiden sie unter Muskelschwäche?	☐	☐
Ist Ihr Blutdruck zu hoch?	☐	☐
Neigen Sie zu Wasseransammlungen in den Geweben (Ödemen)?	☐	☐
Leiden Sie unter Darmträgheit?	☐	☐
Nehmen Sie regelmäßig Abführ- oder Entwässerungsmittel?	☐	☐
Trinken Sie regelmäßig und viel alkoholische Getränke?	☐	☐
Sind Sie sportlich sehr aktiv?	☐	☐
Essen Sie wenig frisches Obst?	☐	☐
Kommen bei Ihnen Salat und Gemüse selten oder nur in kleinen Portionen auf den Tisch?	☐	☐
Essen Sie wenig Kartoffeln?	☐	☐
Lassen Sie Kartoffeln und Gemüse beim Vorbereiten lange im Wasser liegen, oder kochen Sie diese Lebensmittel mit reichlich Wasser?	☐	☐
Trinken Sie wenig Frucht- oder Gemüsesaft?	☐	☐
Essen Sie selten Trockenfrüchte?	☐	☐

Falls Sie fast alle Fragen mit „Nein" beantworten können, dürfte Ihr Kalium-Haushalt in Ordnung sein.

Test zur Magnesium-Versorgung

	Ja	Nein
Neigen Sie zu Krämpfen (z. B. nächtlichen Wadenkrämpfen)?	☐	☐
Leiden Sie unter Herzschmerzen, unter Herzjagen oder unter Herz-Rhythmus-Störungen?	☐	☐
Haben Sie häufig Verspannungen, z. B. im Nackenbereich?	☐	☐
Haben Sie ab und zu ein Taubheitsgefühl, z. B. in den Händen?	☐	☐
Stehen Sie häufig unter Streß?	☐	☐
Trinken Sie regelmäßig alkoholische Getränke?	☐	☐
Nehmen Sie regelmäßig Abführmittel?	☐	☐
Treiben Sie viel Sport?	☐	☐
Essen Sie lieber Weißbrot und Weißmehlprodukte als Vollkornerzeugnisse?	☐	☐
Essen Sie wenig Salat und grünes Gemüse?	☐	☐
Lassen Sie Kartoffeln und Gemüse beim Putzen und Vorbereiten im Wasser lange liegen, oder kochen Sie diese Lebensmittel mit reichlich Wasser?	☐	☐
Achten Sie beim Mineralwasser nicht auf den Magnesiumgehalt?	☐	☐

Wenn Sie fast alle Fragen mit „Nein" beantworten können, dürfte Ihr Magnesium-Haushalt in Ordnung sein.

Test zur Eisen-Versorgung

	Ja	Nein
Fühlen Sie sich häufig abgeschlagen und müde?	☐	☐
Haben Sie in letzter Zeit Veränderungen an Haut, Haaren und Nägeln festgestellt, z. B. untypische Blässe, rauhe Haut, brüchige Haare, Rillen oder löffelartige Vertiefungen in den Fingernägeln?	☐	☐
Verloren Sie in letzter Zeit größere Mengen Blut, z. B. durch Unfälle oder Blutspenden?	☐	☐
Haben Sie eine starke monatliche Regelblutung?	☐	☐
Sind Sie schwanger?	☐	☐
Treiben Sie Leistungssport?	☐	☐
Essen Sie gar kein oder sehr wenig Fleisch?	☐	☐
Trinken Sie mehr als 3 Tassen schwarzen Tee oder Kaffee am Tag?	☐	☐
Essen Sie wenig Gemüse?	☐	☐

Wenn Sie fast alle Fragen mit „Nein" beantworten können, dürfte Ihre Eisen-Versorgung in Ordnung sein.

Test zur Calcium-Versorgung

	Ja	Nein
Leiden Sie unter Osteoporose?	☐	☐
Neigen Sie zu Allergien, z. B. Sonnenallergie?	☐	☐
Müssen Sie regelmäßig Kortisonpräparate einnehmen?	☐	☐
Haben Sie öfter Krämpfe?	☐	☐
Sind Sie schwanger?	☐	☐
Trinken Sie täglich weniger als 1 Glas Milch?	☐	☐
Essen Sie wenig Milchprodukte, wie Joghurt oder Käse?	☐	☐
Trinken Sie täglich Colagetränke?	☐	☐
Essen Sie wenig grünes Gemüse?	☐	☐
Essen Sie viel Fleisch und Wurst?	☐	☐

Wenn Sie fast alle Fragen mit „Nein" beantworten können, dürfte Ihr Calcium-Haushalt in Ordnung sein.

Test zur Vitamin-A- und beta-Carotin-Versorgung

	Ja	Nein
Leiden Sie unter Nachtblindheit?	☐	☐
Fahren Sie häufig nachts Auto?	☐	☐
Arbeiten Sie viel am Bildschirm?	☐	☐
Ist Ihre Haut trocken und schuppig?	☐	☐
Leiden Sie unter erhöhter Infektanfälligkeit?	☐	☐
Rauchen Sie viel?	☐	☐
Essen Sie selten dunkelgrüne Gemüsesorten, wie Brokkoli, Feldsalat, Grünkohl oder Spinat?	☐	☐
Stehen Paprikaschoten, Karotten und Tomaten selten auf Ihrem Speiseplan?	☐	☐

Wenn Sie fast alle Fragen mit „Nein" beantworten können, dürfte Ihr Vitamin-A-Haushalt in Ordnung sein.

Test zur Versorgung an B-Vitaminen

	Ja	Nein
Fühlen Sie sich oft antriebsschwach oder „energielos"?	☐	☐
Sind Sie leicht reizbar?	☐	☐
Sind Sie häufig Streß ausgesetzt?	☐	☐
Haben Sie Probleme mit der Haut, z. B. trockene Haut, eingerissene Mundwinkel?	☐	☐
Trinken Sie regelmäßig alkoholische Getränke?	☐	☐
Essen Sie vorzugsweise Vollkornprodukte?	☐	☐
Essen Sie kaum Fleisch?	☐	☐

Wenn Sie fast alle Fragen mit „Nein" beantworten können, sollte Ihre Versorgung mit verschiedenen B-Vitaminen in Ordnung sein.

Test zur Vitamin-D-Versorgung

	Ja	Nein
Leiden Sie unter Osteoporose?	☐	☐
Meiden Sie die Sonne?	☐	☐
Essen Sie wenig Fisch, Fleisch und Eier?	☐	☐
Verzichten Sie auf Butter oder Margarine?	☐	☐
Essen Sie keine Pilze?	☐	☐

Wenn Sie fast alle Fragen mit „Nein" beantworten können, dürfte Ihr Vitamin-D-Haushalt in Ordnung sein.

Test zur Vitamin-C-Versorgung

	Ja	Nein
Leiden Sie unter häufigen Erkältungen oder unter erhöhter Infektanfälligkeit?	☐	☐
Rauchen Sie mehr als 5 Zigaretten pro Tag?	☐	☐
Nehmen Sie häufig Medikamente mit Acetylsalicylsäure (Schmerzmittel) ein?	☐	☐
Essen Sie selten frisches Obst?	☐	☐
Essen Sie wenig Rohkostsalate?	☐	☐
Essen Sie häufig warmgehaltene oder wiederaufgewärmte Speisen?	☐	☐
Kochen Sie Gemüse und Kartoffeln in reichlich Wasser?	☐	☐

Wenn Sie fast alle Fragen mit „Nein" beantworten können, dürfte Ihr Vitamin-C-Haushalt in Ordnung sein.

Test zur Vitamin-E-Versorgung

	Ja	Nein
Leiden Sie unter Durchblutungsstörungen?	☐	☐
Haben Sie ein schlaffes Bindegewebe?	☐	☐
Neigen Sie bei Verletzungen zu unschöner Narbenbildung?	☐	☐
Setzen Sie sich häufig der Sonne aus?	☐	☐
Rauchen Sie?	☐	☐
Sind Sie häufig Umweltbelastungen, z. B. Smog oder Autoabgasen, ausgesetzt?	☐	☐
Verwenden Sie selten kaltgepreßte Öle?	☐	☐
Essen Sie keine Pflanzenmargarine?	☐	☐
Essen Sie keine Vollkornprodukte?	☐	☐

Wenn Sie fast alle Fragen mit „Nein" beantworten können, sollte Ihr Vitamin-E-Haushalt in Ordnung sein.